Hans-Martin Gutmann

GEWALT UNTERBRECHUNG

Warum Religion Gewalt nicht hervorbringt, sondern bindet

Ein Einspruch

Gütersloher Verlagshaus

Bibliografische Information der Deutschen Nationalbibliothek
Die Deutsche Nationalbibliothek verzeichnet diese Publikation in der Deutschen Nationalbibliografie; detaillierte bibliografische Daten sind im Internet über http://dnb.d-nb.de abrufbar.

FSC
Mix
Produktgruppe aus vorbildlich bewirtschafteten Wäldern, kontrollierten Herkünften und Recyclingholz oder -fasern
Zert.-Nr. SGS-COC-004278
www.fsc.org
© 1996 Forest Stewardship Council

Verlagsgruppe Random House FSC-DEU-0100
Das FSC-zertifizierte Papier *Munken Premium* für dieses Buch liefert Arctic Paper Munkedals AB, Schweden.

1. Auflage

Umschlagmotiv: Tizian, Abraham opfert Isaak, 1542,
© akg-images, Berlin/Cameraphoto
Druck und Einband: Těšínská tiskárna, a.s., Český Těšín
Printed in Czech Republic
ISBN 978-3-579-08112-0

www.gtvh.de

GÜTERSLOHER
VERLAGSHAUS

Gütersloher Verlagshaus. Dem Leben vertrauen

Inhalt

Vorwort

Dieses Buch ist in einem gemeinsamen Prozess des Nachdenkens, Diskutierens, Recherchierens und Forschens entstanden. Ausgangspunkt war ein zehntägiges Gesprächsmarathon mit meiner praktisch-theologischen Kollegin Andrea Bieler, PSR Berkeley, im November 2008 in Oakland/California. Die Hamburger Theologiestudierenden Luise Albers, Christian Gründer, Till Karnstädt und Miriam Löhr haben durch ihre Recherchen und in immer neuen kritischen Debatten mit mir erst ermöglicht, dass aus einer Idee ein Buch entstehen konnte. So ist ein Raum forschenden Lernens zwischen Lehrenden und Studierenden eröffnet worden – neben allem Spaß und inhaltlichen Gewinn für mich ein Hoffnungszeichen, dass – gegen allen Ökonomisierungsdruck – Universität als »Gelehrtenrepublik« keinesfalls Auslaufmodell ist.
Ich danke der Universität Hamburg für die Gewährung eines Forschungssemesters im Wintersemester 2008/09, Hanna Ahrens für einen entscheidenden Hinweis für die Ordnung des Manuskripts. Ihr sowie meinen studentischen Kolleg/innen danke ich zu allem anderen für orthographische und stilistische Korrekturen.

Hamburg, in der Passionszeit 2009 *Hans-Martin Gutmann*

Zur Einführung: Gewaltunterbrechung durch religiöse Verbundenheit – was heißt das?[1]

1. »Sind Religionen gefährlich?«

Religion bringt Gewalt hervor, fördert sie, legitimiert sie. Kaum ein aktueller Gewaltkonflikt, in dem nicht Religion im Spiel ist. Der »Krieg gegen den Terror« und gegen die »Achse des Bösen« ist ohne religiöse Selbstvergewisserung nicht denkbar, auf beiden Seiten. Heiße Kriege wie zwischen Israel und Palästina, Kalte Kriege wie zwischen Iran und USA, Bürgerkriege wie die in Bosnien, im Kongo oder in Darfur speisen sich aus einer diffusen Gemengelage von ethnischen, sozialen, kulturellen, ökonomischen – und eben, Gewalt verstärkend oder erst anfachend: religiösen Konflikten.

Viel ist hierüber nachgedacht, geschrieben, in Talkshows und Magazinsendungen ausgestrahlt worden. Die Verbindung von Religion[2] und Gewalt ist, leider Gottes, kein Relikt aus alten Zeiten, auf deren Überwindung man durch die weitere Entwicklung von Gesellschaften zuversichtlich hoffen könnte. Nein, die religiöse Aufladung von Gewaltkonflikten ist auch ein modernes Phänomen, wächst und speist sich aus Zerstörungserfahrungen und existenziellen Verunsicherungen der technologischen Modernisierung einer globalen Weltgesellschaft, die alles, was vertraut und sicher scheint, in immer neuen Umwälzungsschüben zerschlägt. Rigide Inklusion und Exklusion, die radikale Trennung zwischen dem Eigenen als dem Guten und

1 Die Perspektiven dieser Untersuchung wurden gemeinsam von Hans-Martin Gutmann, Andrea Bieler (Pacific School for Religion, Berkeley/California) und vier Hamburger Theologiestudierenden entwickelt: Luise Albers, Christian Gründer, Till Karnstädt und Miriam Löhr. Wichtige Weichenstellungen gelangen im November 2008 in ausführlichen Debatten in einer Küche in Oakland/California und am 18.2.2009 im Institut für Praktische Theologie in Hamburg.

2 »Religion« wird unter den Bedingungen moderner Gesellschaftlichkeit nicht in Abgrenzung, sondern als Dimension von »Kultur« verstanden. Viele Konflikte sind nicht originär religiöser Natur, sondern haben z.B. soziale oder politische Hintergründe. Oft werden Religionen erst zur Mobilisierung von Anhängerschaften funktionalisiert, um Konflikte aufzuheizen oder Legitimationsvorteile zu erzielen. Ich verdanke diese Klarstellung Theodor Ahrens, Gespräch am 23.12.2008.

Heilen, dem Anderen als dem Fremden, Falschen und Feindlichen schafft auf trügerischem Wege Halt in einer haltlos erscheinenden Weltgesellschaft.

»Sind Religionen gefährlich?«[3] Die Antwort scheint klar. Offenkundig sind sie das. Und nicht erst heute: Von den Kreuzzügen des christlichen Mittelalters bis zu den Flugzeugeinschlägen im World Trade Center am 11. September 2001, von den »Hexenverbrennungen« der europäischen frühen Neuzeit bis zu brennenden Kirchen und Moscheen in Indonesien und anderswo. Einen Ausweg scheint allein die Bändigung von Religion durch Bildung und Aufklärung zu versprechen, ihre Zähmung durch Vernunft und Selbstreflexion, ihre Überführung in ethische Perspektiven wechselseitiger Achtung und Toleranz im Rahmen zivilreligiös legitimierter demokratischer Konfliktlösungsmechanismen.

So leidenschaftlich die Perspektiven von Aufklärung, Bildung, Demokratie und Toleranz in dieser Untersuchung geteilt werden, so begründet scheint uns die Überzeugung, dass die Antriebskräfte von Gewalt auf diesem Wege allein nicht erreicht werden können. Gewalt kann nur unterbrochen, begrenzt, ihrer Faszination beraubt werden, wenn ihr auf eben der Ebene begegnet wird, auf der sie ihre Macht über Menschen entfaltet.

Wie geht das? Genau das ist die Frage, die die Überlegungen in diesem Buch antreibt. Sie werden in diesem ersten Kapitel in Thesenform vorgetragen. Da in manchen medialen und akademischen Verachtungsdiskursen geläufigerweise auf bestimmte Stichworte hin die Schubladen »Blauäugigkeit«, »Naivität« und »Gutmenschentum« gezogen werden, verbindet sich mit den elementaren Formulierungen der ersten Seiten die Einladung, vor einer Verfestigung eines solchen Urteils das ganze Buch zu lesen. Umgekehrt spürt der Autor die Verpflichtung, seine These im Geflecht der Diskurse zu vernetzen, die gegenwärtig zu diesem Gegenstand geführt werden.

3 Vgl. Rolf Schieder, Sind Religionen gefährlich? Berlin 2008.

Was beinhaltet das Stichwort »Gewaltunterbrechung«? Wenn sich Gewalt mimetisch, also über Nachahmung ausbreitet, kann ihr wirksam durch eine Haltung begegnet werden, die in gleicher Intensität Nachahmung herausfordert. Wie Gewalt, so wirken auch Gaben (beispielsweise: Anerkennung, Solidarität, Freigebigkeit) mimetisch.

Wenn in Gewalthandeln Erfahrungen wie Selbstentgrenzung, Freiheit und Grandiosität gesucht werden, dann kann diese Suche durch Gebote und Bestrafungen eingedämmt und durch Aufklärung über ihre Antriebskräfte und Folgen gebremst werden. Existenziell wirklich bindend und befreiend aufgehoben wird die zerstörerische Suche nach solchen Erfahrungen aber vor allem durch Widerfahrnisse der Fülle des Lebens, durch Begegnung mit der Gewissheit, dass unser Leben ein überfließend reiches Geschenk ist, das uns über all unsere Sorgen und eigene Handlungsmöglichkeiten hinaus frei gegeben ist.

Wenn sich im Gewalthandeln eine existenzielle Unfähigkeit Bahn bricht, sich in die Perspektiven und vor allem in das Leiden Anderer einzufühlen, dann können Bildung und ethische Pflichten fehlende Empathie allein nicht ersetzen. Empathie als zwanglos-selbstverständliche Haltung braucht die Lebensgewissheit, selbst gewollt, geliebt und getragen zu sein.

Religionen geben auf diese Probleme Antworten. Hierin liegt die helle Seite der Ambivalenz in der Beziehung von Religion und Gewalt. Sie geben Antworten mit unterschiedlichem Gesicht, aus verschiedenen Traditionen und Kontexten heraus, mit differenzierten Erzählungen und Ritualen, ethischen Forderungen und alltäglichen Lebenspraktiken. Ihre Wege und zentralen Themen mögen die Entmächtigung des Begehrens als der Antriebskraft von Konkurrenz und Gewalt sein. Religionen finden ihren Mittelpunkt in einer radikalen Unterscheidung von Schöpfer und Geschöpf, in der Entgöttlichung alles Geschöpflichen und damit aller absoluten Ansprüche an menschliches Leben außer dem Anspruch Gottes; sowie in der Rechtleitung nach den Geboten der Achtsamkeit auf den einen heiligen Ort und Lebensmittelpunkt, auf den eigenen Leib und die Regeln der Gerechtigkeit. Oder sie sind zentriert im Sich-Verlassen auf das Geschenk allen Lebens durch Gott, im Vertrauen auf Gottes Liebe im Angesicht und damit in Überwindung des menschlichen Beziehungsabbruches, und in einem Leben aus der Fülle, die mit allen anderen Lebenden geteilt werden kann. So oder so geben Religionen Antworten auf zerstörerische Gewalt. Sie wollen diese Gewalt auf den Ebenen aufheben, auf denen sie ausbricht und brennt. Religion bindet Gewalt, indem sie – negativ – die Beziehung zu Gott als »Zornschatzbildung« anbietet[4]: zu dem Gott, der menschliches Gewalthandeln in einer »Unterbrechung der Rache« übernimmt und überflüssig macht.[5] Oder indem sie – positiv – im Glauben an Gottes Liebe, Frieden und Gerechtigkeit ein über alle Maßen machtvolles Vorbild anbietet, das von Menschen mimetisch in eigene Handlungsperspektiven übernommen werden kann: »Du sollst deinen Nächsten lieben wie dich selbst; ich bin der Herr« (3 Mose 19,18).

2. Potenziale von Religion zur Prävention von Gewalt

Gewaltunterbrechende Wirkung können Religionen in unserer multireligiösen Gesellschaft dadurch gewinnen, dass sie im wechselseitigen Kontakt in Dialog, Wahrnehmungsoffenheit und Respekt eingebunden werden. In diesem Feld liegt das vorbeugende Potential von Religionen gegen Gewalt. Ein Beispiel soll hier namhaft gemacht werden: Trotz und im Angesicht aller Konflikte und gewaltsamen Auseinandersetzung, trotz der in der Geschichte immer wieder rigiden wechselseitigen Verwerfung in zentralen Fragen des Glaubens, der Lebensführung und der theologischen Reflexion teilen die drei großen monotheistischen Religionen zentrale Traditionen. Ihre Wahrnehmung kann dazu beitragen, wechselseitige Exklusion zu mildern, Wertschätzung von Inklusionsperspektiven zu fördern und durch Kontakt und Verständigung über das gemeinsam

4 In dieser Hinsicht wären Überlegungen von Peter Sloterdijk zuzuspitzen: Ders., Zorn und Zeit. Politisch-psychologischer Versuch. (2006) Frankfurt a.M. 2008, 127ff. u.ö.

5 Vgl. hier: Jürgen Ebach, Der Gott des Alten Testaments – ein Gott der Rache? In: Ders., Biblische Erinnerungen. Theologische Reden zur Zeit. Bochum 1993, 81-93.

geteilte Eigene die Ressourcen zu erweitern, die im Falle von Gewaltkrisen deren Ausbreitung eindämmen. Gewaltunterbrechung durch religiöse Verbundenheit als eine Art von theologischer Gewaltprävention: Hierüber ist zunächst zu sprechen.[6]
Es sind vor allem zwei Perspektiven, die für religionspädagogische Arbeit in Schulen und Kirchen nach unserer Überzeugung nötig und hilfreich sind zu einer wechselseitigen Achtung zwischen den Religionen und Kulturen und zum Religionsfrieden auch in unserem Land beizutragen: das Achthaben auf solche gemeinsam geteilten Dimensionen in den Erzähltraditionen und im symbolischen Reichtum der verschiedenen Religionen, die wechselseitigen Respekt und Offenheit unterstützen können; und Deutlichkeit in der Gestaltfindung des jeweils Eigenen ohne Angst, dadurch Begegnungsmöglichkeit und Dialog zu gefährden.
Für das Achthaben auf solche Erzähltraditionen, die die verschiedenen Religionen dennoch miteinander teilen, soll als ein Beispiel die Erinnerung an die Gestalt des Abraham gewürdigt werden.[7] Abraham ist in Judentum, Christentum und Islam eine zentrale Gestalt – in den grundlegenden Schriften, aber auch in der darauf folgenden Traditionsbildung. In allen drei Religionen gibt es im Verlauf der Traditionsbildung eine fast parallele Bewegung. In frühen Texten wird wahrgenommen, dass Abraham ein Fremder ist, nicht von vornherein zur eigenen Religion hinzugehört. Die hebräische Bibel erzählt (1 Mose 11,28.31): Abram stammt aus Ur in Chaldäa, aus dem Zweistromland, er verlässt auf die Verheißung Gottes hin Vaterland und Verwandtschaft und zieht ins Land Kanaan. Abraham gehört also nicht ursprünglich zum Gottesvolk. Im Neuen Testament ist für den Apostel Paulus, einem gelehrten Juden aus

6 Solche Perspektiven werden beispielsweise im Hamburger Weg eines »Religionsunterrichtes für alle« entwickelt. Vgl. zum Folgenden: Wolfram Weiße (Hrsg.), Dialogischer Religionsunterricht in Hamburg. Positionen, Analysen und Perspektiven im Kontext Europas. Münster u.a. 2008. Darin: Hans-Martin Gutmann, Religion und Pluralität in moderner Gesellschaft, 19-28.

7 Vgl. in diesem Zusammenhang z.B.: Karl-Josef Kuschel, Streit um Abraham. Was Juden, Christen und Muslime trennt – und was sie eint. München 1994.

Tarsus im Gebiet der heutigen Türkei, keine Frage: Abraham ist »unser leiblicher Stammvater« (Römer 4,1). Das heißt: Für Paulus ist selbstverständlich, dass Abraham kein Christ ist. Und der Prophet Mohammed, der den Abraham/Ibrahim als rechtschaffen, als Kämpfer gegen die falschen Götzen beschreibt, stellt ihn wie die »Leute der Schrift«, also wie Juden und Christen, in den Kontext der Gestalten, die auch im – christlich gesprochen – Alten Testament vorkommen: des Bruders Lot und der Nachkommen Isaak und Jakob (z.B. Sure 21,70ff.).

In allen drei Religionen findet sich später in wachsender Intensität eine strukturell vergleichbare Bewegung, Abraham allein für die eigene Religion in Anspruch zu nehmen. Weil wir aus Sicht christlicher Theologie sprechen, wollen wir dies selbstkritisch für die eigene Religion anerkennen, es ließe sich aber unschwer auch für Judentum und Islam zeigen. So schreibt bereits Mitte des zweiten Jahrhunderts nach Christus der Kirchenvater Justin – und er hat das Schicksal der bedrängten christlichen Gemeinde in Rom vor Augen: »Worin nun besteht der Vorzug, den Christus da dem Abraham gibt? Darin, dass er ihn ebenso (wie uns) berufen hat; denn er rief ihm zu, er solle ausziehen aus dem Lande, in dem er wohnte … Mit Abraham werden wir auch das heilige Land erben und werden das Erbe für alle Ewigkeit in Besitz nehmen; denn Kinder Abrahams sind wir, da wir gleich ihm glaubten.«[8] Am Ende des vierten Jahrhunderts ist für den Kirchenvater Augustinus völlig klar, dass »vom Vater Abraham bis zur Zeit der israelitischen Könige … und von da an bis zur Erscheinung des Heilands im Fleisch … der Gottesstaat sich weiterentwickelt«[9] und gegen die Civitas terrena, die Bürgerschaft der Welt und des Teufels, sich durchsetzt. Und laut dem – wenn man so will – »evangelischen Kirchenvater« Martin Luther kann man in seiner Genesisvorlesung am Umgang

8 Justin, Dialog mit dem Juden Tryphon, Kap. 119, 5-6, übers. Von Ph. Haeuser, München 1917, Bibliothek der Kirchenväter Bd. 33, hier zit. nach: K.-J. Kuschel, Streit um Abraham. Was Juden, Christen und Muslime trennt – und was sie eint. München 1994, 158f.

9 Aurelius Augustinus, Von der Gottesstadt, 18. Buch, hier zit. nach: Augustinus, ausgewählt und vorgestellt nach Karl Flasch, München 1996, 360f.

Abrahams mit seiner Frau Sara, seinem Bruder Lot und seinen Söhnen Ismael und Isaak z.B. die Grundregeln eines christlichen Ehelebens lernen.[10] Wir finden diese Bewegung in Richtung einer Aneignung einer symbolisch wichtigen Figur wie Abraham allein für die eigene Weise zu glauben verständlich. Sie ließe sich, wie gesagt, auch für die Entwicklung im Judentum und für den Islam zeigen. Für den wechselseitigen Respekt, für die Bereitschaft, mit den Verschiedenen zu leben und voneinander zu lernen, scheint uns aber eine andere Beobachtung hilfreicher, und damit möchten wir diesen Gedankenschritt beschließen: Wir finden es faszinierend, dass in Texten des Neuen Testaments ganz unterschiedliche Abraham-Bilder nebeneinanderstehen können. Wir möchten unsere jüdischen und muslimischen Gesprächspartner/innen fragen, ob sie für ihren Bereich ähnliche Beobachtungen machen können. Die Geltung anderer Abraham-Bilder wird hier nicht bestritten, sondern ergänzt. Die Abraham-Bilder in neutestamentlichen Texten wiederum wollen Bilder aus der »Schrift« – christlich gesprochen: aus dem »Alten Testament« – ebenfalls nicht verdrängen oder sogar aufheben. Wir nennen ein zentrales Beispiel: Für Paulus ist Abraham das Urbild für die Rechtfertigung allein aus Glauben – und nicht durch Werke. Abraham verlässt sich allein auf Gottes Verheißung, nur dadurch – nicht durch sein rechtes Handeln, auch nicht durch seine Zugehörigkeit zum Judentum – wird er zum Vorbild des Glaubens. »Denn was sagt die Schrift? ›Abraham hat Gott geglaubt, und das ist ihm zur Gerechtigkeit gerechnet worden‹ (1 Mose 15,6) … Das Zeichen der Beschneidung aber empfing er als Siegel der Gerechtigkeit des Glaubens, den er hatte, als er noch nicht beschnitten war. So sollte er ein Vater werden aller, die glauben, ohne beschnitten zu sein, damit auch ihnen der Glaube gerechnet werde zur Gerechtigkeit« (Römer 4,3.11). Völlig anders im Jakobusbrief einige Jahrzehnte später: »Ist nicht Abraham, unser Vater, durch Werke gerecht geworden, als er seinen Sohn Isaak auf dem Altar opferte? Da siehst du,

10 Vgl. dazu: H.-M.Gutmann, Über Liebe und Herrschaft. Luthers Verständnis von Intimität und Autorität im Kontext des Zivilisationsprozesses. Göttingen 1991, 348ff.

dass der Glaube zusammen gewirkt hat mit seinen Werken … So seht ihr nun, dass der Mensch durch Werke gerecht wird, nicht durch Glaube allein« (Jakobus 2,21.24). – Spannend ist, dass die biblischen Texte beide Sichtweisen nebeneinander bestehen lassen. Das provoziert weitere Fragen: für welche unterschiedlichen Gesprächs- und Konfliktlagen ist einmal die eine, einmal die andere Ansicht wichtig? Offenbar hatte es Paulus noch nicht mit der Situation zu tun, dass seine Gemeinde völlig unbeeindruckt davon war, dass es arme Leute gab, die durch ihre Lebensumstände ins Elend gestürzt waren oder zumindest von der Partizipation am gesellschaftlichen Leben ausgeschlossen waren. Umgekehrt war der Kontext, in dem der Autor des Jakobusbriefes sein Abraham-Bild entwickelt hat, nicht von dem Konflikt bestimmt, den Paulus vor Augen hatte: Müssen Menschen, die als Nicht-Juden Christen werden wollen, zuerst die Speisegebote der Tora einhalten und sich beschneiden lassen? Spannend wird jetzt, wie beide unterschiedenen Abraham-Bilder in einer fürs christliche Leben zentralen Frage zusammengedacht werden können. Vielleicht so: Gott liebt die Menschen nicht erst, wenn und weil sie alles richtig machen (dies wäre Paulus‹ Anliegen). Aber in der Konsequenz aus Gottes Liebe werden seine Menschenkinder nicht am Elend ihrer Mitkreaturen vorbeigehen (dies liegt Jakobus am Herzen). Für beides steht die Erinnerung an Abraham ein.
Es lassen sich viele weitere Beispiele unterschiedlicher Abraham-Erinnerungen finden, erst recht, wenn man die nachkanonischen Schriften beider Testamente hinzunimmt. Wir denken, dass die frühen christlichen Glaubenszeugnisse in ihrer Unterschiedenheit, die nicht harmonisiert und aufgelöst wird, manche Ähnlichkeit mit den rabbinischen Diskussionen haben, in denen auch verschiedene Deutungen nebeneinanderstehen können. Verschiedenes muss sich nicht gegenseitig aufheben und überdecken, sondern kann in Ergänzung, auch im Widerspruch gegeneinander zur Wahrheit im Glauben wie im Leben beitragen. Am Beispiel verschiedener Abraham-Bilder kann gelernt werden, dass wechselseitiger Respekt durchaus Streit ein-

schließen kann, ohne in gegenseitiger Verwerfung und Gewaltbereitschaft enden zu müssen.

Gemeinsam geteilte Erzähltraditionen, aber auch Symbole und Rituale können und sollen aufgeschlossen werden, um Wahrnehmungsoffenheit und Verstehensbereitschaften im Zusammenleben der Verschiedenen zu ermöglichen und zu stärken. Genauso nötig scheint uns, im Lebensvollzug ebenso wie im Kontakt mit anderen religiösen Orientierungen, das jeweils Eigene zur Gestalt zu bringen – ohne Angst, deshalb Gesprächsbereitschaften zu gefährden. Wir haben den Eindruck, dass sich in diesem Feld die christlichen, insbesondere die protestantischen Gesprächsteilnehmer/innen bisweilen befangener zeigen als unsere muslimischen, aber auch unsere jüdischen Gesprächspartner/innen. Das ist schade für die Lebendigkeit, in der jeweils die eigene Religion gelebt wird, aber auch für die Lebendigkeit des Dialogs. Aus Konfliktvermeidung vorweg reduzierte Deutlichkeit befördert den Dialog keineswegs, sondern macht ihn im Kern unmöglich.

Drei Perspektiven möchten wir schlagwortartig nennen, an denen eine größere Deutlichkeit in evangelisch-christlicher Perspektive nötig scheint:

- Der historisch-kritische Zugang zu den Heiligen Schriften, zu Bekenntnissen sowie Symbol- und Ritualtraditionen. Eine historisch-kritische Lektüre biblischer Texte ist nötig – nicht zuletzt in kritischer Unterscheidung zu »fundamentalistischen« Orientierungen, wie sie heute für viele Zeitgenossinnen und -genossen große Faszination gewinnen, und keinesfalls nur im Raum der christlichen Religion. Würde mit einer wortwörtlichen, überhistorischen Geltung biblischer Texte gerechnet, so würde die Bibel auf ihren Charakter als Gesetz verkürzt und damit um ihre wesentliche Dimension als Verheißung gebracht. Die hermeneutische Aufgabe der Theologie hängt unmittelbar mit der kritischen Unterscheidung zwischen Gesetz und Evangelium zusammen. Die Texte der Bibel müssen übersetzt, müssen ausgelegt und auf ihre Bedeutung für heutige Menschen befragt werden. Mit der reformatorischen Grundentscheidung ist ein historisch-kritischer Umgang mit biblischen Texten deshalb unmittelbar verbunden, weil die Verstehensbedingungen neuzeitlicher Menschen ernst genommen werden müssen, wenn diese sagen können sollen, was Gottes Geschichte mit seinen Menschen »für mich« bedeutet.

- Im Gespräch mit jüdischen und muslimischen Gesprächspartner/innen, aber auch im eigenen Glauben sollen Christenmenschen leben und zeigen, dass der christliche trinitarische Gottesglaube keineswegs bedeutet, die Einheit Gottes zu bestreiten oder zu leugnen. Vielmehr geht es hier um eine über viele Jahrhunderte der Kirchengeschichte ausgearbeitete und bewährte Suche danach, die Einheit des Gottes festzuhalten, wie er sich in jeweiliger Eigentümlichkeit im – christlich gesehen – Alten und Neuen Testament und darüber hinaus in der langen Geschichte der Gestaltwerdungen christlichen Glaubens mitgeteilt hat. Trinitarisch bestimmte Rede von Gott ist zu verstehen – und sie ist für christlichen Glauben darin bleibend nötig – als tastende Annäherung in menschlicher Resonanz darauf, dass Glauben mehr ist als ein kognitives Wissen, nämlich das Eingehen der Ganzheit menschlichen Lebens in seinen körperlichen, geistigen und seelischen Vollzügen in einen Beziehungsraum, in dem Gott sich in seiner Überschwänglichkeit in dreifacher Weise selbst mitteilt. In diesem Zusammenhang ist in der protestantischen Theologietradition – um eine geschichtswirksame Denkmöglichkeit zu nennen – von den drei Seinsweisen Gottes gesprochen worden: als Schöpfer, Urheber und Quelle allen Lebens, als Bruder und Mit-Lebender und -Leidender unter den Bedingungen weltlich-geschichtlichen Lebens, und als Geistkraft, die alles Lebendige mit heilsamer Kraft erfüllt.
- Evangelisch-christlicher Glauben zeigt darin sein besonderes Gesicht, dass er mehr und anderes ist als Rechtleitung und Rechthandeln, mehr als der Versuch, im jeweils eigenen Lebensvollzug dem Willen Gottes zu entsprechen. Evangelischer Glaube ist immer wieder als tiefes Vertrauen in Gott,

als Eingebundensein in eine tiefe Beziehung zu Gott und den anderen Menschen erfahren worden, und zugleich als Freiheit von der Verpflichtung, Gott alles empfangene Gute zurückzahlen und so »wieder gut machen« zu müssen. Der evangelische Glaube an die »Rechtfertigung des Gottlosen« zeigt sich in dem tiefen, Lebensgewissheit spendenden Vertrauen, dass Gott mich und alle Menschen im Kontext aller Kreatur voraussetzungslos, umsonst und ohne unsere Vorleistung liebt, erhält und befreit.

3. Der Augenblick der Gewaltfaszination und die Alternative

So weit ein Hinweis auf das vorbeugende Potenzial von Religion für Gewaltunterbrechung. Was aber, wenn eine Gewaltkrise ausgebrochen ist? Was können Religionen dazu beitragen, dass sich dann Menschen der ansteckenden mimetischen Wirkung von Gewalt, ihrem Versprechen von Grandiosität, Selbstentgrenzung und Freiheit im Akt der Gewalttat nicht überlassen und Einfühlungsfähigkeit in das Leiden der Opfer von Gewalt bewahren können? Hier liegt das Zentrum unseres Interesses in dieser Untersuchung. Wir möchten die Überlegung ins Spiel bringen, dass es vor allem die Zeitgestalt des Gewalthandelns ist, in der sich die Alternative zwischen Gewaltfaszination und Gewaltunterbrechung entscheidet. Es sind Augenblicke, in denen das traumatisierende Miterleben, oft auch das faszinierende Anschauen von Gewalthandeln Menschen zu eigenem Gewalthandeln ansteckt. Es sind Augenblicke ekstatischer Selbstentgrenzung, in denen Menschen zu Gewalttätern werden. Vor allem dies ist an den Lebensgeschichten vieler KZ-Aufseher/innen, Kommandant/innen und Soldat/innen z.B. europäischer oder afrikanischer Genozid-Armeen, auch von Berichten über Menschen zu lernen, dic sich in den Sog von Massakern haben hineinziehen lassen: Oft sind dies Leute, denen man solche Gewalttaten niemals zugetraut hätte. Manchmal sind es hoch gebildete, oft über Jahre und Jahrzehnte unauffällig lebende Familienväter und -mütter, Jugendliche mit hoffnungsvollen Bildungsperspektiven oder doch aus »guter Familie« und »stabilen Verhältnissen«, die zu Mördern, zu Vergewaltigern und Tätern von Gewalttaten werden, in denen das Antlitz des anderen Menschen zerstört, sein Körper verletzt, geöffnet und zerschlagen wird. Es sind Menschen, die oft über Generationen neben Freund/inn/en, Nachbar/inn/en, oft auch Verwandten und Ehepartner/innen anderer religiöser Orientierung und ethnischer Herkunft gelebt haben, über Alltagskonflikte hinaus ohne zerstörerische Aggression, die in diesen Momenten ihre Nachbarn zwingen, ihre Lebensorte zu verlassen, sie vergewaltigen oder töten, womöglich in diesen ekstatischen Momenten der Gewaltfaszination unbeschreiblichen Torturen unterwerfen. Der Augenblick des Gewalthandelns bricht (für einmal, und ist der Damm erst einmal gebrochen, auch öfter) in die Dauer der Zeit ein – in die Dauer einer individuellen Lebensgeschichte, eines Kollektivs wie der Bewohnerschaft eines Dorfes oder Stadtquartiers, eines Verwandtschaftszusammenhangs. Ist diese ekstatische Zeit vergangen, können sich die Täter/innen in ihrem eigenen Gewalthandeln oft nicht mehr wiedererkennen. Sie wirken dann wie entleerte Hüllen einer gewaltigen und gewalttätigen Energie, die sie im Griff hatte und danach wieder verlassen hat. Finden sich Organisatoren und aktiv Beteiligte von Massakern vor Gerichtshöfen oder Wahrheitskommissionen wieder, möchte man ihnen ihre Untaten kaum noch zutrauen; und zugleich sind sie, in anderer Weise als ihre Opfer, auf die Dauer ihrer Lebensgeschichte von dem gezeichnet, was sie getan haben.[11]

Die Möglichkeit von Gewaltunterbrechung durch religiöse

11 Die Entwicklung der Massaker während des Balkan-Krieges und in anderer Weise in Ruanda zeigt allerdings, dass spontan ausbrechende Gewalthandlungen durch langfristige Latenz von Gewalt vorbereitet wurden. Unter Tito konnte eine kommunistische Einheits- und Solidaritätsideologie die Spannungen zwischen den religiösen und ethnischen Gruppen nur verdecken, nicht aber wirklich bearbeiten. Außerdem ist eine durch die orthodoxe Kirche mitgetragene serbische Niederlagenmythologie (Amselfeld) ebenso langfristig wirksam, ebenso wie ein serbischer Nationalismus unter Milosewics Superioritätsfantasien aus dem kollektiven Unbewussten abrufen konnte. Diese Latenz steht in einer Beziehung zur Eruption im Augenblick der Gewaltfaszination. Ruanda wiederum hat eine lange Kolonialgeschichte, in der die colonial powers bewusst die ethnischen Unterschiede zwischen Tutsi und Huti hierarchisiert haben. Die Gewalt explodiert auch hier in einem Moment, dieser Moment ist aber genährt durch die Geschichte der Latenz von Gewalt. Ich verdanke diese notwendigen Differenzierungen einem Gespräch mit Andrea Bieler, 23. März 2009.

Verbundenheit entscheidet sich an dieser Frage: Kann in den Augenblicken der Gewaltfaszination eine Alternative wirksam werden? Eine Alternative würde nicht zuerst auf anderen mentalen/psychischen Ebenen besseren Wissens und anderen Sollens wirksam, die in den entscheidenden Augenblicken oft machtlos oder doch zumindest zu langsam sind, sondern auf derselben existenziellen Ebene, auf der die Faszination von Gewalt ihre Macht über Menschen entfaltet.[12]

Damit ist zu fragen: Kann in den entscheidenden Momenten die Faszination der Gewalt durch die Faszination der Gabe unterbrochen werden, die ebenso wie Gewalt mimetisch wirkt? Es gehört zum zwanglos abrufbaren Verhaltensrepertoire eines jeden erwachsen gewordenen Menschen, dass Freundlichkeit mit Freundlichkeit, Geschenke mit Geschenken, Solidarität mit Solidarität beantwortet werden. Kann also in den entscheidenden Augenblicken gegen die Gewaltfaszination die ansteckende Kraft einer »Wertschätzungsoffensive« oder »Würdigungsoffensive«[13] wirksam werden und eine solidarische Haltung – hier und jetzt – gegenüber denen Gestalt gewinnen, die aus ethnischen, sozialen, kulturellen oder religiösen Gründen zu Opfern von Exklusion, Verachtung, Feindschaft und schließlich Gewalthandeln gemacht werden? Kann in den entscheidenden Momenten der Gewaltfaszination, in denen Sehnsucht nach Fülle und Selbstentgrenzung durch Gewalttätigkeit gewissermaßen ausrastet, die alternative Erfahrung wirksam werden, aus der Fülle des Lebensgeschenkes schon immer zu leben, aus dem überfließenden Geschenk der Zärtlichkeit, in theologischer Sprache: aus

---

12 In einer reformatorischen Grundschrift hat Martin Luther im Streit mit dem Humanisten Erasmus von Rotterdam die Schwäche bewusster Entscheidungsfähigkeit gegenüber alternativen Machtansprüchen und Faszinationen in eine Metapher gebracht. »So ist der menschliche Wille in die Mitte hingestellt wie ein Lasttier; wenn Gott darauf sitzt, will er und geht, wohin Gott will, wie der Psalm sagt: ›Ich bin wie ein Lasttier geworden, und ich bin immer bei dir.‹ Wenn der Satan darauf sitzt, will er und geht, wohin Satan will. Und es liegt nicht in seiner freien Wahl, zu einem von beiden Reitern zu laufen und ihn zu suchen, sondern die Reiter selbst kämpfen darum, ihn festzuhalten und in Besitz zu nehmen.« Martin Luther, Dass der freie Wille nichts sei. Antwort D. Martin Luthers an Erasmus von Rotterdam. Zitiert nach: Martin Luther, Ausgewählte Werke. Ergänzungsreihe, Erster Band, München 1954, 46f.

13 Ich verdanke diesen Ausdruck Christian Gründer, Gespräch am 18.2.2009.

der »Gnade« Gottes? Kann die Verletzung und Gefährdung des Antlitzes des anderen Menschen – hier und jetzt – zur zwanglos-zwingenden Herausforderung werden, für deren fundamentale Lebensrechte einzutreten?
Gerade für die christlich-protestantische Theologietradition beinhaltet diese Fragerichtung eine notwendige Herausforderung und einen Anspruch auf Neuorientierung. Allzu lange wurde in Erinnerung an Martin Luthers Rede von den »zwei Regimenten Gottes« vor allem auf die gerüsteten Erzwingungskapazitäten der »Obrigkeit« z.B. im Einsatz von Militär und Polizei gesetzt: »Denn wenn das nicht wäre, zumal alle Welt böse und unter Tausenden kaum ein rechter Christ ist, würde eins das andere fressen, so dass niemand könnte Weib und Kind aufziehen, sich nähren und Gott dienen, womit die Welt wüst würde.«[14] Die alleinige Orientierung an der »guten Gewalt« der Rechtserzwingung durch die »Obrigkeit« hat in der größten Gewaltkrise der jüngeren deutschen Geschichte dazu beigetragen, dass zahllose Christenmenschen und ihre Kirchen gegenüber mörderischem Gewalthandeln paralysiert, sprachlos und entscheidungsunfähig wurden, sobald es von einer mörderischen und verbrecherischen »Obrigkeit« selber verübt wurde. Nötig ist, um der Faszination von Gewalt begegnen zu können, eine Umorientierung: weg von der alleinigen Fixierung auf »gute Gewalt«, auf die militärischen und polizeilichen Erzwingungsmittel staatlicher Macht (»Gesetz«) – hin auf das Vertrauen in die zwingende mimetische Kraft von Wertschätzung und Solidarität, hin auf das Leben aus der Fülle (»Evangelium«) als einer Haltung, die Hinwendung zur/zum Anderen nicht als Verpflichtung, sondern als freien Fluss der Weitergabe des selbst Empfangenen wirksam macht. Liegt hier das energetische Zentrum, so gewinnen auch die in Gewaltkrisen ja weiterhin nötig bleibenden Erzwingungsmittel erst ihre heilsame Justierung und Begrenzung. Und: in dieser Umorientierung auf Fülle, Liebe, »Evangelium« – und nicht auf Zwang, »gute Gewalt«, »Gesetz« – als Wege der

14 Martin Luther, Von weltlicher Obrigkeit, wie weit man ihr Gehorsam schuldig sei. 1523, WA II, 251, 12ff.

Gewaltunterbrechung durch Religion liegt, dies ist unsere tiefe Überzeugung, der wesentliche christliche Beitrag im Dialog mit den anderen Religionen in dieser für das weitere Schicksal menschlicher Lebensmöglichkeit auf der Erde schlechthin entscheidenden Frage.

4. Augenblick und Dauer – praktisch-theologische Perspektiven

Die Sehnsucht nach Fülle und Selbstentgrenzung ist einer der großen Antriebe, ein Zentrum von Lebensenergie, das ganz verschiedene Wege zur Realisierung sucht. Gewalthandeln ist ein besonders zerstörerischer Weg. Unter normal-alltäglichen Bedingungen bietet nicht zuerst Gewalthandeln, sondern Konsumismus eine Möglichkeit, diese Sehnsucht in Handeln zu übersetzen.[15] Die kapitalistische Warengesellschaft funktioniert in der Gleichzeitigkeit von versprochener Fülle und angedrohter bzw. faktisch zugemuteter Knappheit (z.B. an Arbeitsplätzen, Zugang zu Gütern und kulturellen Partizipationsmöglichkeiten) bei in Wirklichkeit ausreichend gegebenem gesellschaftlichem Reichtum, der bei gerechterer Verteilung für alle ausreichen würde. Wie diese Gesellschaft auch unter Normalbedingungen funktioniert, wird für viele erst in Zeiten der wirtschaftlichen und finanziellen Krise handgreiflich und existenziell erfahrbar, wenn nämlich die Inklusionsmechanismen dieser Weise zu leben in Gefahr geraten. Die Sehnsucht nach Fülle und Reichtum, die auf den Wegen des Konsumismus, verbunden mit Konkurrenz und Neid gegenüber potenziell allen anderen erfüllt werden soll, stößt an ihre Realisierungsgrenzen.

In der kapitalistischen Warenökonomie wird Fülle nur durch das Nadelöhr von Knappheit zugänglich. Faktischen Zugang zu Realisierungsmöglichkeiten von Reichtum und Fülle haben immer weniger Menschen, und immer größere Bevölkerungsgruppen weltweit und auch in unserem Land haben zu-

15 Vgl. in diesem Zusammenhang z.B. die ausgezeichnete Analyse von Christoph Deutschmann, Die Verheißung des absoluten Reichtums. Die religiöse Natur des Kapitalismus. Frankfurt a.M. u.a. 1999.

nehmend kaum Chancen, sich an diesem »Spiel« zu beteiligen. Immer mehr Menschen werden als Produzent/innen, aber auch als Konsument/innen für die Produktions- und Zirkulationsmechanismen dieses Gesellschaftssystems überflüssig gemacht. Knappheit wird zu Ausschluss gesteigert.

Aber auch die goldene Seite, das Versprechen dieses Weges, Sehnsucht nach Fülle tatsächlich zu erfüllen, bleibt trügerisch. Die Warenwelt ist nicht das wahre Leben. Die gelingende Antwort auf die Frage »Wer wird Millionär« verbindet sich in der Regel eben nicht mit der Realisierung der mit diesem Erfolg verbundenen Glückshoffnung. Andere Sorgen werden sofort massiv: Wie lege ich den Reichtum an, so dass er sich vermehrt und nicht im virtuellen Datennetz globaler Finanzströme verschwindet? Habe ich überhaupt die Zeit, meinen Reichtum zu genießen? Verbindet sich die Genussmöglichkeit mit Formen von Sozialität und Gemeinschaft, die Fülle tatsächlich erfahrbar und lebbar machen? Der Selbstmord des Milliardärs Adolf Märkle am 6. Januar 2009 als Resonanz auf den Zusammenbruch seines Firmen- und Finanzimperiums in Zeiten der Finanzkrise wird zum schlagenden Symbol für das Scheitern, man muss radikaler formulieren: für die Lüge der kapitalistischen Religion. Gesetz und Verheißung, Knappheitsdrohung und Reichtumsversprechen dieser Religion verschließen die von ihnen faszinierten Menschen gegenüber der Fülle des Lebens, indem Quasi-Angebote von Fülle eröffnet und tatsächlich immer von Neuem dementiert werden. Konsumismus soll Ersatz sein für Fülle, für Lebensgewissheit aus geschenkter und erfahrener Gnade. Die Möglichkeit vorbehaltloser Selbstannahme und positiver Lebensdeutung wird so verfehlt. Die Lebenshaltung der Sorge verhindert Empathie gegenüber denen, die weniger haben – wie überhaupt gegenüber allem Lebendigen (»homo incurvatus in seipsum«).

Religion eröffnet auf symbolischer Ebene die Erfahrung von Fülle im Augenblick, in dem das Ganze meines Lebens leicht und aufgehoben mir entgegenkommt. Sie ermöglicht durch ihre Erzählungen, Rituale und Symbole, diese Erfahrung auf Dauer zu stellen. Die Erfahrung von mir durch Gott geschenkter Fülle, das Vertrauen auf Gottes voraussetzungslos mir entgegenkommende Güte und ein Leben aus diesem Reichtum werden sich mit Haltungen und Handlungsperspektiven verbinden, diese Fülle weiterzugeben und für eine gerechtere Verteilung der Güter im gesellschaftlichen Lebenskontext einzutreten. Politische Revolutionen sind oft mit unlösbaren Schwierigkeiten konfrontiert, den Augenblick der Fülle, den gelingenden Durchbruch auf Dauer zu stellen, ohne versprochene Verheißung in rigide und repressive Formen von communitas zu übersetzen. Dagegen kann in religiöser Verbundenheit die Augenblickserfahrung der Fülle eher auf Dauer gestellt werden: weil und sofern sie Möglichkeiten für Gestaltfindung vor allem auf der Ebene symbolischer Ordnung anbietet. Sie kann auf die nicht selbst besorgte Vorgängigkeit gegebener Lebensfülle vertrauen und ist deshalb nicht auf rigide Erzwingung im gesellschaftlichen Handeln angewiesen.

An dieser Stelle kommt auch die praktisch-theologische Aufgabe in der Reflexion der Frage »Gewaltunterbrechung durch religiöse Verbundenheit« in den Blick. Was die beschriebene Zeit-Gestalt der Gewaltfaszination betrifft, die im Augenblick ekstatischer Entgrenzungserfahrung wirksam wird, muss ja festgehalten werden: Die Erfahrung von Fülle als nicht selbst besorgter, sondern mir geschenkter und begegnender Lebensgewissheit kann die verdichtete Form einer das Leben umstürzenden Augenblickserfahrung haben – und das hat sie für viele Menschen auch. Die Frage ist aber: Fällt dieser Augenblick mit eben dem Augenblick zusammen, oder zumindest: wird diese Augenblickserfahrung in eben dem gleichen Augenblick wirksam, in dem ein Individuum oder ein Kollektiv in den Sog der Gewaltfaszination gerät?

Es ist damit zu rechnen, dass die Erfahrung geschenkter Lebensfülle in den hoch brisanten Augenblicken, in denen sich die Alternative: ›Überwältigung durch Gewalt‹ oder ›Entfachung von Verbundenheit und Empathie‹ entscheidet, wirksam werden kann, wenn der Augenblick erfahrener Fülle in der Dauer

der Zeit immer wieder erinnert, wenn er immer wieder wahrgenommen, gefeiert, gelebt wird. Wenn diese Gabe immer neu gelobt und für sie immer wieder gedankt wird. Und wenn die individuelle Erfahrung des Beschenkt- und Getragenseins in langfristigen Haltungen, aber auch in Formen alltäglich-lebensweltlicher Kommunikation Gestalt gewinnt.
Damit geraten die auf Dauer, nämlich auf immer wiederkehrende Wiederholung gestellten Formen der symbolischen Ordnung der Religion in den Blick: ihre Metaphern und Symbole, Erzählungen und Rituale, schließlich auch ihre aus geschenkter Fülle herausfließenden ethischen Handlungsperspektiven.
In diesem Buch werden exemplarisch Erzählungen, Rituale und ethische Perspektiven aus der jüdischen und christlichen Religion wahrgenommen, und wir interpretieren sie als protestantische Theolog/inn/en. Schon vor ihrer konzentrierten Ausrichtung auf Gewaltunterbrechung – z.B. in Friedensgebeten, Trainings in Gewaltprävention, Bildungsarbeit von Friedensdiensten u.a.m. – eröffnen sie eine Bewegung, in der zerstörerische Gewalt in lebensförderliche Wechselseitigkeit umgewandelt wird. Manche biblischen Psalmen loben und fordern Gott als den, der allein die Feinde zerschlagen kann, und befreien so menschliche Subjekte vom Zwang und von der Faszination, selber Rache zu üben und Gewalt zu verbreiten.[16] Andere biblische Texte sind Erzählungen, die als performatorische, Wirklichkeit herstellende Sprechhandlungen wirken und eine Umkehrung und Transformation von gewaltsamer in lebensförderliche Wechselseitigkeit buchstäblich »zur Welt bringen« können. Gottesdienste und andere religiöse Rituale geben schon vor und jenseits ihrer thematischen Konzentration auf Gewaltunterbrechung, eben durch ihre rituelle Bewegung selber dieser Umkehrbewegung, die die Erzählungen als Wirklichkeit in der Zeit entfalten, als Bewegungen im (sozialen) Raum und in körperlicher Präsenz eine entsprechende Gestalt. Ethische Perspektiven für Gewaltunterbrechung werden so nicht nur als den einzelnen

16 Vgl. Jürgen Ebach, Der Gott des Alten Testaments – ein Gott der Rache? In: ders., Biblische Erinnerungen. Theologische Reden zur Zeit. Bochum 1993, 81-93.

Menschen von außen auferlegte Gebote wirksam, sondern als Handlungsvorgaben (»Exempla«), die zwanglos-zwingend aus der erzählten, gefeierten und geglaubten Umkehrbewegung aus zerstörerischer in lebensförderliche Wechselseitigkeit herausfließen.

Diese Überlegungen stehen nicht im »luftleeren Raum«, sondern finden ihren Ort in einer vielschichtigen Debatte. Sie werden in einem zweiten Teil des Buches unter der Überschrift »Horizonte und Hintergründe« vorgestellt. So mühsam die Lektüre sein mag, so notwendig erscheint uns, den Diskussionszusammenhang kenntlich zu machen, von dem die in diesem Buch entwickelten Perspektiven getragen sind – und in den wir mit unserer Stellungnahme eingreifen wollen. Das Buch wird schließlich mit einem Hinweis auf best-practice-Untersuchungen ausklingen, die im Anschluss geplant sind. Die Tragfähigkeit der hier vorgetragenen Überlegungen wird mit Fragen wie diesen zu konfrontieren sein: Lässt sich zeigen, dass Menschen im Kontext von Gewaltkrisen sich ihrem Sog dann eher entziehen, eher zu Empathie und Solidarität mit den Opfern fähig sind, wenn sie in religiöser Verbundenheit im beschriebenen Sinn leben? Hier werden tendenziell abgeschlossene Konflikte aus der jüngeren Zeit in den Blick kommen – wie die Friedensgebete der Leipziger Nikolaikirche am Ende der DDR und damit in einer Situation, in der mit einem gewaltfreien Übergang in eine neue Gesellschaft keinesfalls sicher zu rechnen war. Aber auch noch glimmende und auch aktuell brennende Gewaltkrisen sind unter dieser Frage in den Blick zu nehmen: beispielsweise die Situation einer protestantischen Kirche in Papua-Neuguinea, einer Gemeinde in einer südafrikanischen Megacity, einer Gemeinde in der sächsischen Schweiz, aber auch in anderer Weise von Gemeinden in Hamburg, in denen dauerhaft hier lebende afrikanische Migrant/innen vorhanden sind.

Warum wird die Konzentration auf die biblischen Erzähltraditionen und den Raum des Christlichen überhaupt gewählt? Schließlich ist das Thema »Gewaltunterbrechung durch religiöse Verbundenheit« doch erheblich weiter gefasst. Der Grund ist: der Blick der Praktischen Theologie ist nicht nur religionswissenschaftlich (»von außen«). Sondern Praktische Theologie ordnet ihre Wahrnehmungen und Interpretationen zugleich aus der Binnensicht des Beteiligtseins in einer spezifischen Religion; theologisch aber kann über »Religion« nicht allein in distanzierter Draufsicht, sondern nur in der Zweiseitigkeit und Gleichzeitigkeit von Beteiligung (Innenperspektive) und kritischer Wahrnehmung, Analyse und Reflexion (Außenperspektive) gesprochen werden.

Wenn in diesem Buch mit Blick auf »Erzählungen« vor allem nach biblischen Erzähltraditionen, mit Blick auf »Rituale« vor allem nach dem christlichen Gottesdienst gefragt wird und auch mit Blick auf »ethische Perspektiven« Ressourcen aus dem christlichen Raum thematisch werden, dann ist dies nicht exklusiv gedacht. Anstöße aus anderen Religionen werden immer wieder wirksam, und wir hoffen zugleich darauf, dass dieses Buch auch von Angehörigen anderer Religionen, aber auch von konfessionslosen Menschen als Anregung für Reflexion und Praxis von Gewaltunterbrechung wahrgenommen werden kann.

Der Augenblick der Dankbarkeit

Der Augenblick der Gewaltfaszination – und der Augenblick der Gabe

1. Der faszinierende Augenblick der Gewalt

Wenn die Gewaltorgie vorbei ist, wirken die Täter so, als könne man ihnen ihre Taten kaum noch zutrauen. Bilder aus den Gerichtsverhandlungen gegen Massenmörder wie Slobodan Milosevic, Saddam Hussein oder Adolf Eichmann erwecken den gleichen Eindruck wie Berichte und Schnappschüsse von rechtsradikalen Gewalttätern in ost- oder westdeutschen Großstädten, oder auch von Hildesheimer Schülern, die vor einigen Jahren einen Mitschüler über Wochen vor laufenden Kameras misshandelt haben. Die Gewalttäter wirken dann so, als seien sie nur noch leere Hüllen. Als seien sie jetzt vollständig Andere als im Augenblick ihrer Gewalttat.

Ein Aha-Moment für die Wahrnehmung war für mich ein Fernsehbericht vor etwa vier Jahren, als die hochschwangere US-amerikanische Soldatin Lynndie England wegen Folterungen im irakischen Gefängnis Abu Ghureib vor Gericht stand; ihr wurde dabei alle Verantwortung an sexuellen Misshandlungen zugeschoben, die ohne Wissen und Billigung höherer Stellen vermutlich kaum denkbar gewesen wären. Die Bilder von diesem Prozess waren für mich verblüffend. Diese eingeschüchterte junge Frau soll die gleiche Person sein, deren Fotos drei Monate zuvor um die Welt gingen: aufgegeilt, die Zigarette lässig im Mundwinkel, den Daumen nach oben gerichtet und einen nackten irakischen Gefangenen am Hundehalsband hinter sich herziehend?

Ich bin diesem Eindruck bei der Wahrnehmung weiterer Bilder von Gewalthandlungen nachgegangen. Der Anblick einer Gewalttat und der Verletzung bzw. Zerstörung des Leibes eines Opfers wirkt offenbar in hohem Maße faszinierend, bis in die distanzierte mediale Berichterstattung hinein. Die Chance, Gewalt-Bilder zeigen zu können, scheint für manche Fernsehsender ein wesentliches Kriterium dafür zu sein, dass ein Ereignis irgendwo auf der Erde zum Inhalt einer Nachrichten- oder Magazinsendung werden kann. Verstümmelungen, Erschießungen, Hunger, Naturkatastrophen. Ins Bild kommen, wann immer möglich, zerfetzte Körper, brennende Häuser, weinende Menschen.

Wohlgemerkt: es geht bei dieser Faszination offenbar um den Augenblick der Gewalttat oder doch zumindest um den zeitnahen Blick auf ihr Ergebnis. Bilder von psychisch traumatisierten Opfern Tage und Wochen später wirken nicht mehr in diesem Sinne, auch nicht von den mittlerweile aufgeräumten Stätten der Gewalt: eine halb verkohlte Kirche, in der während eines Massakers in Ruanda oder Indonesien Hunderte von Menschen qualvoll starben, Bilder von mittlerweile getrocknetem Blut an der Stätte eines Mordes oder vom in Verwesung übergegangenen Opfer. Solche Bilder sind nicht im anregenden Sinne faszinierend, sondern werden eher als unheimlich, abstoßend oder ekelerregend erfahren. Beides muss verstanden werden: Die Faszination von Gewalt im Augenblick ihres Ereignisses ebenso wie das Umschlagen von Faszination in Ekel in zeitlichem Abstand von der Gewalttat.

Die Faszination von Gewalttaten hängt offenbar an der Zeitgestalt des Augenblickes. In ihren Folgen für die Opfer, aber auch für die Täter sind sie langfristig wirksam, oft lebenslang. Für die Opfer wird es zur Lebensaufgabe, die Öffnung, Verletzung und Zerstörung der Integrität ihres Leibes zu bearbeiten, aber auch die Zerstörung an ihrem Selbstbild, der Eigenwahrnehmung von sich selbst als Person mit zusammenhängender Lebensgeschichte nach und nach begegnen zu können und neuen Lebensmut zu finden. Die Täter sind oft ebenfalls traumatisiert.

Sie haben häufig keinen Zugang zu sich als dem Menschen, der die Tat begangen hat, und müssen ihr Gewalthandeln in irgendeiner Weise in ihre Lebensgeschichte integrieren.[17] Sie kommen nicht umhin, ein Verhältnis zu ihrer Schuld zu finden und müssen, wenn ein solcher Prozess gelingt, eine Beziehung zum Angesicht ihres Opfers suchen, das Einfühlungsvermögen und Mitleiden zulässt und aufhört, sich an der Qual in seinen Augen zu weiden.

Eine weitere Wahrnehmung: Aus praktisch-theologischer Profession und aus Lust habe ich immer wieder mit populärkulturellen Werken zu tun, die einen Blick auf die Gewaltfaszination eröffnen: Kriminalromane, Action-Filme, Science-Fiction-Märchen, Internet-Spiele. Manche dieser Werke eröffnen mir als ihrem Leser bzw. User Einsichten in die Wirksamkeit von Gewaltfaszination, auch in ihre Zeitstruktur. Ein Autor, von dem hier viel zu lernen ist, selbst wenn er nach eigenem Bekunden nicht gerade in der Liga beispielsweise von Thomas Mann spielt, ist Stephen King aus dem New-England-Staat Maine; er erreicht mit seinen Büchern immer wieder Millionen-Auflagen. In diesen Büchern wird das Böse als Energie verstanden, als eine Macht, die Menschen im Augenblick und für die Zeit der Gewaltfaszination besetzt und dann auch wieder verlässt. Das Böse wächst aus verdrängter Schuld und vergessenen individuellen und gesellschaftlichen Konflikten. Es ist konzentriert an besonderen gesellschaftlichen Orten: Es findet bei fundamentalistischen Sekten und aggressiven Abtreibungsgegnern ebenso eine Heimstatt wie in außer Kontrolle geratenen Maschinen – z.B. einem alten Straßenkreuzer oder einer verrottenden Atomanlage. Es lauert hinter der brüchigen Fassade kleinbürgerlicher Normalität aus Kleinstadtidylle und trautem Familienleben. Das Böse kann sich ständig wechselnder Gestalten bedienen. Es kann vom einen zum anderen wandern: Kings einschneidende Kritik an der Todesstrafe in dem 1996 erschienenen und

17 Vgl. in diesem Zusammenhang den hervorragenden dokumentarischen Animationsfilm »Waltz With Bashir«, Regie Ari Folman, Israel 2008; Golden Globe 2009 für den besten ausländischen Film.

(in der Hauptrolle mit Tom Hanks) verfilmten Mehrteiler »The Green Mile«[18] spitzt sich in der These zu, dass die böse Macht bzw. Energie die Menschen, die zu Mördern und Vergewaltigern geworden sind, längst schon wieder verlassen hat, wenn sie der Justiz in die Finger geraten. Abgeurteilt werden dann die als menschliche Subjekte über sich selbst erstaunten oder sogar verzweifelten, leeren Hüllen der bösen Energie, die sich selber längst schon wieder an anderen Orten eingenistet hat.
Gewalt wird im Augenblick ihrer Entfaltung als faszinierend erlebt, und zwar nicht nur von den Gewalttätern, sondern auch von denen, die sie anschauen – faszinierend in einem Maße, dass von einer ansteckenden Wirkung der Gewalt gesprochen werden kann. Unterbrechung von Gewalt ist nur dann eine für Menschen faktisch wählbare Alternative, wenn sie in derselben Zeitstruktur wirksam werden kann. Dies ist unsere zentrale Hypothese. Gewaltunterbrechung muss eine im selben Augenblick wählbare, im kairos faszinierende Option sein, um die mimetische Wirksamkeit von Gewalttätigkeit zu entmächtigen.

2. Was ist die Zeit des Augenblicks? Philosophische und theologische Zeit-Reflexionen

Was aber meint die Rede vom »Augenblick« in einem lebensfreundlichen, und das heißt für das Leben von Menschen heilsamen Verständnis? Was meinen wir, wenn wir »Gegenwart« oder »Gegenwärtigkeit« sagen? In diesem Punkt ist ein längerer Anmarschweg nötig, weil die Probleme komplex und über die Zeiten hin in zahlreichen Aspekten und bereits von verschiedensten Seiten diskutiert worden sind.
In einer theologischen Konzeption von »Zeit«, die zahllose Theologiestudierende der zweiten Hälfte des zwanzigsten Jahrhunderts in ihrem Studium des Alten Testaments kennen gelernt haben, steht der »Augenblick«, die Erfahrung von »Gegenwart« im Zentrum. Der deutsche Alttestamentler Gerhard von Rad sieht in der gefüllten Begegnung und Widerfahrnis des Augen-

18 Stephen King, The Green Mile, Erste Auflage ab März 1996.

blicks Beginn und Zentrum der Erfahrung von »Zeit« überhaupt, wie sie im alten Israel lebendig wurde.[19] In diesem Beginn der Zeiterfahrung ist Zeit immer gefüllt, Zeit ist immer die Zeit dieses konkreten Ereignisses, dieses eng umrissenen Zeitabschnitts. Da ist die Zeit des Gebärens (Micha 5,2), die Zeit des Vieheintreibens (1 Mose 29,7), die Zeit, den Tempel neu zu bauen (Haggai 1,2), die Zeit der Aussaat oder der Ernte, des Kriegführens oder des Festes. Das weisheitliche Buch Kohelet, der »Prediger Salomo« bringt historisch relativ spät, aus der Perspektive von Vertretern der intellektuellen Oberschicht in Jerusalem, die sich in der zweiten Hälfte des dritten Jahrhunderts v.Chr. mit den kulturellen Einflüssen des hellenistischen Kontextes auseinandersetzen[20], dieses Zeit- und Weltverhältnis noch einmal verdichtet zum Ausdruck: »Ein jegliches hat seine Zeit, und alles Vorhaben unter dem Himmel hat seine Stunde: geboren werden hat seine Zeit, sterben hat seine Zeit; pflanzen hat seine Zeit, ausreißen, was gepflanzt ist, hat seine Zeit; töten hat seine Zeit, heilen hat seine Zeit, abbrechen hat seine Zeit, bauen hat seine Zeit; weinen hat seine Zeit, lachen hat seine Zeit; klagen hat seine Zeit, tanzen hat seine Zeit …« (Koh 4,1-4).

Aus diesem ursprünglichen Zeitverhältnis, so von Rad, entwickelt sich das zyklische Zeitverständnis in der Begehung von jahreszeitlichen Festen (das Fest der ungesäuerten Brote; das Fest der Ernte, das Fest der Lese (2 Mose 23,14ff.), die nach und nach mit heilsgeschichtlichen Ereignissen von Rettungserfahrungen Israels mit seinem Gott gefüllt werden (so das Fest der Befreiung von Unterdrückung durch Ägypten im Passafest (2 Mose 23,15). Zeit als lineare Zeit – dieses Zeitverständnis entwickelt sich wiederum erst aus der zyklischen Zeit der Feste, insofern die einzelnen Heilsereignisse, deren Israel in der Geschichte mit seinem Gott während der Feste gedenkt, in die

19 Gerhard von Rad, Theologie des Alten Testaments, Band 2: Die theologischen Überlieferungen Israels, 1960, München 9. Aufl. 1987, 108ff.

20 Vgl. Erich Zenger u.a., Einleitung in das Alte Testament, 2. Aufl., Stuttgart u.a. 1995, 267f.

Kette einer historischen, aus der Vergangenheit nach vorne laufenden Zeit hineingewoben werden. Lineare Zeiterfahrung ist, so von Rad, ein geschichtlich erst sich entwickelndes, keinesfalls am Anfang der Zeiterfahrung stehendes Konstrukt.

Die Zeiterfahrung Israels erfährt in der prophetischen Verkündigung eine weitere tief greifende Wandlung in einer eschatologischen Orientierung, die mehr und anderes ist als eine Hinwendung zur Zukunft. Die prophetisch verheißene eschatologische Zeit beinhaltet das Kommen Gottes selber, der sein Volk und schließlich alle Welt in sein Reich aufnehmen wird – ein vollständiges Neuwerden, eine radikale Krise alles Bestehenden und vor allem auch der linearen Erfahrung von Zeit.

Auch ein sozialgeschichtlich interessierter Blick auf die Entwicklung von Zeitwahrnehmung und -erfahrung in der Geschichte Europas rechnet damit, dass distinkte, historisch sich wandelnde Zeitkonzeptionen voneinander unterschieden werden müssen – wenn hier auch andere Schwerpunkte und Entwicklungslinien nachgezeichnet werden als im Blick des Alttestamentlers. Zeit als lineare, unendlich fortschreitende, in gleiche Einheiten unterteilbare Zeitstrecke entsteht in Europa im Spätmittelalter und in der frühen Neuzeit in dem Maße, wie menschliche Handlungsketten sich durch Fernhandel und Zentralisierung gesellschaftlicher Macht verlängern, wie eigene Perspektiven mit denen Anderer koordiniert werden müssen – und wie abstrakte Zeit zum Maß wird, nach dem ein »innengeleiteter« Charaktertypus seine Affekte kontrolliert.[21] Die Durchsetzung der Industrialisierung und der mit ihr verbundenen Arbeitsformen setzt voraus, dass konkrete Bedürfnisse und Interaktionen, aber auch zahlreiche Feste und Heiligentage dem Vorherrschen abstrakter, linearer Zeitrhythmen untergeordnet werden. Dieser Prozess wird in der gegenwärtigen medialen Kultur radikalisiert und beschleunigt. Die Durchsetzung abstrakter Zeit ist immer mit Konflikten und mit Unterdrückung anderer Zeitwahrnehmungen und -bedürfnisse verknüpft: zwischenmenschliche Be-

21 Vgl. Norbert Elias, Über den Prozess der Zivilitation a.a.O.; vgl. auch ders., Über die Zeit, Frankfurt a.M. 1984.

ziehungen wie die zwischen Liebenden, zwischen Eltern und Kindern, zwischen Freund/inn/en, aber auch körpergebundene Zeiterfahrungen wie der Wach- und Schlafrhythmus, wie Trauer und Krankheit, wie Geborenwerden und Sterben beanspruchen weiterhin ihre jeweils eigentümliche, an konkrete Inhalte, Vollzüge und Bedürfnisse gebundene »figurale« Zeit.

Aber gibt es überhaupt »plurale« Zeiten, die sich in ihrer Qualität voneinander wirklich unterscheiden lassen? Ein zeitgenössischer philosophischer Interpret von Zeit bestreitet dies. Zeit, so Michael Theunissen, hat immer, in jeder Erfahrungsgestalt, die negative Qualität von Herrschaft über uns Menschen. »Die Zeit herrscht über uns, über uns Menschen ebenso wie über die Dinge. Und zwar richtet sie eine entfremdende, keine befreiende Herrschaft über uns auf.«[22] Dieses Urteil über die Zeit ist umfassend, ja total, und es ist rein negativ. Zeit herrscht über die Dinge, und sie herrscht in ihnen. Dass Zeit über die Dinge herrscht, besagt: Zeit überantwortet die Dinge dem Nichtsein; dass sie in ihnen herrscht, heißt: es sind die Dinge selber, die ihren Weg ins Nichtsein gehen, ihr Sein ist ein Sein zum Ende hin.

Theunissen wehrt aus diesem Grund den Gedanken ab, dass es verschiedene Zeiten gebe. Der Gedanke einer pluralen Vielfalt verschiedener Zeiten übersieht, dass es die eine Zeit ist, die über uns herrscht; die Annahme ihrer pluralen Formen würde nur den Umstand missverstehen, dass hier ein Unterschied in der Wahrnehmung und nicht in der Zeit selber zum Ausdruck gebracht wird.

Zugleich aber ist auch diese Richtung, die Subjektivierung von Zeit in den Weisen ihrer Wahrnehmung, nicht zutreffend, zumindest dann, wenn sie Zeit in das menschliche Subjekt auflösen wollte. Denn man muss, so der Philosoph, davon ausgehen, dass Zeit real ist. Darin, dass sich Menschen von der Zeit beherrscht sehen, wird uns ihre Realität erfahrbar.

Dieses Herrschen der Zeit beinhaltet Leiden von Menschen, versagt uns nämlich, glücklich zu sein. »Menschliches Leben

22 Michael Theunissen, Negative Theologie der Zeit. Frankfurt a.M. 1991, 41.

gelingt, wenn es gelingt, nicht dank der Zeit, sondern trotz ihrer. In dieser negativen Weise hängt allerdings auch alles Gelingen von der Zeit ab. Es gibt, scheint mir, drei Formen von gelingendem Leben: erstens eine Herrschaft über die Zeit, die wir der Herrschaft der Zeit über uns abringen; zweitens Freiheit von der Zeit; drittens Versöhnung mit ihr oder Mimesis an sie.«[23]

Sieht man sich diese drei Formen näher an, so wäre die erste eigentlich keine Freiheit: denn ihr Gelingen beruht auf der Instrumentalisierung von Zeit, beinhaltet also eine ständig von uns geforderte Leistung und gerade keine Freisetzung.

Freiheit von der Zeit, in der wir im Glück des Verweilens, beispielsweise in einer ästhetischen Erfahrung »aufgehen«, beinhaltet, dass wir uns gewissermaßen von der Zeit losreißen. Diese Freiheit gibt es allerdings nur im Akt des Losreißens selber. Im Verweilen erleben wir reine Gegenwart, es gilt sogar: im Verweilen wird Gegenwart »weit«. Aber wie kann dieses der Zeit abgetrotzte Wahrnehmen von Gegenwart, dieses Verweilen wirklich realisiert werden?

Theunissen meint: Gelingen kann dies nur in einem spezifischen Verhältnis von Gegenwart, Vergangenheit und Zukunft, das er mit dem Wort »Synthese« bezeichnet. Gegenwart ist nämlich nicht einfach »nur da«, sondern konstituiert sich durch ein spezifisches Verhältnis zur Vergangenheit und zur Zukunft. Das freie, nicht instrumentell herrschende und beherrschte Verweilen in der Gegenwart setzt nämlich voraus, dass ein Ausgreifen in die Zukunft und ein Zurückkommen aus ihr gelingt; das Gleiche gilt für das Verhältnis zur Vergangenheit. Ohne dieses Verhältnis wäre ein Aufgehen in der Gegenwärtigkeit des Augenblickes gerade keine Freiheit, sondern wieder ein Sich-Verlieren. »Das Sich-Verlieren im Augenblick bringt es genauso wenig zur Gegenwärtigkeit wie das Nicht-Präsentsein.«[24] Dies wäre aber gerade keine Freiheit, sondern vielmehr ein spezifischer pathologischer psychischer Zustand, den Theunissen mit dem Begriff des »manisch-depressiven Irreseins« bezeichnet.

23 Ebd., 56.
24 Ebd., 59.

Gelingt die Synthetisierung von Zeit, so wird im Verweilen, im Erleben der Gegenwärtigkeit das Ganze der Zeit »hier und jetzt« versammelt, also auch Vergangenheit und Zukunft. Zugleich darf diese Leistung der Synthese mich nicht wieder vollständig in Beschlag nehmen, weil sonst das Verweilen im Augenblick eben nicht als Freiheit erfahrbar würde, sondern nur als geforderte und erbrachte Leistung. »Wie immer in der Gegenwart des Verweilens Zukunft und Vergangenheit mitgegenwärtig sein mögen – ich muss um sie auch unbekümmert sein. Es gibt, wenn ich recht sehe, nur eine Erklärung für den bisher unerklärten Rest: die Gegenwart scheint in der Tiefe Anderes als Zeit zu sein. Das Andere der Zeit nannte die Tradition ›Ewigkeit‹«[25].
Ein belasteter Begriff, wie der Philosoph sofort anmerkt. Ewigkeit als ewige Wiederkehr des Gleichen wäre gerade nicht Weg zur Freiheit, sondern in sich rotierende Selbstreproduktion. Diesen Vorwurf macht Theunissen dem Ewigkeitsverständnis der platonisch-metaphysischen Zwei-Welten-Lehre: Hier ist Ewigkeit nichts Anderes als das entgegengesetzte, aber eben damit auch zugleich das reflektierende Abbild der herrschenden Zeit, nach deren Überwindung im »Verweilen« in der Gegenwartserfahrung doch gerade gesucht – und was auf diesem Wege wieder verfehlt wird.
Einen Ausweg sieht der Philosoph im Stichwort der »Mimesis« an die Zeit. »Unter Mimesis verstehe ich, dass das Subjekt sich der Zeit anschmiegt, um ihr die Ewigkeit zu entlocken. Es dringt in die Tiefe der Zeit, in der diese sich als das Andere ihrer selbst enthüllt.«[26] Hier wäre ein Verhältnis zur Vergangenheit angesprochen, das als »unwillkürliche Erinnerung« bezeichnet werden kann. Unwillkürliche Erinnerung kann als Organ von Versöhnung wirksam werden, insofern sie aus dem fest gefügten Zusammenhang der Begebenheiten herausspringt und sich dem Einmaligen öffnet: auf eine Weise, in der das Subjekt in dieser Begegnung seiner Innerlichkeit in ihrer tiefsten Di-

25 Ebd., 60.
26 Ebd., 62.

mension innewerden kann, die in einem äußerlich bleibenden Wahrnehmen von Vergangenheit als Kette von Begebenheiten und Leistungen verdrängt und unzugänglich bleiben würde.[27] Ähnliches wäre mit Blick auf die Zukunft zu sagen: in unserem Lebensvollzug beziehen wir uns auf Zukunft, insofern unser Leben ein Vorwärtstreiben, ein Nach-Vorn-Leben ist. Menschliches Tun ist intentional, es greift ständig in Zukunft aus. Und zwar schon ohne bewusstes Zutun des Subjekts: wir sind von Natur aus nach vorne gerichtet, ob wir wollen oder nicht. Die Erfahrung des Verweilens, und damit die Freiheitserfahrung mit Blick auf Zukunft müsste einschließen, sich diesem Drang des Lebens zu verweigern. Die grundlegende Differenz in der Wahrnehmung von Zukunft ist die zwischen einer Zukunft, die eine bloße Fortsetzung von Vergangenheit und Gegenwart wäre, sich gewissermaßen zwangsläufig und aus ihr ergibt, und einer anderen, die das Andere dieser Gegenwart ist.

Um dieses Andere geht es, wenn denn Verweilen in der Gegenwart als Freiheitserfahrung gegenüber der Zeit gesucht und die Herrschaft der Zeit über uns überwunden werden soll. Dies aber ist ein Denken, das der schlechten Gegenwart zumutet, was Utopie beinhaltet. »Die Wahrheit liegt im utopischen Gehalt. Utopie, dieser Tagtraum von einer Zukunft, die anders wäre als die Gegenwart, malt, gegen allen Augenschein von Verhängnis, die Hoffnung aus, dass die alltägliche Rede vom Vergehen der Zeit endlich einmal wörtlich zu nehmen sei … Die andere Zeit, das in der Zeit verborgene Andere ihrer selbst, ist die Ewigkeit als Zukunft, die Zukunft als Ewigkeit.«[28] An dieser Stelle geht der philosophische Gedanke in einen theologischen über: in dieser Begegnung mit Zukunft als Ewigkeit wäre die Zeit selber eine andere. Genau in diesem Anderssein kann sie Zeit der Ewigkeit sein. »Die andere, die kommende Zeit wird nach dem Zeugnis des Glaubens unmittelbar sein, was die bislang herrschende nur als das Andere ihrer selbst ist: Ewigkeit.« – Hätte sich der Philo-

27 Ebd. Theunissen knüpft hier an das vielbändige Werk »Auf der Suche nach der verlorenen Zeit« von Marcel Proust an.
28 Michael Theunissen, a.a.O., 65.

soph Theunissen mit dem Alttestamentler von Rad austauschen können, so wäre an dieser Stelle von »eschatologischer Zeit« zu sprechen gewesen.[29]

Diese zeitgenössische philosophische Sicht auf »Zeit« verarbeitet verschiedene und in vieler Hinsicht heterogene theologische und philosophische Traditionen aus dem langen Nachdenken über »Zeit«. Für Aurelius Augustinus[30], den Kirchenvater des fünften Jahrhunderts n.Chr., hat alle Zeit in Gott ihren Ursprung – und damit in Ewigkeit als dem Anderen und Begründenden der Zeit. Gott selber war und ist in Ewigkeit da, und das heißt: in ewiger Gegenwart. Erst in alltäglichen Zeitwahrnehmungen wird die Unterscheidung von Vergangenheit, Gegenwart und Zukunft zum Problem. Denn vergangene Zeit ist bereits vorbei und zu einem Nichts geworden, zukünftige Zeit ist noch nicht da und deshalb ebenfalls ein Nichts. Der Erfahrung zugänglich und messbar ist deshalb allein die Gegenwart.

Aber was ist Gegenwart? Augustinus diskutiert dieses Problem: Zu lange Zeiteinheiten wie zum Beispiel Jahre, Monate, Wochen oder Tage als »Gegenwart« anzusehen, wäre nicht sinnvoll, weil diese Zeiträume jeweils wieder in viele Einzelteile unterteilbar wären. Auch die kleineren Zeiteinheiten setzen sich aus noch kleineren Einheiten zusammen: letztlich aus Augenblicks-Erfahrungen. Dies schließt die für die Wahrnehmung von Zeit wiederum beunruhigende Konnotation ein, dass der vergangene Augenblick nicht mehr da und deshalb in diesem Augenblick nicht mehr erfahrbar, ebenso der zukünftige Augenblick dem Erleben noch nicht zugänglich ist. Die einzige Zeiterfahrung, die dem Erleben zugänglich wäre, der Augenblick, entzieht sich zugleich wiederum allen Operationen empirischer Messbarkeit, weil sich die Begegnung mit ihm vollständig der Ordnung linearer Strukturen entzieht. »Gegenwart«, so Augustinus, wäre immer Erfahrung des Augenblicks – und damit des winzigen Zwischenraums, in dem Zukunft in Ver-

29 Ebd., 314.

30 Augustinus Bekenntnisse. Lateinisch und Deutsch. Eingeleitet, übersetzt und erläutert von J. Bernhart, Frankfurt a.M. 1987, 621-671, 687, 839-843.

gangenheit umgewandelt wird. Man beachte die Richtung, in der Augustinus die Zeitbewegung denkt: nicht als Linie, die unterbrochen aus der Vergangenheit in eine offene Zukunft fließt, sondern umgekehrt: als Bewegung aus der Zukunft in die Vergangenheit, die dem wahrnehmenden Ich nur in dem winzigen Übergangs-Punkt zugänglich wird, in dem Zukunft in Vergangenheit umschlägt.

Weil jedoch Zukunft aus der Ewigkeit Gottes und damit inhaltlich gefüllt gedacht ist und nicht als abstrakt-offener Vorrat an Zeit, schließt diese Reflexion auf Zeit gerade dort, wo sie im Augenblick ihren einzigen Haltepunkt findet, zugleich schon die Perspektive auf das Andere der Zeit ein. Denn in der aus der Zukunft auf uns zukommenden Zeit, die der Bewegung einer jeden Lebensgeschichte eines jeden »Ich« – die ja aus der Vergangenheit in Zukunft hinläuft – umgekehrt reziprok entgegenläuft, begegnet uns Gottes Ewigkeit als das Andere der Zeit: ein Prozess, der in die Vereinigung mit Gott am Ende und Ziel jedes individuellen ebenso wie des menschheitsgeschichtlichen Lebens insgesamt einmünden wird. In Gottes Ewigkeit als dem Anderen der Zeit gibt es kein Vorher und kein Nachher. Die Zeiterfahrung des Augenblicks als die Wahrnehmung des winzigen Moments, in dem das Strömen der Zeit aus der Zukunft in die Vergangenheit dem menschlichen Ich inne wird, beinhaltet in der Zeit die Kontaktmöglichkeit mit dem Anderen der Zeit als dem Anderen des vergänglichen Lebens selber, hin zum Einssein mit Gott, in dessen Ewigkeit zugleich vollendete Gegenwart wie das Ganze von Vergangenheit und Zukunft aufgehoben sind.

Augustinus flicht seine Reflexionen zu »Zeit« in den philosophischen Diskurs ein, wie er den Gebildeten seiner Epoche geläufig gewesen sein dürfte. Bereits in Platons »Timaios«[31] findet sich der Gedanke, dass Zeit erst im Schöpfungshandeln Gottes entsteht, also dieses Handeln selbst nicht nach linearen Zeitvorstellungen eingeteilt und gemessen werden kann.[32] Hier wie

31 Vgl. Platon Sämtliche Werke Band 4, Timaios, Kritias, Minos, Nomoi, Reinbek 2006.

32 Platons Zeit-Reflexionen stehen hier im Kontext eines umfassenden Schöpfungs-My-

auch im »Phaidon«[33] gilt als »eigentliche« Zeit die ewige Zeit der Ideen. Der Lehrer (Sokrates) stößt den Schüler genau darauf, dass dieser in sich selbst nach der Wahrheit sucht. Weil aber gilt, dass nur die Wahrheit erkennen kann, wer ihr entspricht, muss die erkennende Seele zur Wahrheit bereits – vor der Suche des Subjekts nach Erkenntnis – in Beziehung gestanden haben. Sokrates will deshalb seine Schüler überzeugen, dass die Seele unsterblich ist, dass sie bereits vor der Geburt da war und nach dem Tode weiterlebt, dass sie also in Ewigkeit da ist und dort die Begriffe unmittelbar geschaut hat, die durch Abschattung in den Ideen ihre Macht und Wahrheit auch im irdischen Leben aufscheinen lassen – aber nur so, als Abschattung. Deshalb gilt: alles menschliche Erkennen ist in Wahrheit ein Sich-Erinnern der Seele an ihr eigentliches ewiges Sein.

In diesem Zeitverständnis wird der Augenblick, in dem die Seele sich ihrer Wahrheit erinnert, als kontingent-historischer Moment ebenso unwesentlich wie das konkret-historische Subjekt der Erkenntnis, aber auch des Lehrers: Wahrheit ist das Sich-Auflösen der geschichtlichen Existenz in das ewige Leben der Seele. Der Augenblick verschwindet in der Ewigkeit, ebenso wie der Lehrer im Anstoß-Geben dieses Prozesses.

---

thos, nach dem ein Schöpfer-Gott zunächst das Ur-Eine schafft, eine selbstgenügsame Kugel, die sich von ihren Ausscheidungen selbst ernährt und weder durch Hände und Füße Kontakt zur Umwelt aufnehmen muss oder will. Dieses Ur-Eine als selbstgenügsames Lebens-Gesamt ist Urbild allen Lebens. Es hat Anteil an der Ewigkeit und Unveränderbarkeit Gottes, und ist zugleich schon zeitlich konzipiert und hat so Anteil am geschaffenen Leben überhaupt. Alles Geschaffene ist, wenn auch in qualitativ verringerter Weise, eine Mischung von Ewig-Göttlichem und Zeitlich-Geschaffenem. Aus dem Ur-Einen zieht der Schöpfer-Gott sodann, als Fortsetzung seines Schöpfungs-Handelns, einen Seelen-Strom aus, dem er u.a. Gestirne als Licht-Orte einfügt – und mit der Bewegung der Gestirne wird zugleich die Zeit geschaffen. Charakteristisch für diesen Zeitentstehungsmythos ist, dass Zeit im Gegenüber von »Ordnung« und »Chaos« verortet wird; dass die Schöpfung der Zeit durch den Gott im Sinne einer ursprünglich, in der Vergangenheit angesiedelten Ur-Tat verstanden wird, aus der sich alles weitere Geschehen ableitet (arché); dass schließlich die kreisförmige, an der Bewegung der Gestirne orientierte Zeit sich aus dem schöpferischen Handeln Gottes entwickelt und die eigentliche Zeit ist. Augustinus verarbeitet diesen Mythos, »ent-mythologisiert« ihn in gewisser Weise, insofern er den Gedanken des »Anderen« der ewigen Zeit Gottes gegenüber der alltäglichen Weltzeit radikalisiert: Weder ein »Ur-Eines« noch die Bewegungen der Gestirne haben in seiner Konzeption die Qualität eines Ewig-Göttlichen.

33 Vgl. Platon Sämtliche Werke Band 2, Lysis, Symposion, Phaidon …, Reinbek 2004.

Genau dies ist der Punkt, an dem ein bereits der sich entwickelnden Moderne zugehörender theologischer Denker an den bisherigen theologischen und philosophischen Zeit-Vorstellungen Anstoß nimmt. In Sören Kierkegaards »Philosophische(n) Brocken«[34] geht es um die Unterscheidung zwischen Zeitverstehen und Wahrheitsverständnis einer christlichen gegenüber einer philosophischen, paradigmatisch hier: der platonisch-sokratischen Zeit- und Wahrheitsauffassung. Kierkegaard sieht als Charakteristikum der Personkonzeption von Platons Sokrates, dass dieser als Lehrer für den Schüler zum Anlass wird, sich auf den Weg zu seiner Seele und damit zu den ewigen Ideen zu machen – und nicht mehr: dass also die Beziehung zu dem, der den Anlass für die innere Reise zu den Ideen gibt, in diesem Anlass-Sein aufgeht.

Auch der Augenblick der Begegnung wird für diesen Prozess völlig unwesentlich, wird vielmehr in die ewige Zeit der Ideen aufgesogen, für die er nicht mehr war als der Spalt in der Tür, durch den sich das Wahrheit suchende Subjekt auf den Weg gemacht hat.

Vollständig anders die christliche Konzeption des »Augenblicks« in Sören Kierkegaards »Philosophischen Brocken«. Hier bleibt der Augenblick entscheidend, verschwindet also nicht in der Ewigkeit. Hier bleibt der »Lehrer« – nämlich Gott – als Person, besser: als Beziehung präsent, verschwindet also nicht im Anstoß-Geben. Von der Position des erkennenden Subjekts aus gesehen ist der Augenblick die Erfahrung des Paradoxes, die Begegnung mit der Grenze. Anders als im sokratischen Modell gibt es keinen bruchlosen Übergang von der Existenz ins eigentliche Sein durch Entsinnlichung und Versenkung. Gott ist dem menschlichen Denken das vollständig Andere, das Nicht-Selbstverständliche. Er kann nur so erkannt werden, dass er im Akt des Erkennens zugleich die Bedingung des Erkennens gibt. Anders gesagt: den Glauben gibt, den das die Wahrheit suchen-

34 Johannes von Climacus, Philosophische Brocken oder Ein Bisschen Philosophie. Herausgegeben von Sören Kierkegaard. Kopenhagen 1844, hier zit. nach Frankfurt a.M. 1988.

de Subjekt aus sich selbst nicht finden könnte. Wahrheit wird zugänglich durch Begegnung, im kontingenten Augenblick. Sie ist bleibend an die Person und die Beziehung zum Gebenden gebunden, der nicht im Geben der Wahrheit, nicht im Augenblick aufgeht, sondern sich selbst als bleibende Beziehung, und zwar in jedem Augenblick als lebendig und so für das glaubende Subjekt mächtig und bedeutungsvoll zeigt.[35]

Sören Kierkegaard hat in »Furcht und Zittern«[36] diese am Ge-

---

35 Der deutschnationale systematische Theologe Emanuel Hirsch, der seine Zeit-Konzeption des »Ewigkeitsglaubens« als die den Transformationsprozessen zur Moderne angemessene »Dolmetschung« der biblischen Reich-Gottes-Hoffnung anbietet, beruft sich in der Konzipierung seiner Theologie immer wieder zentral auf Sören Kierkegaard. (Vgl. zu Hirschs Zeit-Konzeption z.B. Emanuel Hirsch, Christliche Rechenschaft. Erster Band (1937ff.), Neuausgabe Hans Hirsch Tübingen 1989, 57ff., 255ff.; Ders., Osterglaube. Die Auferstehungsgeschichten und der christliche Glaube. (1940), neu hrsg. von Hans Martin Müller, Tübingen 1988, 100ff.) Tatsächlich handelt es sich aber um eine Verzeichnung. Die Wahrheit, so hält Hirsch als wesentliche Einsicht Kierkegaards fest, liegt im Subjekt, und zwar in der paradoxen Erfahrungsstruktur, dass das Subjekt gerade in der Erfahrung seiner Unwahrheit seiner Wahrheit innewerde. *Der Augenblick* dieser Widerfahrnis entfalte sich also in einer doppelten biographischen Krisenerfahrung: nämlich zuerst so, dass das menschliche Subjekt seiner tiefsten Unwahrheit, seiner »Verzweiflung« an sich selbst innewerde; und so, dass es gerade in dieser Erfahrung seiner Unwahrheit durch Begegnung mit der Rechtfertigung durch Gott sich die Wahrheit seiner Existenz zusagen lässt. Dieses Paradox ist, so Hirsch, für Kierkegaard die einzige Möglichkeit, im Gesamt der menschlichen Denk- und Erfahrungsbewegung die Einheit Gottes auszusagen: die Einstimmung des Subjekts in die paradoxe Struktur seiner Existenz ist zugleich seine Öffnung für das Evangelium. – Kierkegaard hatte seine Einsichten nicht allein gegen die orthodox-dogmatischen, von Erfahrung abgesonderten kirchlichen Bekenntnisse, sondern auch gegen den Objektivismus der Hegelschen Philosophie gewendet, in welcher die Konstituierung des Subjekts im Sinne seiner Einstimmung in den Weltprozess des objektiven Geistes verstanden wird. Dieser scharfe Widerspruch Kierkegaards geht in der Rezeption durch Hirsch m.E. aber insofern verloren, als die Konstituierung des Subjekts durch die Begegnung mit Gott in seiner Gesetzes- und Evangeliumsoffenbarung dem »Gesetz« in einer spezifischen Zuspitzung wieder ein- und untergeordnet wird: nämlich dem »Logos« und »Nomos« der Schicksalsgemeinschaft des Volkes. Das Individuum, der »wahre Einzelne« findet so seine Begründung und Bestimmung, dass er im Allgemeinen der Volksgemeinschaft aufgeht. So gerät unter der Hand der Augenblick der paradoxen, das menschliche Subjekt neu konstituierenden Gottesbewegung in der Faszination Hirschs durch die nationalsozialistische »Bewegung« in der »Stunde« der Entscheidung zur absolut bindenden und verpflichtenden Begegnung des menschlichen Subjekts mit dem »Volksnomos«, verdichtet dargestellt in der Person des »Führers«. Vgl.: Ders., Die gegenwärtige geistige Lage im Spiegel philosophischer und theologischer Besinnung. Akademische Vorlesungen zum Verständnis des deutschen Jahres 1933. Göttingen 1934, 27f. u.ö.

36 »Furcht und Zittern«, Dialektische Lyrik von Johannes de Silentio. Zit. nach Frankfurt a.M. 1984.

genüber zur philosophischen Tradition entwickelte Zeit-Konzeption – die Begegnung im Augenblick, die die bleibende Beziehung zum Geber der Wahrheit voraussetzt und weiterhin als bleibende Beziehung aus sich heraussetzt – durch eine biblische Meditation vertieft. Welches ist die Zeit, die in Verheißung aufscheint? In seiner Interpretation der dramatischen Szene der »Bindung« oder »Opferung« des Sohnes Isaak durch seinen Vater Abraham (1 Mose 22) sieht Kierkegaard das Zentrum der inneren Dramatik dieses Konfliktes nicht im Gegensatz zwischen dem fordernden Gesetz/Ordnung auf der einen und Gottes und des Vaters Liebe zum Kind auf der anderen Seite. Nein, das Zentrum liegt in der eigenartigen hier vorausgesetzten Zeit-Struktur, nämlich darin, dass eine Ordnung noch gar nicht existiert, auf deren Basis die Forderung legitimiert werden könnte, das Kind zu opfern. Die Ordnung, die einer solchen Forderung Sinn geben könnte, ist selbst noch zukünftig. Sie ist noch nicht existent. Sie ist, mit einem Wort: verheißen. Abraham ist gefordert, sich auf die Verheißung zu verlassen, also einem Gesetz zu gehorchen, das jetzt noch nicht da ist. Hier wird, ganz analog zu Augustinus, das Kommen der Zeit, das Fließen der Zeit von der Zukunft in Vergangenheit wieder zum Klingen gebracht. Sich auf Gottes Verheißung verlassen heißt, das eigene Handeln, ja das eigene Leben an Regeln auszurichten, die ihre Legitimität nicht in vergangenen Entscheidungen von früheren Macht-Konstellationen herleiten können, sondern erst aus dem Kommen Gottes, der dem menschlichen Subjekt in seiner Zeit entgegenkommt. »Augenblick« ist der gefüllte, alles verändernde und neu schaffende Moment dieser Begegnung.

Werfen wir einen Blick auf Zeit-Reflexionen in einer jüngeren christlichen Dogmatik. Karl Barth, einer der wirkmächtigsten Theologen des vergangenen Jahrhunderts, korrigiert im Zeit-Kapitel seiner Offenbarungslehre[37] eine früher von ihm selber, beispielsweise im Römerbrief-Kommentar[38] und in der Ausle-

37 Karl Barth, Die Lehre vom Wort Gottes. Zweites Kapitel: Die Offenbarung Gottes. Kirchliche Dogmatik I/2, Vierte Auflage Zürich 1948, 50ff.

38 Karl Barth, Der Römerbrief. Zweite Fassung 1922, zit. nach 15. Aufl. Zürich 1989.

gung zu 1 Kor 15 in »Die Auferstehung von den Toten«[39] vertretene Ansicht, als sei die wirkliche, eigentliche Zeit eine »hinter« der alltäglichen Zeit liegende metaphysische Zeit, die wie ein »Gefäß« die menschlich-alltägliche Zeit begrenze – im Bild gesprochen: »von vorn« durch die Schöpfung als Beginn vor aller Zeit, »von hinten« durch das Reich Gottes als die aus der Zukunft kommende Aufhebung aller Zeit. Damit distanziert sich Barth zugleich von der platonischen Figur des Nachdenkens über Zeit und bringt in seiner sehr spezifischen theologischen Sprache die Zeit-Reflexion Kierkegaards zu neuer Gestalt.

Nein, ein solches Gefäß-Raum-Zeitverständnis soll nun, in der Reflexion auf »Zeit« im Kontext der Offenbarungslehre nicht mehr gelten. Sondern: Gottes Zeit greift in das menschliche Zeiterleben selbst ein und konstituiert dadurch eigentlich erst »Zeit«. Gott wendet sich der menschlichen Zeit dadurch zu, dass Er selbst Zeit für die Menschen hat, nämlich in Jesus Christus die menschliche Zeit – wie die menschliche Natur überhaupt – in seine ewige Zeit aufnimmt. Diese Zeit Gottes für die Menschen hat die Zeit-Form des »Ereignisses«[40], der Widerfahrnis und Begegnung. Sie ist die Zeit reiner Gegenwart: »Die Zeit, die Gott für uns hat, wird dadurch konstituiert, dass er uns in Jesus Christus gegenwärtig wird. Deus praesens.«[41]

Das menschliche Zeiterleben, wie es sich im Alltagsleben, aber auch im festlichen Unterbrechen der Zeit darstellt, kann von sich aus diese eigentliche Zeit nicht erreichen. Zeit wird in Wirklichkeit dadurch begründet, dass Gott sich für uns Menschen Zeit nimmt, und das heißt: Gottes Offenbarung in Jesus Christus schafft diese wirkliche Zeit erst und stellt dadurch die vergangene ebenso wie die zukünftige Zeit allererst ins Licht. »In der Offenbarung tritt Gott wirklich ganz für uns ein. Und so ist auch die Zeit, die er sich in der Offenbarung schafft, jene echte Gegenwart, Vergangenheit und Zukunft uns ganz zugedacht.

39 Karl Barth, Die Auferstehung von den Toten. Eine akademische Vorlesung über 1 Kor 15, 1924.

40 Karl Barth, KD I/2, 50.

41 Ebd., 55.

Sie soll, sie darf, sie wird, indem er sein Wort an uns richtet, unsere Zeit, wir sollen dieser seiner Zeit gleichzeitig werden. Seine echte Zeit tritt an die Stelle der problematischen, uneigentlichen Zeit, die wir kennen und haben.«[42]

Wie im Nachdenken Barths über Offenbarung überhaupt, so gilt auch für die Offenbarung von Zeit: das Verhältnis von menschlichem Erkenntnisvermögen und seines Wahrheits- und Vernunftbegriffs zur von Gott offenbarten wirklichen Zeit ist nicht so zu denken, als leite sich die erfüllte Zeit in Jesus Christus in irgendeiner Weise aus vorher, unabhängig von der Offenbarung festliegenden Begriffen von dem ab, was als eigentliche Zeit verstanden werden soll. Sondern: Gott offenbart in Jesus Christus als der Mitte der Zeit das, was Zeit in Wirklichkeit und Wahrheit ist – und zwar inmitten menschlicher Zeit, indem er menschliche Zeit in seine eigene Zeit aufnimmt.[43]

Barths theologisch-dogmatische Zeit-Konzeption ist in Wolfhart Pannenbergs[44] Entwurf zu »Zeit«, der in der jüngeren Debatte ebenfalls sehr wirkmächtig geworden ist, insofern zugespitzt worden, als er »Augenblick« und »Gegenwärtigkeit«, wie sie bei Barth in der Widerfahrnis der Begegnung mit der Zeit Gottes ins Zentrum gestellt werden, strikt von »Zukunft« aus denken will. Pannenberg will mit seinen Überlegungen zu »Zeit« an die Reich-Gottes-Predigt Jesu anknüpfen und damit die grundlegend eschatologische Bestimmtheit der jesuanischen Predigt für heutige theologische Arbeit ernster nehmen, als dies gemeinhin geschieht. Ebenso wie Augustinus, so vertritt auch Pannenberg, dass Zeit aus der Zukunft in die Vergangenheit fließe. Die »Macht« der Zukunft wirkt auf alles Leben, das seinerseits der Zukunft entgegengeht und durch diese Macht bestimmt wird. Die Macht der Zukunft ist die Macht Gottes, der

42 Ebd., 61.

43 Dies ist im Sinne Barths ein konflikthaftes und keinesfalls harmonisches Geschehen: Die Menschen verschließen sich der Zeit Gottes und erweisen sich so selbst als Sünder. Sie stellen das eigene Sorgen, die eigene Leistung, die eigene Zukunftsplanung gegen die Zeit Gottes. Gottes Zeit-Erweis ist deshalb immer auch Gericht über die Menschen, die sich der Zeit Gottes entziehen.

44 Wolfhart Pannenberg, Theologie und Reich Gottes. Gütersloh 1982.

selber den Menschen und allen Lebewesen aus der Zukunft entgegenkommt. Dieses Entgegenkommen Gottes führt zur – philosophisch geforderten – Möglichkeit, die Einheit allen Lebens zu denken. Bereits jedes alltäglich neu eintretende Ereignis vermittelt sich mit allen schon existierenden Dingen, Ereignissen und allem Lebendigen (»Versöhnung«), aber erst die Erfüllung der Zukunft im Reich Gottes stellt Einheit vollständig her. Diese Macht der Zukunft reicht nicht nur bis in die Gegenwart, sondern bis in die Vergangenheit. Was die in der Vergangenheit stattgehabten Ereignisse tatsächlich sind, stellt sich erst durch die zurechtstellende, Einheit schaffende Macht der auf uns kommenden Zukunft her. So ist schließlich auch die Schöpfung durch die Zukunft bestimmt: Gottes Schöpfungshandeln wird durch seinen Plan bestimmt, die Welt im zukünftig anbrechenden Reich Gottes zu vollenden.

Aber ist dieses Verständnis von Eschatologie als Kommen von Zukunft sachgemäß? Von den Reflexionen über »Zeit«, wie sie von phänomenologisch interessierten Philosophen vorgetragen werden, wäre an dieser Stelle ein Fragezeichen zu setzen.[45] Im Blick ist hier die Wahrnehmung des inneren Zeitbewusstseins, also der Weise, wie sich Zeit im Erleben von menschlichen Subjekten darstellt. Zeit wird im Gegenüber von »Dauer« und »Augenblick« erlebbar. Dauer meint einen ununterbrochenen, unstrukturierten Zeit-Fluss, in dem einzelne Erfahrungen und Begebenheiten aufgehoben, aber nicht hervorgehoben sind. Es ist dies gewissermaßen das Zeiterleben des Subjekts, bevor etwas Besonderes geschieht. Dauer ist beispielsweise zugänglich im Tagtraum, aber auch im entspannten Einhalten von alltäglichen Routinen. Augenblick ist die Zeit, die der Zeit der Dauer entgegengesetzt ist. Eine Begegnung, eine Widerfahrnis, eine Begebenheit trifft auf die Zeiterfahrung der Dauer und unterbricht sie zugleich. Das, was in diesem besonderen Augenblick

45 Vgl. in diesem Zusammenhang: Henri Bergson, Durée et simultanéité, Paris 1910; Edmund Husserl, Vorlesungen zur Phänomenologie des inneren Zeitbewusstseins, 1928; Hermann Schmitz, System der Philosophie. Erster Band: Die Gegenwart. Bonn 1964, 460ff.

geschieht, wird hervorgehoben, reißt das Individuum aus der Fluss-Erfahrung heraus. Es kommt im selben Moment zu einem inneren Prozess, in dem sich das Individuum vergegenwärtigt, welche Begebenheiten, die ähnlich schon einmal erfahren wurden, diese neue Erfahrung identifizierbar machen (»Retention«). Das innere Zeiterleben des Menschen ist also in dieses Gegenüber von Dauer, Augenblick und Retention eingespannt.
Die eschatogische Zeiterfahrung führt aber bei genauer phänomenologischer Wahrnehmung zu einer Umkehrung des alltäglich eingespielten Verhältnisses von Dauer und Augenblick. In der Erfahrung des Augenblicks trifft (hier denken die phänomenologisch interessierten Philosophen in den seit Augustinus vorgegebenen Bahnen) die aus der Zukunft fließende Zeit auf das Zeiterleben der Dauer im Individuum und hebt auf diese Weise dieses besondere Ereignis, diese Begegnung aus dem Zeitfluss der Dauer heraus, »individuiert« diese Widerfahrnis. Etwas Neues geschieht, eine Veränderung des Bisherigen, und in besonders intensiven Begegnungen (in Liebe und Trauer, einem Unglück oder einem unerwarteten Erfolg) kann es zu einer krisenhaften Umkehrung bisheriger Gewissheiten kommen.
Eschatologische Zeit, das Ende aller Zeit schließt dagegen gerade ein, dass keine Zukunft mehr kommt. Eschatologische Zeit ist nämlich dadurch charakterisiert, dass sie das Ausbleiben von Zukunft, das Abbrechen des Stromes der Zeit aus der Zukunft in die Vergangenheit am Ende aller Zeit ist. Am Ende aller Zeit kommt es nicht mehr, und von jetzt an: nie mehr zum Auftreffen dieser besonderen Begegnung, dieses einzigartigen Ereignisses auf die Dauer der Zeit. Das Individuum wird zugleich mit allem anderen Lebendigen in die Dauer der Zeit und in die Communitas aller Lebenden und Toten zurückgestellt.
So plausibel diese Überlegungen für philosophisches Denken sein mögen: Letztlich spiegeln sie genau den kritischen Punkt, den Sören Kierkegaard bereits an der philosophischen Konzeption »der Alten« wahrgenommen und angegriffen hat. Wenn Kierkegaard dagegen die unaufgebbare Wahrnehmung des Augenblicks und der bleibenden Beziehung des Menschen zu

dem, der den Anstoß für diese Erfahrung gegeben hat, einfordert, so hat die biblische Zeitwahrnehmung gerade da alles für sich, wo sie von der kommenden Zeit Gottes am Ende aller Zeit spricht. Der biblische Einspruch gegen ein vergleichgültigendes Verständnis von eschatologischer Zeit findet ihr Zentrum wiederum gerade in der Zeitgestalt des Augenblicks. In der zuvor nachgezeichneten phänomenologisch-philosophischen Konzeption von Eschatologie würde der Augenblick ebenso verschwinden wie das unaustauschbare Gesicht alles Lebendigen, genauso wie die Beziehung zu Gott jede Eigentümlichkeit verlieren würde. Dagegen ist mit den wenigen Passagen im Neuen Testament, in denen überhaupt positive Aussagen zu der Gestalt des kommenden Reiches Gottes gemacht werden, immer daran festzuhalten, dass die Eigentümlichkeit, die jeweils besondere Lebensgeschichte, das unaustauschbar eigene Gesicht von Menschen im eschatologischen Ereignis der Auferstehung nicht vergleichgültigt wird. Die Zusage des Apostels Paulus im 1. Thessalonicherbrief über die Weise der Auferstehung von den Toten ist in eben dieser Perspektive seelsorgerlich motiviert: »Wir wollen euch aber, liebe Brüder, nicht im Ungewissen lassen über die, die entschlafen sind, damit ihr nicht traurig seid wie die anderen, die keine Hoffnung haben. Denn wenn wir glauben, dass Jesus gestorben und auferstanden ist, so wird Gott auch die, die entschlafen sind, durch Jesus mit ihm einherführen. Denn das sagen wir euch mit einem Wort des Herrn, dass wir, die wir leben und übrig bleiben bis zur Ankunft des Herrn, denen nicht zuvorkommen werden, die entschlafen sind.« (1 Thess 4,13ff.). In diesem Augenblick par excellence, im Augenblick der Auferstehung der Toten am Ende aller Zeit, wird gerade nicht Vergleichgültigung, sondern Befreiung jedes eigentümlichen Lebendigen erhofft: eine Verbindung von Freiheit und bleibender – jetzt und von jetzt an ewig bleibender – Beziehung zu Gott und allen Kreaturen der Schöpfung, in der Gott alles in allem sein wird, und nicht die Nichtung alles Eigentümlichen in übermächtig verschlingender Beziehung. Allerdings, und hier sind die spärlichen Aussagen ebenso deutlich: das Kommen Gottes am Ende der Zeit wird schon jetzt, in der Dauer der Zeit, als Augenblickserfahrung darin zugänglich, dass alle herrschaftlich bestimmten und die Verbindung von Freiheit und Beziehung verunmöglichenden Formen von diversity ihre Macht verlieren: »Hier ist nicht Jude noch Grieche, hier ist nicht Sklave noch Freier, hier ist nicht Mann noch Frau; denn ihr seid allesamt einer in Christus Jesus.« (Galater 3,28).

3. Der Augenblick der Gabe

Was geschieht in diesen Augenblicken, in denen Menschen sich von Gewaltfaszination nicht beherrschen lassen und sich der Alternative öffnen können? Es ist deutlich: Die hier zunächst zu untersuchende Ebene ist nicht die Ebene makropolitischer Strategien oder organisierter militärischer Konfrontation, sondern zuerst der gesellschaftliche Nahraum, die alltägliche Lebenswelt in Nachbarschaften und Wohnquartieren, Schulen und Betrieben, Straßen und kommunikativen Treffpunkten. Orte also, an denen sich Verschiedene in alltäglichen Interaktionen begegnen. Wenn im großgesellschaftlichen Umfeld rechtliche Ordnungen und die diese sichernden Organe brüchig und unzuverlässig werden, wenn sich zugleich wirtschaftliche Krisenphänomene so zuspitzen, dass soziale Sicherheit und individuelle Lebensperspektiven massenhaft verunsichert werden, wenn zugleich, verstärkt über mediale Inszenierungen, Feinbilder und Sündenböcke präsentiert, die Innen-Außen-Differenzen rigide zugespitzt werden und Gewaltbereitschaft angefacht und sogar schon agiert wird: wie gelingt es, dass sich Menschen dem Taumel der Gewalt nicht überlassen?

Wie kann es zu Unterbrechung von Gewalt kommen? Was kann religiöse Verbundenheit hierzu beitragen? Im Zusammenhang der skizzierten Vorüberlegungen soll die Frage so gestellt werden: Wie kann in den entscheidenden Augenblicken nahe liegender Gewaltfaszination eine Umstellung von Einbindung in Gewaltreziprozität hin zur Einbindung in Gabenreziprozität gelingen, also hin zu einer Haltung, die sich mit Stichworten wie: Einfühlung in Andere, Mit-Gefühl, Solidarität über die Grenzen von Innen-Außen-Differenzierungen hinaus umschreiben ließe?

Diese Frage ist auf der einen Seite als Problem von Handlungsrationalität diskutierbar, also in dieser Weise: Wie kann verstanden – und wie kann befördert werden, dass sich Individuen in der einen und nicht in der anderen Weise entscheiden? Alain Caillé, ein profilierter Sprecher der französischen M.A.U.S.S.-Gruppe (Mouvement Anti-Utilitariste dans les Sciences Sociales) – diese Gruppe unternimmt es, die Theorie der Gabe von Marcel Mauss (1872-1950) mit den drei Verpflichtungen: zu geben, anzunehmen und wiederzugeben im aktuellen sozialwissenschaftlichen Diskurs stark zu machen – spricht in diesem Zusammenhang von »aimance«. Er fragt auf der Ebene individueller Handlungsrationalität: wie gelingt die Umstellung von handlungsrational nahe liegenden Haltungen wie Misstrauen, Konkurrenz und Selbstdurchsetzung hin zur Haltung der aimance?

Caillé erläutert das Problem an dem spieltheoretisch viel diskutierten »Gefangenendilemma«. »Als einer von zwei Gefangenen, dem ein machiavellistischer Richter die Kommunikation mit seinem Mitgefangenen verboten hat, würde ich meinen Komplizen denunzieren; denn ich würde zu vier Jahren Gefängnis verurteilt, wenn er mich auch denunziert; ich käme frei, wenn er mich nicht denunziert (dieselbe Kalkulation gilt für ihn). Wenn ich ihn nicht denunziere, aber er denunziert mich, erhalte ich acht Jahre. Wenn wir einander nicht denunzieren, werden wir zu einem Jahr verurteilt.« Caillé sieht hier eine klassische Parabel über vernünftiges Handeln und Vertrauen. Die beste Lösung wäre für beide immer, zu vertrauen. Sie setzt aber voraus, dass auch der andere mir vertraut. Sobald ich beginne, den anderen zu verdächtigen (schließlich hätte er einen riesigen Vorteil), mich zu verraten, ist es für mich rational, ihn zuerst zu verraten. »Die strategische Rationalität führt also unsere beiden Strategen dazu, sich gegenseitig zu denunzieren, damit sie nicht acht Jahre Gefängnis erhalten, sondern vier Jahre, selbst wenn sie nur ein Jahr Gefängnis hätten bekommen können.«[46] Caillé schließt: Von der Handlungsrationalität der Subjekte aus, der Perspektive individueller Interessendurchsetzung, gibt es keine Lösung. Die Lösung liegt allein in der Wette auf Vertrauen, damit Vertrauen geschaffen wird. »Eine Allianz, ein Zusammensein im Unterschied zum Getrenntsein, das Vertrauen (kann) ... nicht ohne einen bedingungslosen Wetteinsatz, ohne einen Sprung ins Unbekannte entstehen.«[47] – Man findet, nebenbei bemerkt, eine wunderbare Inszenierung dieses Problems im neuesten Batman-Film »The Dark Knight« (USA 2008) in der Szene mit den zwei vollbesetzten Fähren, beide voller Sprengstoff geladen, beide mit einem Zünder für die jeweils andere und mit der Maßgabe: soll ich das Leben vieler Hunderter auf der eigenen Fähre retten, indem ich zuerst die andere sprenge und vielfachen Tod hervorrufe – oder kann ich vertrauen? Übrigens liegt in der Perspektive dieses Problems auch die Frage, wie die gegenwärtige Finanzkrise gelöst werden kann: wie kann der Sprung ins Vertrauen gelingen? Handlungsrational, als Frage nach Entscheidung ist also die Alternative so zu fassen: Der »Sprung« von einer individuell-utilitaristischen Handlungsorientierung, die auf Selbstdurchsetzung und Konkurrenz setzt, hin zu einer Haltung von positiver Wechselseitigkeit, Perspektivenübernahme und »aimance« soll von den Individuen gewählt werden können: und zwar in der Zeitform des Augenblicks, des kairos.

Eben damit kann aber nicht einfach gerechnet werden. Deshalb nicht, weil handlungsrational die »Wette auf Vertrauen« nicht am nächsten liegt. Der Sprung wird dann erleichtert, oft überhaupt erst ermöglicht, wenn er durch religiöse Verbundenheit

46 Alain Caillé, Anthropologie der Gabe. 2000, Frankfurt/New York 2008.– In der Wahrnehmung des Phänomens der Gabe habe ich vor allem von Magdalene Frettlöh und Theodor Ahrens zahlreiche Anregungen erfahren. Vgl. z.B. Magdalene Frettlöh, Der Charme der gerechten Gabe. Motive einer Theologie und Ethik der Gabe am Beispiel der paulinischen Kollekte für Jerusalem. In: Jürgen Ebach u.a. (Hrsg.), »Leget Anmut in das Geben.« Zum Verhältnis von Ökonomie und Theologie. Gütersloh 2001, 105-161; sowie Theodor Ahrens, Vom Charme der Gabe. Theologie interkulturell. Frankfurt a.M. 2008.

47 Ebd., 109.

nahe liegt, und zwar in einer Intensität, dass spontane Gewissheit eintritt und ein langer Prozess des Hin und Her, für den in diesen Momenten oft keine Zeit ist, gar nicht erst notwendig wird. Religiöse Verbundenheit kann Handlungsrationalität abstützen; und in den entscheidenden Augenblicken der Alternative, ob ich mich der Macht der Gewalt hingebe oder auf Gewaltunterbrechung, Einfühlung, Wertschätzung, auf aimance setze, wird sie Handlungsrationalität sogar ersetzen. Die Alternative legt sich zwanglos-zwingend nahe, weil im Glauben eine meinem eigenen und allem anderen Handeln vorauslaufende Gabe Gottes vorausgesetzt wird, die ich in meinem Handeln nicht provoziere, sondern auf die ich antworte – in der Haltung der Dankbarkeit, aber auch durch Imitation.

Der Hamburger Neutestamentler Tim Schramm hat dies am Gegenstand der Forderung Jesu dargestellt, die Feinde zu lieben. Sie wird wirksam in der mimetischen Kraft, die nicht nur Gewalthandeln ausstrahlt, sondern auch die Haltung von Liebe und »aimance«. Im Glauben wird dieser Haltung als von Gott vorgängig gegeben vertraut, und sie wird für eigenes Handeln nachgeahmt. »Ihr habt gehört, dass gesagt wurde: du sollst deinen Nächsten lieben und deinen Feind hassen. Ich aber sage euch: liebet eure Feinde und bittet für eure Verfolger, so dass ihr Söhne eures Vaters im Himmel werdet, der seine Sonne über Böse und Gute aufgehen und über Gerechte und Ungerechte regnen lässt … Seid nun vollkommen (und barmherzig), wie euer himmlischer Vater vollkommen (und barmherzig) ist!« (Matthäus 5,43-48; Lukas 6,36). Tim Schramm schreibt hierzu: »Dieser großartige Text sagt: zu Kindern Gottes werden wir dadurch, dass wir sein Verhalten imitieren … Wie Gott seine Feinde liebt, so sollen wir es auch tun. Gottes Liebe ist inklusiv; sie umschließt die ganze Schöpfung; sie erbarmt sich der Gerechten und Ungerechten, während unsere Liebe normalerweise ›familial‹ und ›tribal‹ begrenzt ist.«[48]

Mit Blick auf die Frage nach »Unterbrechung« von Gewalt ge-

48 Tim Schramm, a.a.O., 11.

hen wir von der Vermutung aus, dass die Transformation von Erfahrungen wie Selbstentgrenzung, Macht, Grandiosität und Freiheit, die durch Gewalthandeln gesucht werden, durch den Kontakt mit Widerfahrnissen und Erfahrungen von Fülle, dem überfließenden Geschenk, der nicht selbst besorgten, sondern geschenkten und zugesagten Lebensgewissheit die entscheidende Alternative ist. Solche Gewissheitserfahrungen sind augenblicksorientierte Glückswiderfahrnisse, die in aller Regel um den Preis ihrer Pervertierung von den Betroffenen selber nicht auf Dauer gestellt werden können, aber im Vertrauen auf ihre nicht selbst herstellbare Wirksamkeit weiterhin wirksam bleiben. Sie setzen, um im brisanten Augenblick der Gewaltkrise »funktionieren« zu können, bei den betroffenen Menschen den längerfristigen Aufbau von Haltungen und Verhaltensbereitschaften voraus. Die Frage nach »religiöser Verbundenheit« ist deshalb verknüpft mit der Einsicht, dass diese – über die Ebene von Einstellungen hinaus – Gestalt braucht. »Religiöse Verbundenheit« wird im Kontext alltäglicher längerfristiger Beziehungsnetze wirksam – zwischen Freunden/Freundinnen und in Familien, in Nachbarschaften und weiteren sozialen Nahräumen – indem sie diese nicht ersetzt, sondern stützt und zu ihrer Gestaltfindung wiederum beiträgt.

Kern dieser in der Dauer der Zeit angesiedelten Gestaltfindungsprozesse, auf den sie sich immer wieder zurückbeziehen und aus dem sie ihre Kraft und Bedeutung gewinnen, ist der Augenblick der Gabe. Er steht in seiner Intensität dem Augenblick der Gewaltfaszination nicht nach.[49] Der Glaube daran, dass Gott mein Leben voraussetzungslos will und trägt, dass mein Leben ohne jede Vorleistung und auch ohne jede Fähigkeit hierzu Gottes Geschenk ist, ist mentale und psychische, aber auch körperliche Resonanz auf die Verheißung. Die Verheißung selbst

49 Unter Bedingungen von auf Dauer gestellter struktureller Gewalt und Verelendung wie z.B. in Apartheidgesellschaften oder sogar Massaker-Gesellschaften (z.B. Regionen im aktuellen Kongo-Krieg oder Darfur) erlauben oft keine öffentliche Artikulation dieses Lebensgefühls, können aber dennoch Kraft geben – in Selbstvergewisserung und Vergemeinschaftung, auch in verfolgten Gruppen. Ich verdanke diese Klarstellung einer Anfrage von Theodor Ahrens, Gespräch am 16. Januar 2009.

hat sprachliche Struktur. Sie ist im Raum der christlichen, aus dem Judentum entstandenen Religion in der Erzählbewegung der ganzen Bibel aufgehoben und findet in einzelnen Sprechakten wie vor allem im Predigen des Evangeliums, aber auch in seelsorgerlicher Begleitung oder in alltäglichen Gesten von Wertschätzung und Engagement für bedrohte Kreaturen je und je ihre Konkretion. Ihre Resonanz hat sie nicht nur in Bewusstseinsleistungen oder kognitiv sich auslegenden Entscheidungsprozessen, sondern in leiblicher Erfahrung. Der Leibraum wird weit. Der Atem wird tief. Der Körper fühlt sich leicht an, die Last ist weg. Ich kann, hier und jetzt, Lebensgewissheit spüren: an dem Ort in meinem Leibraum, wo das Lachen und das Weinen seinen Ausgang nimmt.[50]

Die Verheißung, die Gewalt unterbricht und diese das Ganze der menschlichen Leiblichkeit umhüllende Atmosphäre freisetzt, wird selbst in der Zeitform des Augenblicks wirksam. Frieden ist da, wenn die Gabe des Shalom zugesagt[51], ausgesprochen, gefeiert wird, wenn der Dank dafür sich im Lebensgefühl Raum schafft, zum Klingen kommen will und in Fluss kommt in der Haltung und in den im Augenblick not-wendigen Aktionen der

50 Vgl. zur praktisch-theologischen Rezeption der Methode des Focusing von Eugene Gendlin die hervorragende Arbeit von Silke Leonhard: Leiblich lernen und lehren. Ein religionsdidaktischer Diskurs. Stuttgart 2006.

51 Ich danke in diesem Zusammenhang Joachim von Soosten für seinen Hinweis auf Stéphane Mosès, der aus jüdischer Perspektive drei Formen des Friedens unterscheidet. Die Seinsweise der Welt, so Mosès, ist vielfältig und damit auch konfliktbehaftet. Ein Text aus dem Talmud gibt Anlass, verschiedene Weisen des Friedens zu unterscheiden. »R. Chana sagt: Drei (Dinge bedeuten) Frieden: der Strom, der Vogel und das Gefäß« (Stephane Mosès, Drei Formen des Friedens in der jüdischen Tradition. In: ders., Eros und Gesetz. Zehn Lektüren der Bibel. München 2004, 139). In Anknüpfung an Rabbi Löw legt Mosès die dritte Form des Friedens (Gefäß) als seine *im Augenblick gegebene* Weise aus: »Im Unterschied zum institutionellen Frieden – dem Frieden des Vogels – wird der Friede des Gefäßes nicht von oben vorgeschrieben, sondern frei gewählt. Vom Frieden des Stromes unterscheidet ihn, dass er nicht langsam zu den Menschen kommt, in Geduld und Ausdauer, sondern in kürzester Frist, in einem raschen, zum Verschmelzungspunkt führenden Crescendo.« (ebd., 141). Mosès will diesen Moment des Friedens dem erotischen Akt par excellence, der leiblichen Vereinigung vorbehalten, und er bezweifelt seine Tauglichkeit für langfristige politische Perspektiven. Ich halte es dagegen für sinnvoll, gerade von der Zeitdimension der Augenblicklichkeit und der Raum-Dimension der körperlichen Erfahrung her diesen Frieden des »Gefäßes« als angemessene Metapher für den Augenblick der Gewaltunterbrechung zu wählen.

Gewaltunterbrechung, die zugleich große Entschiedenheit haben und dennoch nicht rigide und selbst gewalttätig sein werden, weil sie ihren Ursprung im Augenblick der Gabe niemals vergessen.

Der Augenblick der Gabe schafft zugleich eine Synthese mit Vergangenheit und Zukunft – und den ihnen entsprechenden subjektiven Haltungen und Beziehungsformen. Anders als in den Tauschinteraktionen der Warenökonomie, in denen die Beziehung zwischen den Tauschenden nach der Transaktion von Ware und Geld in der Regel vorbei sind, bleibt im Glauben an die Verheißung die Beziehung zwischen Gott und den Menschen durch den Tausch hindurch bestehen. In der Ursprungsgeschichte des Protestantismus ist für diese Beziehung eine klärende, nämlich von anderen Tauschinteraktionen unterscheidende Metapher gewählt worden. Martin Luther spricht von einem »fröhlichen Wechsel und Tausch«. Im Glauben kommt es zu einem Tausch zwischen Gott und Mensch, durch den der Mensch neu gemacht wird und zugleich in eine bleibende Beziehung zu Gott eingebunden wird. Luther redet hier im Bild einer tiefen, nahezu verschlingenden Intimität: »Da aber diese Verheißungen Gottes heilige, wahrhaftige, gerechte, freie, friedsame Worte sind und erfüllt von allem Guten, so kommt es, dass die Seele, die mit festem Glauben an ihnen hängt, so mit ihnen vereinigt wird, ja gänzlich in ihnen aufgeht, dass sie nicht nur an ihnen teilhat, sondern ganz und gar gesättigt und trunken gemacht wird von allen ihren Kräften.«[52]

In diesem ekstatischen Moment, den Luther mit Metaphern völligen körperlich-leiblichen Wohlseins beschreibt, kommt es jedoch nicht zu einer verschlingenden Aufhebung des Menschen in seinem Grund in Gott. In den Worten der Zeit-Reflexion Sören Kierkegaards gesagt: Gott geht nicht im »Anlass-Geben« für diesen Prozess auf, und der Mensch nicht in der Bewegung des Einswerdens. Vielmehr wird eine neue Beziehung eröffnet. Noch einmal in den Vorstellungsformen der christlich-protestan-

52 Martin Luther, Traktat von der christlichen Freiheit, 1520, WA 7, 53.

tischen Grundschrift »Traktat von der christlichen Freiheit« gedacht: Wenn im Glauben an Jesus Christus der gerechte Gott und der sündige Mensch zusammenkommen, tauschen sie Gaben in einer Weise aus, dass alles für nichts, Gerechtigkeit für Sünde getauscht wird und dass dieser völlig ungleiche Tausch von Gott als gut angesehen wird. »So kommt es, dass Christus Sünde, Tod und Hölle gehören, der Seele (des Menschen) aber Gnade, Leben und Heil.«[53]

Wie kann diese Beziehung näherhin verstanden werden? Der Philosoph Georg Simmel, ein Zeitgenosse des Gabentausch-Theoretikers Marcel Mauss, spricht in diesem Zusammenhang von »Dankbarkeit«. Dankbarkeit scheint uns eine tragfähige Charakterisierung der neuen Beziehung – und zwar von ihrem Grund aus gedacht, in der Zeitform des Gewordenseins. Georg Simmel unterscheidet ebenfalls die Beziehung, die durch den Austausch von Gaben entsteht, kategorisch von der Nicht-Beziehung des Warentausches. »Die Beziehung der Menschen ist Beziehung der Gegenstände geworden. Die Dankbarkeit nun entsteht gleichfalls aus und in der Wechselwirkung zwischen Menschen, und zwar nach innen hin ebenso, wie nach außen hin jene Beziehung der Dinge daraus erwachsen ist. Sie ist das subjektive Residuum des Aktes des Empfangen oder auch des Hingebens … Die Dankbarkeit ist ein solches Weiterbestehen im entschiedensten Sinne, ein ideelles Fortleben einer Beziehung, auch nachdem sie etwa längst abgebrochen, und der Aktus des Gebens und Empfangens längst abgeschlossen ist.«[54]

Neben »Dankbarkeit« (in der Zeit-Gestalt des Fortlebens einer einmal begründeten Beziehung) legt sich – von der Zukunft, besser: von der kommenden Zeit Gottes her gedacht – eine weitere Charakterisierung für diese neue Beziehung nahe. Vom Neuen Testament sind – in der Formulierung des Paulus – Glau-

53 WA 7, 55.

54 Georg Simmel, Exkurs über Treue und Dankbarkeit. Aus: Ders., Soziologie. Untersuchung über die Formen der Vergesellschaftung. Leipzig 1908, 581-598. Hier zit. nach: Frank Adloff, Steffen Mau (Hrsg.), Vom Geben und Nehmen. Zur Soziologie der Reziprozität. Frankfurt a.M. 2005, 102f.

be, Liebe und Hoffnung (1 Korinther 13,13) ihre Charakterisierungen; Paulus sieht den Schwerpunkt im Wirksamwerden im jeweiligen Augenblick, in der Liebe als in konkreten Situationen herausgeforderter und übernommener Haltung und Verhaltensbereitschaft. »Aber die Liebe ist die größte unter ihnen.« Über die Metapher »Hoffnung« wird Liebe als in der Zeitform des Augenblicks hier und jetzt geforderte Haltung zugleich an die kommende Zeit Gottes gebunden. Wie Dankbarkeit, so ist Hoffnung als Kraft und als Bedeutung in der Beziehung zwischen Mensch und Gott und der Menschen untereinander wirksam. Im Raum des globalen Christentums ist die Metapher »Reich Gottes« für die Gestaltfindung der Hoffnung in unterschiedlichen Kontexten wirksam geworden: als Hoffnung auf eine Überwindung des Kapitalismus bei den religiösen Sozialisten zu Beginn des 20. Jahrhunderts; als Traum von einer gerechten Welt in den Bürgerrechtsbewegungen beispielsweise in den USA in den sechziger Jahren (Martin Luther King); als Motivation und Ziel im Kampf gegen Armut und Unterdrückung in der lateinamerikanischen Theologie der Befreiung; oder in der Schwarzen Theologie im Kampf gegen die Apartheidsgesellschaft Südafrikas bis 1994.[55] Diese im christlichen Raum tragende Hoffnungs-Metapher kann in Wahrnehmung der Unterschiede und Respekt und Offenheit gegenüber dem Anderen im Kontakt auch mit anderen religiösen Orientierungen artikuliert werden: beispielsweise mit der Hoffnung auf das noch ausstehende Kommen des Messias, aber auch mit der Zentrierung der Hoffnung auf Gottes Shalom als tatsächlicher Realisierung gerechten Zusammenlebens im Alltag der Welt im Judentum; und mit Hoffnungs-Metaphern für ein Leben im freiwilligen Gehorsam gegenüber der »Rechtleitung« Gottes zu Fürsorglichkeit, Überwindung von Unrecht und Durchsetzung von Gerechtigkeit im persönlichen wie im gesellschaftlichen Leben auch im Islam.

55 Vgl. z.B. Wolfram Weiße, Reich Gottes. Hoffnung gegen Hoffnungslosigkeit. Göttingen 1997, 55ff.

Die Macht der Erzählung

In diesem und in dem folgenden Kapitel steht die Frage nach Gestalten von »religiöser Verbundenheit« im Zentrum, die aus der Widerfahrnis des »Augenblicks der Gabe« erwachsen und die Zeitform der Dauer haben, also langfristig, durch Wiederholung, oft auch durch Übung sich aufbauen. »Religiöse Verbundenheit« schließt Leiblichkeit, Intersubjektivität, die Gestaltung von Räumen und Zeiten und damit die Frage nach dem »Begehen« und der »Gestaltfindung« von Religion ein.[56] Wir fragen nach »religiöser Verbundenheit« in praktisch-theologischem Interesse und damit mit Blick

- auf Metaphern, Symbole und Erzählungen;
- auf Rituale und in ihnen gestaltete Inszenierungen von Räumen und Zeiten;
- auf ethische Handlungsbereitschaften;
- und auf Gestaltung von Erinnerungen und die Einübung in Empathie als Einfühlung und Mit-Gefühl.

»Religiöse Verbundenheit« soll unter den Bedingungen nachaufklärerischer Gesellschaftlichkeit nicht Aufhebung von »Religion« durch »Aufklärung«, aber auch nicht ungebrochene Geltung meinen, sondern das Beieinandersein von bleibender Geltung und Beziehung bei gleichzeitiger Freiheit durch Kritik, Selbstreflexion und Kontextualisierung – bei relativem Vorrang von den jeweiligen Subjekten vorgegebenen Geltungen und Verbindlichkeiten.[57]

1. Menschen sind in Geschichten verstrickt

Metaphern, Symbole und Erzählungen zeichnen sich durch ein spezifisches Verhältnis zu »Wirklichkeit« aus. Sie können als

56 Vgl. Christoph Bizer, Die Schule hier – die Bibel dort. Gestaltpädagogische Elemente in der Religionspädagogik. In: ders., Kirchgänge im Religionsunterricht und anderswo. Zur Gestaltwerdung von Religion, Göttingen 1995, 31-49.

57 Vgl. in diesem Zusammenhang Paul Ricoeurs Rede von der »zweiten Naivität«. Vgl. ders., Symbolik des Bösen: Phänomenologie der Schuld II, Freiburg/München 1971, 395-406.

Sprechakte Macht entfalten, die Wirklichkeit herzustellen, die sie aussprechen. Beginnen wir mit den »großen« Einheiten dieser Dreier-Reihe, den Erzählungen. An Erzählungen lässt sich einleuchtend zeigen, was für die »kleineren Einheiten« wie Metaphern und Symbole ebenfalls gilt: Erzählungen können wie »performatorische Sprechakte« wirken.

Erzählungen sind heilsam und zerstörerisch, nährend und aushungernd, sie bringen in Fluss und überfluten. Und sie fesseln. Man will wissen, wie es zu Ende geht. Von Alfred Hitchcock, dem großen Regisseur, wird diese Geschichte erzählt: »Nein, es war furchtbar, scheußlich. Das Messer war blutverschmiert. Ich hob es nicht auf, sondern öffne die Tür: Blutspuren von der Schwelle bis zum Küchentisch. Und da liegt sie. Liegt in einer riesigen Lache von Blut. Sie stöhnt noch und … ich bin auf sie zu, ich sage: ›hörst du mich, kannst du mich hören? Was um Gottes willen ist hier geschehen?‹ und sie röchelt. Blut fließt ihr aus dem Mund, aus dem Ohr. Und unterm Röcheln höre ich so etwas wie Worte, sie versucht mir was zu sagen. Ich knie hin, sie besser zu verstehen. Gehe mit dem Ohr nah ran, beuge mich, tief, noch näher zu kommen, bis an die Lippen. Und weißt du, was ich sie flüstern höre?«

Diese Frage setzte Hitchcock immer genau dann ein, wenn sich die Türen des Hotel-Fahrstuhls, in dem er gerade stand, öffneten und die fein gekleideten Hotelgäste vor dem Schritt aus dem Fahrstuhl zögerten, instinktiv die Luft anhielten, als hätte sich nicht das Foyer zu ebener Erde, sondern ein schwindelerregender Abgrund vor ihnen aufgetan. Der Journalist, der Hitchcock begleitete und dem er das alles im Fahrstuhl zu erzählen begonnen hatte, wartete ungeduldig, bis sie außer Hörweite der anderen waren und fragte: »Was hat sie Ihnen denn nun gesagt?« – »Nichts, gar nichts«, meinte Hitchcock dann immer. »Das ist nur die Geschichte, die ich gerne in Fahrstühlen erzähle.«[58]

Geschichten haben die Kraft zu verwickeln, zu fesseln. Man ist

58 Zit. nach: Patrick Roth, Ins Tal der Schatten. Frankfurter Poetik-Vorlesungen. Frankfurt 2002, 11.

unzufrieden, wenn man das Ende nicht erfährt. Wenn der Videorecorder den Fernsehfilm nicht bis zu Ende aufgenommen hat, wenn unmittelbar vor dem lösenden Höhepunkt der Geschichte das weiß-graue Grieseln über den Fernsehschirm flimmert, dann sind wir ähnlich unzufrieden wie der Journalist, der den Regisseur im Fahrstuhl begleitet hat.

Auf der anderen Seite ist das, was Hitchcock in dieser Szene treibt, die alltägliche Normalsituation. Wir sind in Geschichten verstrickt, aber wir wissen nicht, wie sie ausgehen. Das ist ein wichtiger Grund für die Attraktivität der Orte und Begehungen, die dadurch leben, dass in den zwei Stunden eines Kinofilms oder in den drei Tagen einer Krimilektüre das Versprechen eingelöst wird, auf das ich mich einlasse, wenn ich mich fesseln lasse: dass die Geschichte, so oder so, zu einem Ende gebracht wird. Anders als im Fahrstuhl, hat sich Hitchcock in seinen Filmen an diese Regel gehalten.

Menschen haben Geschichten, und sie brauchen Geschichten. Sie brauchen Geschichten, die es schon gibt, um Zugang zu ihren eigenen Geschichten zu finden.[59] Sie gehen zum Beispiel ins Kino und machen für zwei bis drei Stunden die »Reise des Helden«[60] mit: Von der alltäglichen Situation, die zu Beginn eines Filmes geschildert wird, überschreiten sie die Schwelle zu einer anderen, außeralltäglichen Welt, sie begegnen Gestaltwandlern und Trixter-Figuren, begleiten den Helden bis zur Tiefe seines zentralen Lebenskonfliktes, an den Ort, wo seine Selbstpreisgabe gefordert ist, sie kehren gemeinsam mit ihm zum Alltag zurück, aber haben mit ihm gemeinsam etwas aus der »wilden Welt« mitgebracht, das sie befähigt, ihren Alltag besser zu meistern, zu verändern oder doch zumindest auszu-

59 In diesem Zusammenhang habe ich viel von homiletischen und pastoraltheologischen Überlegungen Albrecht Grözingers gelernt. Vgl. ders., Das Amt der Erinnerung. Überlegungen zum künftigen Profil des Berufs der Pfarrerinnen und Pfarrer. In: ders., Ist die Kirche noch zu retten? Anstiftungen für das Christentum in postmoderner Gesellschaft, Gütersloh 1998 u.ö.

60 Christopher Vogler, der Autor des Buches »Die Odyssee des Drehbuchschreibers. Über die mythologischen Grundmuster des amerikanischen Erfolgskinos« (Frankfurt a.M., Zweitausendeins, 2. Aufl. Dezember 1998), ist bei großen Hollywood-Filmgesellschaften als Drehbuchanalysator tätig.

halten. Menschen brauchen Erzählungen, weil die Geschichte des eigenen Lebens unüberschaubar ist, in viele Einzelepisoden, Orte und Beziehungen zerfällt, in der individualisierten Moderne zunehmend.

Das Kino ist heute der wichtigste Ort, Geschichten zu begegnen, aber es gibt auch andere. Manche Menschen besuchen einen Gottesdienst; über die Erzählungen, die hier zugänglich werden, werden wir in diesem Abschnitt nachdenken. Oder der Besuch einer Fußballarena oder eines Rockkonzertes. Dann gibt es die Stunden oder auch Tage, die man in die Welt eines Krimis abtauchen kann, oder für Zeitgenoss/innen mit intellektuellem Selbstanspruch auch in die Lektüre von »ernsten« Schriftstellern wie Patrick Roth, aus dessen Frankfurter Poetik-Vorlesungen wir die Hitchcock-Passage zitiert haben – die bei Roth übrigens nicht gut wegkommt. Zu Unrecht, denken wir.

In der zeitgenössischen Moderne gibt es verschiedene Orte und Begehungsmöglichkeiten für Erzählungen. Für viele Zeitgenoss/innen ist die Kirche mit dem Besuch des Gottesdienstes und der Predigt des Evangeliums nicht mehr der erste Ort. Dennoch lässt sich zeigen, dass auch die Kontaktmöglichkeiten mit Erzählungen, die heute für große Menschengruppen plausibler sind als der Besuch eines Gottesdienstes, an der Kraft der religiösen Grunderzählung so oder so partizipieren.

2. Metaphern und Symbole

Metaphern und Symbole sind die – gegenüber den Erzählungen – »kleineren« Einheiten. In der Perspektive der Untersuchung zu »Gewaltunterbrechung durch religiöse Verbundenheit« sollen sie als die »kleinsten Einheiten« religiöser Verbundenheit gelten, die aus der religiösen Augenblickserfahrung des Vertrauens in das Gegebensein meines Lebens herausfließen und diese Erfahrung lebendig erhalten, bisweilen auch hervorrufen.

Metaphern stellen im Vollzug ihrer Artikulation (durch Sprechen, Körpergesten, Gestaltfindung in Musik, bildender Kunst usw.) Wirklichkeit her, die ohne Metapher nicht zugänglich wären. Metaphern tragen das Moment des Neuen und des Sinn-

Stiftenden in sich, sie eröffnen Sprachgewinn, indem sie auf überraschende Weise und durch »schräge Prädikation« verschiedene Wirklichkeitsbereiche zusammenführen können. Während mit dem Ausdruck »Metapher« die Prozesshaftigkeit in der Artikulation des Neuen (z.B. durch Sprechen) bezeichnet werden soll, so mit dem Ausdruck »Symbol« das stabilisierte Resultat solcher Prozesse bei bleibender Wirksamkeit. »Symbole« sind gegenüber der jeweiligen Artikulation des Subjektes »schon da« und eröffnen Kontakt zu innerer und äußerer Wirklichkeit, der anders nicht zugänglich wäre.[61]

»Religiöse Verbundenheit« meint mit Blick auf Metaphern und Symbole die Fähigkeit und Bereitschaft, auch im Angesicht des Kontakts mit den Reflexions- und Selbstreflexionsstandards der individualisierten Moderne mit der Wirklichkeit schaffenden Kraft von Metaphern und Symbolen zu rechnen. Dieses Verhältnis ist zugleich nicht naiv und nicht relativierend und destruierend: Menschen können sich der Kraft von Metaphern und Symbolen je und je überlassen und sie in Gebrauch nehmen, auch wenn sie in der Lage wären, aus Situationen herauszutreten und metakommunikativ darüber zu reflektieren und zu kommunizieren.[62]

Es lassen sich Gewaltreziprozität induzierende und verstärkende (z.B. in unterschiedlichen Kontexten »Blut und Boden«, »Kanacke«, »Bimbos klatschen«, »Nigger« usw.) und Verbun-

---

61 Vgl. in diesem Zusammenhang z.B. Eberhard Jüngel, Metaphorische Wahrheit. Erwägungen zur theologischen Relevanz der Metapher als Beitrag zur Hermeneutik einer narrativen Theologie (1974), in: Ders. und Paul Ricoeur (Hrsg.), Metapher. Zur Hermeneutik religiöser Sprache, München, 71-122; George Lakoff/Mark Johnson (1997), Leben in Metaphern. Konstruktion und Gebrauch von Sprachbildern. Heidelberg); Alfred Lorenzer (1988), Das Konzil der Buchhalter. Die Zerstörung der Sinnlichkeit. Eine Religionskritik. Frankfurt a.M.; Silke Petersen (2005), Brot, Licht und Weinstock. Intertextuelle Analysen johanneischer Ich-bin-Worte, Leiden 2008; Paul Ricoeur (1988), Die lebendige Metapher. München; Enno Rudolph (1999), Metapher oder Symbol. Zum Streit um die schönste Form der Wahrheit. Anmerkungen zu einem möglichen Dialog zwischen Hans Blumenberg und Ernst Cassirer, in: Bernhardt, Reinhold/Link-Wieczorek, Ulrike (Hrsg.), Metapher und Wirklichkeit. Die Logik der Bildhaftigkeit im Reden von Gott, Mensch und Natur, FS Dietrich Ritschl, Göttingen; 320–328; Philip Wheelwright (1983), Semantik und Ontologie, in: Haverkamp, Anselm (Hrsg.), Theorie der Metapher, WdF 389, Darmstadt (²1996), 106–119.

62 Vgl. in diesem Zusammenhang Paul Ricoeurs Rede von der »zweiten Naivität«.

denheit/Respekt unter Verschiedenen stärkende Metaphern und Symbole unterscheiden (z.B. »planet earth/unsere Erde«, »brother/sisterhood of men«, »Freunde/Freundinnen«, »Nachbar/innen usw.). Sie können als verdichtete Erzählungen verstanden werden, die sich in rituellen Inszenierungen, aber – zerstörerisch – auch in Handlungs- und Verhaltensmustern mit immer wieder chaotischer, regelloser Macht fortsetzen und sich im Gewalthandeln bis zum Pogrom steigern können.[63] Im christlichen Zentralsymbol, dem Kreuz, zeigt sich in verdichteter Weise die verwandelnde, Gewalt in Verbundenheit transformierende Bewegung. Im Höhepunkt einer Gewaltkrise – das zum Pogrom angestachelte Kollektiv (»kreuzige ihn!«) will das Sterben des Opfers sehen, ein offensichtlich manipulierter Prozess (Markus 14,55ff. parr.) strebt ebenfalls der Tötung dieses Angeklagten entgegen – gewinnt das Kreuz im entscheidenden Moment eine zweite Bedeutungsebene, die die erste (Hinrichtungsinstrument) überlagert und verdrängt: Vom Symbol des Fluches und des Endes aller Hoffnung hin zum Symbol des Da-Seins und Da-Bleibens Gottes in der Situation tiefsten Schreckens. Wenige Jahre nach diesem Ereignis kann Paulus schon schreiben: »Wir aber predigen den gekreuzigten Christus, den Juden ein Ärgernis und den Griechen eine Torheit; denen aber, die berufen sind, Juden und Griechen, predigen wir Christus als Gottes Kraft und Gottes Weisheit.« (1 Korinther 1,23f.) Das Symbol des Kreuzes als christliches Zentralsymbol gibt die Bewegung vieler biblischer Erzählungen verdichtet wieder: Vom Hinrichtungsinstrument und Symbol zerstörerischer Gewalt zum Symbol von Versöhnung und »aimance«, zärtlicher Lebensfreundlichkeit Gottes.

Diese Bewegungsrichtung findet Gestalt in Ritualen wie dem

63 Alfred Lorenzers Vorschlag, bereits auf der Ebene der Begrifflichkeit »Symbole« mit über sich hinausweisender Kraft/Bedeutung und »Klischees« zu unterscheiden, die unmittelbar an Szenen und Handlungsfolgen (z.B. Gewalthandeln) gekoppelt sind, vermag uns nicht recht zu überzeugen. Vgl. Alfred Lorenzer, Konzil …, a.a.O. Vielmehr soll jeweils nach dem Verhältnis von Metapher/Symbol, Intentionen von beteiligten Subjekten, und den Kontexten von Lebenslagen mit ihren Chancen bzw. Verhinderungen von Bildung, kultureller Partizipation, sozialer Lebenssicherheit usw. gefragt werden.

christlichen Gottesdienst, in Predigten und weiteren Erzählungen, in Inszenierungen von Zeiten und Räumen, in der »Heilung« von Erinnerungen, in der religionspädagogischen Einübung einer Haltung des Mit-Gefühls und der Perspektivübernahme gegenüber Fremden, die bisher als »Feinde« erfahren werden.[64]

Metaphern/Symbole werden in »Ritualen« und »Erzählungen« entfaltet. Dabei können Rituale als Symbol-Entfaltung im (sozialen) Raum, Erzählungen als Symbol-Entfaltungen in der Zeit verstanden werden – wobei beide Dimensionen eng verbunden bleiben. Sehen wir zunächst auf die Erzählungen.

3. Erzählen schafft Wirklichkeit

Erzählen kann zum Sprechakttyp der performativen Sprechakte gehören[65]: im Unterschied zu anderen Sprechakten, in denen Tatsachen mitgeteilt werden, die in der Wirklichkeit bereits da sind, oder aber in denen moralische Normen gesetzt bzw. angesprochen werden, stellen auch Erzählungen (wie Metaphern/ Symbole und Rituale) die Wirklichkeit her, die sie aussprechen. Wir nehmen an: machtvoll Wirklichkeit schaffend sind tatsächlich Erzählungen, nicht die bloßen Ereignisse, die in ihnen Gestalt gewinnen. Erzählungen machen Ereignisse langfristig wirksam, indem sie diese immer wieder erinnern, bekräftigen, sie »auf die Reihe bringen«.[66] Dieser Sachverhalt lässt sich an Lebensgeschichten und Beziehungsmustern ebenso zeigen wie – heute mit besonderer Wirksamkeit – an den Inszenierungen der populären Kultur, vor allem Kinofilmen: machtvolle, Beziehung begründende und trennenden Erzählungen, Gewaltopfer-Mythen (klassisch: Western-Epen), aber auch Erzählungen ver-

64 Vgl. Elisabeth Naurath, Mit Gefühl gegen Gewalt. Mitgefühl als Schlüssel ethischer Bildung in der Religionspädagogik. Neukirchen 2007.

65 Vgl. J.L.Austin, Zur Theorie der Sprechakte, Stuttgart 1972.

66 Dies gilt auch und gerade für den Nahbereich zwischenmenschlicher Interaktionen, beispielsweise: Von den vielen Küssen im Hausflur war dieser Kuss mit dieser Frau der Beginn einer langen, vielleicht lebenslangen Liebesgeschichte. Oder: Dieser Streit, dieses schreckliche Wort, das du zu mir gesagt hast, dieses vergessene Versprechen oder diese mir *nicht* erzählte *andere* Beziehung: das war der Beginn unserer Trennungsgeschichte.

bindender Reziprozität (Solidarität zwischen Verschiedenen bis hin zur Bereitschaft zur Lebenshingabe des »Helden«) werden immer wieder aufs Neue inszeniert.
Solche Erzählungen haben, so könnte man sagen, beziehungsbegründende oder auch -zerstörende Kraft. Jedes Mal, wenn sie wieder erzählt werden, schaffen sie den Kontakt zur Ursprungssituation und verbinden die Alltäglichkeit gelebten Lebens mit dem Charme und der Kraft des Anfangs. Man kann sie als lebensgeschichtlich-persönliche Analogie zu der Weise beschreiben, wie der Religonsphänomenologe Mircea Eliade[67] die Kraft von religiösen Mythen in alten Gesellschaften – und in gebrochener Weise bis heute in spätmodernen Gesellschaften – beschreibt. Im Mythos, in der heiligen Erzählung wird die alltägliche Raum-Zeit-Erfahrung unterbrochen. Der Mythos qualifiziert die Zeit des Festes, durch die heilige Erzählung wird diese Zeit als die eigentliche Zeit gesetzt, qualifiziert eben durch die heilige Erzählung, die ursprüngliche Zeit kommt hier und jetzt wieder, in der die Götter dereinst die Ordnung vom Chaos getrennt haben.
Die gegenwärtig einflussreiche »Postmoderne«-These rechnet mit dem Ende der Plausibilität, erst recht der verbindenden Kraft von »Meta-Erzählungen«.[68] Diese Hypothese ist auf der einen Seite nahe liegend. »Großerzählungen« verlieren an integrierender Kraft. Dies gilt beispielsweise nach dem Ende des »realen Sozialismus« für die Meta-Erzählung »Durch Klassenkampf vom Sozialismus zum Kommunismus zur klassenlosen Gesellschaft«. Dies gilt für die europäischen Kulturen nach dem Sieg über den Nationalsozialismus und Faschismus für die rabiat gewordenen nationalistischen Erzählungen von nationaler, ethnischer, »rassischer«, kultureller usw. Überlegenheit. Dies gilt (durch die gegenwärtige Wirtschaftskrise seit 2008 ver-

67 Vgl. M.Eliade, Die Religionen und das Heilige. Elemente der Religionsgeschichte. Paris 1949, Frankfurt a.M. 1986, 413-470.

68 Für diese Debatte stehen Autor/innen wie Francois Lyotard, Wolfgang Welsch und Norbert Bolz, für den Diskussionszusammenhang der Praktischen Theologie beispielsweise Albrecht Grözinger ein. Vgl. z.B. Wolfgang Welsch, Unsere postmoderne Moderne. 4.Aufl. Berlin 1993.

stärkt) auch für die liberal-kapitalistische Meta-Erzählung vom absoluten Reichtum durch grenzenlose Ausbreitung des kapitalistischen Marktes.

Auf der anderen Seite lässt sich gerade mit Blick auf die Ambivalenz von Reziprozitäts-Beziehungen (Gabenreziprozität/Verbundenheit versus Gewaltreziprozität) eine Revitalisierung von – medial verstärkten und teilweise auch aus ökonomischen und politischen Interessen inszenierten – Meta-Erzählungen auch nach ihrem zeitweiligen »Ableben« nicht von der Hand weisen. In der Moderne haben neue, oft medial vermittelte Erzähltypen die Rolle von Mythen in alten Gesellschaften übernommen, haben sie teilweise ersetzt, aber umgekehrt auch Anteil an ihrer Macht gewonnen.[69] Es gibt verschiedene solcher populärkulturellen Großerzählungen, und manche sind im Hinblick auf die Induzierung und Legitimierung von Gewalt-Reziprozität hoch problematisch wirksam: die Erzählung beispielsweise, dass die »böse Gewalt« – bzw. die Gewalt der Bösen – durch die »gute Gewalt« – bzw. die Gewalt der »good guys« – zunichtegemacht werden muss, wird nicht nur in zahllosen Western- und Actionstreifen inszeniert, sondern sie bestimmte im »Krieg gegen den Terror« auch für die Epoche der Bush-Administration die Politik der trotz sich ausbreitender Multipolarität in der globalisierten Moderne noch dominierenden Supermacht USA – mit verheerenden Konsequenzen für den Weltfrieden und für die Überlebenschancen großer Teile der Weltbevölkerung.

An dieser Stelle soll »Gewaltunterbrechung durch religiöse Verbundenheit« mit Blick auf Erzählungen zum Gegenstand dieser Untersuchung werden. Die Selbstidentifizierung mit »den Guten« und zerstörerisches Gewalthandeln gegen die als »die Bösen« definierten Anderen/Fremden ist aus der Eigensinnigkeit aller großen Religionen in jeweils zu unterscheidender

69 Damit wird die grundlegende These der *Postmoderne*-Diskussion problematisiert. An die Stelle der Meta-Erzählungen ist ein Patchwork, ein Mosaik, ein vielfältiges Nebeneinander von einzelnen Orientierungen getreten, unter denen die Einzelnen sich ihre jeweilige Lebensorientierung auswählen können und müssen: zugleich trifft die Reinszenierung von überwunden geglaubten Mythen immer wieder auf erstaunliche Plausibilitätserwartungen.

Weise ausgeschlossen. Von der biblischen Erzähltradition her ist die Großerzählung der »Gewalt der Guten gegen die Gewalt der Bösen« zu transformieren. Alles Leben, alle Menschen sind von Gott gut geschaffen, alle Menschen stehen in der Solidarität, dass sie als Sünder auf Vergebung und Erlösung angewiesen sind: eine eindeutige Aufteilung in die »Guten« und die »Bösen« ist immer eine Größenphantasie, in der sich in der Perspektive christlicher Religion die Sündhaftigkeit von Menschen zeigt, die so etwas vertreten: sie setzen sich an die Stelle Gottes. Demgegenüber sind in der medialen Kultur höchst wirksame Erzählungen, die die Verbundenheits-Perspektive in Reziprozitäts-Logiken inszenieren, in ihrer Ambivalenz wahrzunehmen. Solche Erzählungen funktionieren nach dem Muster: Das Leben ist nur zu gewinnen, wenn sich eine/r rückhaltlos, bis zur Hingabe eigenen Lebens für den anderen, für die anderen einsetzt: Diese Meta-Erzählung kann als Vertröstung und Anpassung an eine schlechte alltägliche Realität wirksam werden, die ganz andere Lebensorientierungen erzwingt. Sie kann in problematischer Weise herrschaftliche Verzerrungen in der Beziehung der Geschlechter verstärken. Auf der anderen Seite der Ambivalenz können populärkulturelle Erzählungen vom anderen, besseren Leben performative Kraft einer Veränderung des Alltags freisetzen, indem sie als Gegen-Erzählungen, innere Bilder oder lebensgeschichtliche Skripte motivieren und ermutigen, Alternativen zu einem allein erfolgs- und konkurrenzorientierten Leben zu suchen und sie im alltäglichen Lebensvollzug auch auszuprobieren.

4. Gewalt transformierende Erzählungen der biblischen Erzähltradition

In der Bibel finden sich immer wieder Erzählungen (und weitere Textformen, z.B. Gebete), die als Umwandlung von zerstörerischer Gewalt in lebensförderliche Verbundenheit wahrgenommen werden können. Dies gilt für die Hebräische Bibel ebenso wie für das Neue Testament.

Einige Hinweise aus dem Anfang des Ersten Testaments und

aus dem Höhepunkt der Evangelien des Neuen Testaments: Der Brudermörder Kain wird nicht (in Vollzug mimetischer Gewaltreziprozität) selber erschlagen, sondern durch Kainszeichen vor Gewalt geschützt und als Kulturgründer vorgestellt (Gen 4,16ff.). In der Sintfluterzählung (Gen 6,5-9,17) wird Gott in seiner Antwort auf Gewalthandeln als sich Verändernder, als Lernender dargestellt: GOTTES Wahrnehmung unbegrenzt sich ausbreitender Gewalt unter den Menschen, die zuerst seine Zerstörung der Schöpfung motiviert (Gen 6,5) verändert sich am Ende der großen Flut zur Begründung des Bundesschlusses JHWHs mit seinen Menschen und allen Geschöpfen (Gen 8,21: »Ich will hinfort nicht mehr die Erde verfluchen um der Menschen willen; denn das Trachten des menschlichen Herzens ist böse von Jugend auf«).[70] Die lebenslange Konkurrenz- und Übervorteilungsgeschichte zwischen den Brüdern Jakob und Esau wird im Höhepunkt des Konflikts nicht als wechselseitige Gewalteskalation bis zur finalen Zerstörung erzählt, sondern als das Ringen einer langen Nacht mit dem Ende von Verwandlung (neuer Name: Israel statt Jakob), Mitteilung von Segen, Annahme von Gebrochenheit (Jakob hinkt an der Hüfte) und Versöhnung durch Umwandlung von Hass/Konkurrenz in Zulassen von Trauer-Gefühlen: »... und sie weinten« (Gen 33,4). Josef beantwortet die Gewalt, die er durch seine Brüder erfahren hat, nicht wiederum durch deren Verletzung/Zerstörung, sondern im Namen JHWHs durch Fürsorge, Freigebigkeit und Liebe (»Ihr gedachtet es böse mit mir zu machen, aber Gott gedachte es gut zu machen«).

Eine entsprechende Bewegung findet sich im Neuen Testament: Auf dem Höhepunkt der Passionsgeschichten, auf dem Gipfel einer massenhaften Pogromstimmung (»Kreuzige ihn«) und eines von den Mächtigen inszenierten Justizskandals wird die Kreuzigung des Jesus von Nazareth nicht – nach dem Modell des Gewaltopfers als »Lösung« einer mimetischen Gewaltkrise – als Muster einer Frieden schaffende Hinschlachtung/Opferung des

70 Vgl. Norbert Baumgart, Die Umkehr des Schöpfergottes. Zu Komposition und religionsgeschichtlichem Hintergrund von Gen 5-9. Freiburg u.a. 1999.

am Unfrieden Schuldigen erzählt, sondern als Dabei-Bleiben Gottes in der Situation des Schreckens und als Lebenshingabe Jesu an seine Freundinnen und Freunde: die umstürzende Augenblicks-Erfahrung schlechthin, die Angst, Vereinzelung, Depression und Flucht in die Erfahrung neuer Präsenz des Lebendigen umkehrt (z.B. Lukas 24,13-35; Johannes 20,1-18).
Sehen wir in »langsamer Lektüre« auf zwei beispielhafte biblische Erzählungen, eine aus dem Alten Testament, der Hebräischen Bibel, und eine aus dem Neuen Testament. Sie erzählen vom Augenblick der Umwandlung von zerstörerischer Gewaltfaszination in die Fähigkeit zu Wahrnehmung und Einfühlung in den/die anderen, hin zur Verbundenheit zwischen den Lebendigen.

5. Die Rettung des kleinen Mose (2 Mose 1 und 2)

Am Beginn des zweiten Buches Mose, am Anfang der Befreiung des Gottesvolkes aus Unterdrückung und Fronarbeit in Ägypten, am Beginn der Geschichte Israels stehen zwei kleine Erzählungen über die Solidarität zum Leben der Kinder und eines Kindes im Besonderen (2 Mose 1,15-2,10).[71] Die Lage ist absolut lebensbedrohlich. Ein neuer Herrscher auf dem Pharaonenthron, so wird erzählt, hat aus dem sozialen Gedächtnis verloren oder auch gelöscht, was die Nachkommen Jakobs und Josefs seinem Volk an Heilsamem, ja Lebensrettendem getan haben. Der Erinnerungsverlust bereitet das Feld für Gewalt. Es wird von Zwangsarbeit und Frondienst berichtet, aber jetzt auch von einer geplanten »ethnischen Säuberung«. Alle männlichen Kinder, so lautet der terroristische Befehl des Herrschers, sollen bei der Geburt umgebracht werden. Vergessen und Verdrängen führt unmittelbar zu Gewalt an den Fremden.
In dieser biblischen Geschichte findet sich bereits das Muster für rassistische Säuberungsphantasien bis in unsere Tage: zwischen

---

71 Die hier vorgetragene Auslegung verdankt viel dem Gespräch mit Jürgen Ebach. Vgl.: Ders., Die Schwester des Mose. Anmerkungen zu einem ›Widerspruch‹ in Exodus 2,1-10. In: Ders., Hiobs Post. Gesammelte Aufsätze zum Hiobbuch, zu Themen biblischer Theologie und zur Methodik der Exegese. Neukirchen 1995, 130-144.

Serben, Bosniern und Kosovo-Albanern, zwischen den verfeindeten Bevölkerungsgruppen im Sudan und anderswo, zwischen Israelis und Palästinensern. Gewalt richtet sich immer wieder gegen Kinder, die zum Soldatendienst gezwungen oder umgebracht werden, immer wieder auch gegen Frauen, die Kinder gebären und in ihrem Weg in das Leben schützen und begleiten können. Am Anfang der Gewalt stehen oft die Strategien des Vergessens, und in der jüngeren Geschichte in unserem Land ist das Vergessen-Machen gegenüber all dem zu erinnern, was Jüdinnen und Juden zur deutschen Kultur beigetragen haben. Als in der Nazizeit mit vielen anderen auch der Name Heinrich Heines geächtet wurde, man aber den deutschen Männergesangsvereinen das Lied »Loreley« nicht nehmen wollte, druckte man es in Gedicht- und Liederbüchern mit der Quellenangabe »deutsches Volkslied« ab. In diesen Tagen zeigt sich der Hang zum Vergessen-Machen beispielsweise daran, gegen welche Widerstände beim Management der Deutschen Bahn der »Zug der Erinnerung« auf die Geleise gesetzt werden musste, in dem die Deportation und Ermordung tausender Kinder aus jüdischen Familien, aber auch aus Familien so genannter »Zigeuner« dokumentiert wird, bis in die letzten Tage der Nazizeit hinein.
Dagegen schärft die hebräische Bibel immer wieder die Aufgabe der Erinnerung ein – und zwar in der Wahrnehmung von Vielschichtigkeit und Ambivalenzen. Auch Ägypten, das Ur-Bild von Bedrohung und Vernichtung, war ja nicht nur schlecht. Und auch dies soll die Erinnerung einschließen. So heißt es in 5 Mose 23,8: »Den Ägypter sollst du nicht verabscheuen, denn du bist in seinem Lande Gast gewesen.« Ja, die Erinnerung, selbst Fremdling gewesen zu sein in Ägypten wird zum Grund, seinerseits dem Fremdling gegenüber Solidarität zu zeigen. »Wie ein Einheimischer aus eurer eigenen Mitte soll euch der Fremdling gelten, der bei euch wohnt, und du sollst ihn lieben wie dich selbst – seid ihr doch auch Fremdlinge gewesen im Lande Ägypten; ich bin Adonaj, euer Gott.« (3 Mose 19,34).
Aber so weit sind wir noch nicht. Durch den Tötungsbefehl des ägyptischen Herrschers ist das Überleben des Gottesvolkes un-

mittelbar gefährdet, die Verheißungen Gottes sind infrage gestellt, und zunächst und vor allem: das Leben-Können zahlloser kleiner Menschenkinder, die umgebracht werden sollen. Die erste kleine Geschichte in unserer Erzählung handelt von zwei Hebammen. Sie haben Namen: Die eine heißt Schifra – Schönheit, und die andere Pua – Glanz. Das kann ihre körperliche Gestalt meinen, möglicherweise aber auch, was jetzt von ihnen berichtet wird. Eigentlich ist es nichts Außerordentliches. Die beiden Frauen tun einfach ihre Arbeit als Hebammen: sie helfen dabei, dass Kinder auf die Welt kommen. Außerordentlich wird ihr Handeln durch die Umstände: Sie widersetzen sich faktisch dem ausdrücklichen Befehl des Pharao, die männlichen Kinder der Hebräer umzubringen. Ein präziser Selektionsbefehl: Die Jungen sollen sie töten, die Mädchen mögen am Leben bleiben. Noch im Zugeständnis an das Leben der Mädchen zeigt sich die Verachtung des Herrschers: Wenn es keine männlichen Nachkommen Israels mehr gibt, so das offensichtliche Kalkül, wird es bald Israel nicht mehr geben. Was zählen da schon die weiblichen Kinder.

Gegen diese Verachtung und Ignoranz erzählt diese Geschichte ein Beispiel von der Macht des Lebens und dem Mut, aber auch der Klugheit der Frauen. Sie tun einfach weiter ihre Arbeit. Sie weigern sich schlicht, genau hinzusehen, ob es sich bei den Neugeborenen um Mädchen oder Jungen handelt. Sie handeln aus Gottesfurcht, wie unsere Erzählung notiert. Es bleibt offen, ob die beiden Frauen an den Gott Israels glauben. Sie folgen einem göttlichen Gebot, das einem jeden Menschen unabhängig von seiner/ihrer besonderen Religion und Kultur zugänglich ist: dem Gebot, für das Leben einzutreten. Die Klugheit von »Schönheit« und »Glanz«, den beiden Frauen, zeigt sich nicht nur in dieser gezielten Ignoranz gegenüber dem »kleinen Unterschied«. Sie zeigt sich auch in ihrer Reaktion, als sie vom Pharao zur Rede gestellt werden. Sie hätten sich jetzt auf publikumswirksamere Weise heldinnenhaft zeigen können und ihre Befehlsverweigerung namhaft machen und verteidigen können – und hätten so ihr eigenes Leben, aber wahrscheinlich auch das

Leben vieler weiterer, noch nicht geretteter Kinder gefährdet. Sie wählen einen anderen Weg, der es ihnen ermöglicht, mit ihrer unspektakulären, aber lebensrettenden Solidarität weiterzumachen. Die besonders lebensstarken hebräischen Frauen, so behaupten sie, seien schon immer mit der Geburt fertig, ehe sie als Hebammen überhaupt eingreifen könnten.

Offenbar können sie den Pharao mit dieser Mitteilung hindern, sie selbst zur Rechenschaft zu ziehen, nicht aber dazu bringen, von seinen Völkermordphantasien abzulassen. Sein neuer Befehl, dass das ganze Volk alle Söhne in den Nil werfen soll, die geboren werden, ist nicht nur die offene Aufforderung zum Pogrom, sondern liest sich auch so, als würde er schon gar keinen Unterschied mehr machen zwischen den Kindern der Hebräer und denen aus dem eigenen Volk. Die Gewaltphantasien werden grenzenlos, und auch dies kennt man bis in unsere Tage und auch in der Gewaltgeschichte unseres eigenen Landes. Denken wir daran, dass Hitler in seinem »Testament« den Untergang des eigenen Volkes als seinen letzten Willen bekundet, denn es habe sich als seinem Führer unwürdig erwiesen. Zerstörerische Gewalt ist immer auch selbstzerstörerisch – auch dafür ist diese Erzählung aus dem Ersten Testament ein Lehrstück.

Dies jedenfalls ist die Situation, auf deren Hintergrund in dem gleichen Erzählzug jetzt eine zweite kleine Geschichte erzählt wird, diesmal vom Schicksal eines besonderen Kindes.

Man kann in dieser Erzählung von der wunderbaren Rettung des kleinen Jungen, der später als Mose das Volk Gottes aus der ägyptischen Gefangenschaft herausführen wird, auf Verschiedenes achten.[72] Beispielsweise auf den Namen dieses kleinen Jungen. Die Erklärung, die die Erzählung selber gibt – »der aus dem Wasser Gezogene« –, passt nicht recht, weil »Mose« eher eine aktive Form ist: also eher »der aus dem Wasser zieht«. Dann wäre in diesem Namen schon die Rettung des Gottesvolkes im

72 In den folgenden Überlegungen danke ich den Beobachtungen und Interpretationen von Jürgen Ebach, Die Schwester des Mose. Anmerkungen zu einem ›Widerspruch‹ in Exodus 2,1-10. In: ders., Hiobs Post. Gesammelte Aufsätze zum Hiobbuch, zu Themen biblischer Theologie und zur Methodik der Exegese. Neukirchen 1995, 130-144.

Schilfmeer angedeutet, später, als der kleine Mose ein erwachsener Mann geworden sein wird. Die Erzählung von der Befreiung des Gottesvolkes, die für die verfolgende ägyptische Streitmacht tödlich enden wird, als sie sich im Morast festfahren und in den Fluten des Schilfmeeres umkommen wird. Oder ist »Mose« ein damals gebräuchlicher ägyptischer Name: dann würde »Mose« einfach der Geborene heißen, oder: das Kind. Mit dieser Auslegung hat Sigmund Freud beispielsweise seine Überlegung verbunden, dass Mose, die Führer-Gestalt des Volkes Israel, in Wahrheit ein Ägypter gewesen sei. Spannend ist an diesen Auslegungsmöglichkeiten vor allem, dass sich schon im Namen des kleinen Jungen etwas Kulturübergreifendes andeutet. Ja, mehr noch: das Verbindende könnte eine Andeutung gegenüber all dem beinhalten, was im Umfeld und auch im Fortgang dieser Erzählung berichtet wird an Zerstörerischem in den wechselseitigen Verwerfungen zwischen den beiden Kulturen: von Unterdrückung und rassistischen Völkermordphantasien, von einer Befreiung, die auf der anderen Seite massenhaften Tod einschließt bis hin zum Tod aller zuerst geborenen Kinder in den ägyptischen Familien.

Im Namen des kleinen Jungen, der einmal Anführer der Befreiung sein wird, ist eine nicht gewalttätige Beziehung zwischen den Verschiedenen angedeutet. Das gilt übrigens für die Erzählung als ganze, auch sie wird kulturübergreifend erzählt.[73] Damals, in der Zeit, die die Mose-Erzählung voraussetzt, erzählt man sich eine solche Sage von der wunderbaren Geburt, der Gefährdung des Lebens und der schließlichen Rettung eines Kindes, das später einmal ein Herrscher sein wird, ganz ähnlich in verschiedenen und immer wieder gegeneinander verfeindeten Kulturen. Sie wird wie von Mose, so ähnlich auch von anderen Herrschergestalten in der alten Welt mitgeteilt: von Sargon, dem Gründer des ersten babylonischen Reiches, oder von Kyros von Persien oder Romulus in Rom. Eine kulturübergreifende

73 Vgl. nur den »Plot« im Grimm'schen Märchen »Hänsel und Gretel«.

Erzählung, die allerdings in der Mose-Geschichte auf besondere Weise Gestalt gewinnt.
Uns fasziniert an der Geschichte vom kleinen Mose vor allem dies: Mose, der künftige Retter Israels, wird zuerst selbst gerettet. Er hat mehr als eine Retterin. Frauen aus unterschiedlichen und gegeneinander verfeindeten Kulturen, auch aus ganz unterschiedlichen sozialen Lagen werden durch das Kind dazu gebracht, über alle Unterschiede hinweg zusammenzuarbeiten, um sein Leben zu bewahren. Zuerst rettet ihn die Mutter. »Die Frau wurde schwanger und gebar einen Sohn. Und sie sah ihn, ja, er war gut. Sie versteckte ihn drei Monate lang. Und als sie ihn nicht länger verstecken konnte, nahm sie für ihn einen Kasten aus Papyrus, verlehmte ihn mit Lehm und Pech, legte das Neugeborene hinein und legte ihn ins Schilf am Ufer des Nils« (2 Mose 2,2ff., Übersetzung Jürgen Ebach) Der Kasten, in dem Mose gerettet wird, wird mit dem gleichen hebräischen Wort bezeichnet wie die Arche des Noah, in der während der großen Flut Nachkommen aus allem gerettet werden, was an Arten des Lebens existiert.
Die Geschichte vom kleinen Mose lebt im Fortgang von einer Reihe wunderbarer Zufälle. Nicht nur, dass die ägyptische Königstocher und ihre Gespielinnen genau an der Stelle baden, wo die kleine Arche mit ihrer gefährdeten Fracht im Nil dümpelt. Nicht nur, dass plötzlich eine ältere Schwester des Kleinen auftritt, von der vorher nicht die Rede war, die die Tochter des Pharao dazu bewegen kann, das Baby bei seiner leiblichen Mutter in Pflege zu geben und ihn später selber zu adoptieren. Die Schwester, die biologische und die soziale Mutter arbeiten über alle kulturellen Grenzen, über rassistische Auslöschungsphantasien und politischen Feindschaften hinweg zusammen, um das Leben des bedrohten Kindes zu retten und sein Heranwachsen zu begleiten, so dass aus ihm einmal eine – in allen Ambivalenzen, die von der biblischen Erzählung auch nicht verschwiegen werden – doch einigermaßen beeindruckende Erwachsenen-Gestalt werden kann.
Alles kommt in dieser Erzählung in konzentrierter Gestalt zu-

sammen.[74] Das ist der Augenblick der Begegnung, als der Anblick des gefährdeten Lebens, des schutzlosen Kindes die Tochter des Pharao in einer solchen Intensität trifft, dass langfristig aufgebaute Muster kulturell-religiös ausformulierter Verwerfung, Verachtung und Gewalt gegenüber den als bedrohlich empfundenen Fremden plötzlich ihre Macht verlieren. Durch die Begegnung mit dem Antlitz dieses Menschenkindes, das Schutz, Fürsorge, Solidarität herausfordert, wird in diesem Moment eine radikale Veränderung in der Haltung und Verhaltensbereitschaft gefordert und ermöglicht. Die Tochter des Pharao, ein Mitglied der Herrschaftszentrale und in dieser Lage des Zentrums zerstörerischer Gewalt, wird im Augenblick dieser Begegnung in einer Weise verwandelt, dass sie die Verpflichtungen und Selbstverständlichkeiten ihrer sozialen Position und ihrer Rolle verlässt und sich dem Charme des Lebendigen öffnet. Sie wird ein neuer Mensch.

In dieser Erzählung wird zugleich mitgeteilt, wie diese umwandelnde Begegnung, die in der Zeitform des Augenblicks ihre Kraft findet, in langfristig wirksame Haltungen und Verhaltensbereitschaften übersetzt und zugleich abgestützt wird, ohne die der befreiende Augenblick verpuffen, untergehen, gegenüber der übermächtigen Gewalt rassistischer Vernichtung hilflos bleiben müsste. Deshalb wird in dieser Erzählung von der Schwester des Mose erzählt, die im entscheidenden Moment zur Stelle ist und, in Kooperation mit der leiblichen Mutter des Kleinen, den spontanen Impuls der Tochter des Pharao, sich dem Antlitz des Not leidenden Lebens zu öffnen, in eine in der Dauer der Zeit wirksame Folge von Handlungen und »Institutionalisierungen« der Gewaltunterbrechung übersetzen kann.

Wir wollen die Kinder nicht vergessen, die dem Tötungsbefehl des Pharao nicht entkommen sind, auch nicht die ermordeten Kinder – später, als Jesus von Nazareth als letztes der erschla-

74 Ich verdanke diese Beobachtungen auch einem Gespräch mit Ina Willi Plein, Gespräch am 14.1.2009, im Rahmen einer Ringvorlesung im Wintersemester 2008/09 des »Zentrums für Religion und Gesellschaft«, Universität Hamburg.

genen Kinder von Bethlehem übrig blieb. Wir wollen die zahllosen jüdischen Kinder nicht vergessen, die in den Ghettos und Konzentrationslagern der Nazis umkamen, bis heute zu den ermordeten, zu Kindersoldaten gepressten oder in Billiglohnfabriken um ihre Kindheit gebrachten Kinder in vielen Teilen unserer Erde: Sie alle haben die Hartleibigkeit und seelische Verkrümmung der Erwachsenen nicht erweichen und sie zu solidarischem Handeln zu ihrem Wohl nicht provozieren können. Deshalb ist unsere Geschichte eine Hoffnungsgeschichte gegen die schlechte Realität.

Im Gesicht eines jeden Kindes scheint uns auf, wie Gott das Leben meint. Diese alte Geschichte von der Rettung eines bedrohten Kindes steht gegen so vieles, was heute die Abschottung der Erwachsenenwelt gegen den Charme und den Lebenshunger der Kinder verstärkt und den Impuls zu lebensförderlichem Engagement unterbricht: die »großen« religiösen und politischen Differenzen und Ideologien, aber auch viel Alltäglich-Trauriges: fehlende Lebensperspektiven und wirtschaftliche Sorgen der Eltern, oder katastrophale bildungspolitische Weichenstellungen von fehlenden Kitaplätzen bis hin zur Verwechslung von Bildungsaufgaben und ökonomistischen Größenphantasien in der Umgestaltung der Universitäten.

Wenn die, die für die Kinder da sein sollen, sich ihrem Lebenswillen und ihrer Power, ihrem Charme und ihrem manchmal nervenaufreibenden Lebenshunger öffnen könnten, dann würden soziale, religiöse und kulturelle Unterschiede genauso verflüssigt wie lebensfeindliche politische Programme und Ideologien. Über alles Trennende und Zerstörerische hinweg scheint uns in den Kindern auf, wie Gott das Leben meint. Wer sich vom Antlitz der Kinder berühren und in Bewegung setzen lässt, wird selber von einer Lebendigkeit und Lebenszugewandtheit erfüllt werden, die stärker ist als alles, was das Leben bedroht und zunichtemacht. Das ist, gegen alle Wahrscheinlichkeit, die Verheißung dieser Erzählung aus dem Beginn des zweiten Mosebuches.

Kommen wir zu einer Erzählung aus dem Neuen Testament,

beispielhaft für den Augenblick der Gewaltunterbrechung, der auch hier langfristig wirksame Muster von Missachtung, Ausgrenzung und Gewalt aufbricht, in der Perspektive von Hoffnung.

6. Die Begegnung am Jakobsbrunnen (Johannes 4)

Menschen sind in Geschichten verstrickt. Die Geschichten sind heilsam und zerstörerisch, nährend und aushungernd, sie bringen in Fluss und überfluten. Im Unterschied zu Kino-Erzählungen wissen Menschen das Ende ihrer eigenen Lebens-Erzählungen nicht, und selbst wie einzelne Episoden zusammenhängen, wird je nach dem Ausgang, der sich in einer spezifischen Lebens-Station gerade andeutet, so oder so und auch wieder anders erzählt werden müssen.

Zentrales Erzählmuster des massenwirksamen Kinofilms ist die Wandlung: Ein Held/eine Heldin verlässt die alltägliche Welt, dringt über erste Grenzen und gegen viele Widerstände zur Tiefe ihres Lebens-Konfliktes vor und kehrt, nachdem der Kampf ausgefochten, die eigene Fixiertheit auf enge Perspektiven oder selbst auf den bloßen Erhalt des Lebens überwunden ist, verändert in den Alltag zurück.

Wir wollen jetzt mit der Erzählung von Jesus und der Samariterin am Jakobsbrunnen in Johannes 4 eine neutestamentliche Wandlungsgeschichte in den Blick nehmen. Wir fragen nach der heilsamen Macht dieser Erzählung. Seelsorger/innen und Therapeut/innen arbeiten mit unterschiedlichen Zugängen daran, zerstörerische in heilsame Lebensgeschichten zu übersetzen. Seit Beginn der psychoanalytischen Diskussion war die Vorstellung vorherrschend, dass Menschen die Geschichten, die sie in ihrem Innersten bestimmen, nicht kennen, ja, dass sie unbewusst wirksam sind, und dass deshalb viel von der nötigen Übersetzungsarbeit vom Zerstörerischen ins Heilsame geschafft ist, wenn Menschen ihre jeweils eigentümlichen Lebens- und Beziehungsgeschichten in Kontakt mit diesen Basisgeschichten bringen können. Es wurde angenommen, dass es sich dabei um Ur-Geschichten der alteuropäischen Mythentradition handele:

Ödipus oder Narzissus sind beispielsweise als solch prägende, energiegeladene und riskanterweise unbewusst wirksame Geschichten identifiziert worden. Seitdem die christliche Seelsorge den Streit zwischen theologischen und therapeutischen Ansätzen überwunden hat, ist die Rückfrage nach prägenden Ur-Geschichten auch auf die biblische Tradition ausgeweitet worden. Denn: Müssen Ur-Erzählungen, die Gefühle zugänglich machen und Konflikte entschlüsseln helfen, notwendigerweise aus der griechischen Mythologie genommen werden? Oder können nicht auch Geschichten und Gestalten aus der biblischen Erzähltradition diesen Platz einnehmen? Diese Überlegung hat seinerzeit Joachim Scharfenberg ins Spiel gebracht. So könnte beispielsweise die biblische Gestalt des Adam als Symbol für den Konflikt der Trennung aus der »paradiesischen« Situation allumfassender Versorgung und Verschlingung gewählt werden. Oder Abraham als Symbol für das Vertrauen, das einen Aufbruch in eine ungewisse Zukunft ermöglicht, der Jakob-Sohn Josef als Symbol für Konkurrenz und Machtkonflikte unter Geschwistern und die Möglichkeit ihrer gelingenden Lösung, Paulus als Symbol für die Offenheit, eine starre Konfliktstruktur zu verlassen und sich auf eine neue Identität einzulassen, und viele andere mehr.[75]

Die Erzählung von der Begegnung zwischen Jesus und der Samariterin am Jakobsbrunnen nach Johannes 4 ist eine abgründige Geschichte: Eine Begegnung über kulturelle Grenzen hinweg, die mit Missachtung und Ausgrenzung verbunden sind. Eine Wandlungsgeschichte, dazu gleich mehr. Eine Begegnung, die an einem charakteristischen Ort stattfindet und damit durch einen gefüllten, durch Energie und Bedeutung geladenen Raum bestimmt ist: den Brunnen Jakobs. Beide schöpfen aus diesem Brunnen, der dem Jakob, dem Stammvater Israels zugeschrieben wird: der Jude aus Nazareth und die Frau aus der religiös und sozial missachteten Bevölkerungsgruppe der Samariter. Es handelt sich um eine Begegnung, in der machtvolle Kräfte und

75 Vgl. Jörg Scharfenberg u.a., Mit Symbolen leben. Soziologische, psychologische und religiöse Konfliktbearbeitung. Olten/Freiburg i.Br., 1980.

Bedeutungen aus der Vergangenheit präsent sind und die diese zugleich sprengt: Jesus und die Frau schöpfen Wasser aus dem Brunnen, den der Vater Jakob gegeben hat, aus dem er selbst getrunken hat und seine Kinder und sein Vieh; und zugleich gibt Jesus lebendiges Wasser zu trinken von einer Kraft, dass diejenigen, die es trinken, nie wieder Durst haben werden. Eine neue Beziehung, eine neue Geschichte wird eröffnet, die alles Bisherige umfasst und verwandelt. Eine Geschichte, die alle Verstrickungen löst. Das könnte ein Versprechen sein, bei dem der Mund zu voll genommen wurde. Entscheidend ist, denke ich, für die Glaubwürdigkeit, Vertrauenswürdigkeit und Verlässlichkeit eine Frage: Wie kommt die neue Geschichte, die hier eröffnet wird, mit der Macht der bisher verstrickenden Beziehungsgeschichten zu stehen? Nötig ist als Erstes Erinnerung.

Der Brunnen Jakobs. Die Begegnung zwischen Jesus und der Samariterin findet nicht an irgendeiner Wasserquelle statt, sondern am Brunnen Jakobs. Damit ist ein Raum eröffnet, der durch Kräfte und Bedeutungen von großer Ambivalenz bestimmt ist. Eine Geschichte mit vielen Facetten. Hell und Dunkel, Segen und Zerstörung. Eine Masse aus verstörenden Erinnerungen. Da ist vor allem im Ersten Testament diese eine unheimliche Szene, die alle weiteren Jakobsgeschichten und auch die Geschichten der folgenden Generation, des Erzählkreises über die Söhne Jakobs, Josef und seine Brüder, in eine eigenartige Atmosphäre einhüllt.

Ein Kampf in der Nacht. Jakob hat alles, was er hat und was ihm lieb ist, über einen Fluss gebracht, Jabboq heißt er. Spaltfluss.[76] Jakob erwartet die Begegnung mit seinem Bruder Esau, den er vor vielen Jahren hintergangen hat und vor dem er ein Leben lang geflohen ist. Da fällt ihn ein Mann an. Ein Kampf, der die ganze Nacht dauert. Am Schluss dann die Klärung. Dem Jakob geht die Sonne auf: Er geht gesegnet aus dem Kampf heraus,

76 Vgl. zum Folgenden Jürgen Ebach, Der Kampf am Jabboq. Genesis 32, 23-33. Eine Geschichte voller Verdrehungen. In: ders. u.a.(Hrsg.), »Leget Anmut in das Geben«. Zum Verhältnis von Ökonomie und Theologie. Gütersloh 2001, 13-43.

aber hinkend. Schlimm für einen Nomaden. Kein klares Happy End nach dieser wilden Nacht.
Als die Sonne aufgeht und sich die Nebelschwaden verziehen: ein einzigartiger Augenblick, wenn der Tag aufwacht. Das Dunkel hat sich verzogen, und der Tag mit seinen neuen Unübersichtlichkeiten ist noch nicht da. Wenigstens ein Moment der Ruhe und Klarheit. Aber was hat sich geklärt?
Es bleibt etwas Geheimnisvolles an dieser Szene. Warum fordert Jakob Segen ausgerechnet von einem Mann, der ihn überfällt und angreift – wo er doch schon gesegnet ist seit diesen frühen Tagen, als er sich auf den Rat der Mutter mit Tierfell verkleidet, dem Vater ein Essen zubereitet und von ihm gesegnet wird – und so den Bruder um den zugesagten Segen bringt? Und wer ist dieser Mann? Der biblische Text lässt das bis zum Schluss offen.
Jakob wird am Ende der Geschichte einen neuen Namen haben. Achtet man auf seinen ursprünglichen Namen – Jakob – , dann ist die enge Verknüpfung zum Namen des Flusses nicht zu übersehen, an dem der nächtliche Kampf stattfindet. Jabboq heißt: der Fluss, der spaltet. Ein Spalt, eine Unterbrechung, ein Abbruch dessen, was bisher war. Die Furt am Fluss ist ein Übergang, eine Passage. Und auch der nächtliche Kampf ist ein Zwischen-Raum, eine Aus-Zeit, nach der nichts mehr so sein wird, wie es war. Jakob selbst wird in diesem Jabboq-Übergang verwandelt. Zuvor ist Jakob einer, der seinem Bruder Esau durch eine List, man könnte auch sagen: durch einen gemeinen Trick das Erstgeburtsrecht und den Segen des Vaters weggenommen hat – und dieser Segen beinhaltet ja nicht nur die Zusage von Fruchtbarkeit und Reichtum, sondern auch, dass ihm der Bruder und die ganze Verwandtschaft untertan sein werden. Diese frühe Szene hat Jakob lebenslang an den Bruder gebunden, obwohl er über riesige Distanzen vor seiner Wut geflohen ist – vielleicht gerade deshalb. Morgen wird er ihm wieder begegnen, und noch am Abend vor der Nacht am Jabboq ist Jakob voller Angst vor dieser Begegnung. Er muss seinen gesamten Besitz und seine ganze Familie vorschicken und so zwischen sich

und den Bruder stellen, um diese Angst zu beruhigen. Er allein bleibt am Fluss zurück. Und derselbe Jakob wird nach dem nächtlichen Kampf – hinkend, aber aufrecht – den Schutz aus Leibern nicht mehr nötig haben. Er kann seinem Bruder gegenübertreten. Er wird gemeinsam mit dem Bruder weinen können, er wird ihm geben können und sich schließlich im Frieden von ihm trennen können.

»Ich lasse dich nicht, du segnest mich denn«: Der Kampf und der Segen. Wer durch eine lebensbedrohliche Krankheit hindurch muss, nimmt den Kampf seines Lebens in dieser Hoffnung auf: dass am Ende Segen sein wird. Liebende erfahren das irgendwann: die Krise ist da, der Konflikt muss angenommen werden. Der heimliche Wunsch, dass sich alles schon irgendwie klärt, trägt nicht. Segen wird ohne Kampf nicht möglich sein, aber darin liegt die Hoffnung: dass man einander wieder findet oder doch ohne Hass gehen lassen kann.

Der Segen Gottes wandelt den Jakob um, der Segen gilt einem neuen Menschen. Er ist beschädigt und kann nicht mehr alles aus eigener Kraft gewinnen. Er hinkt, und dennoch – und gerade deshalb – kann er jetzt endlich den aufrechten Gang gehen.

Der Brunnen Jakobs, an dem sich Jesus und die Samariterin begegnen, eröffnet einen Raum, der durch diese Jakobs-Geschichte genauso bestimmt ist wie durch viele weitere. Das ist charakteristisch dafür, wie die Bibel erzählt: Eine einzelne Erzählung gewinnt ihre Kraft nicht dadurch, dass sie andere verdrängt oder ersetzt. Erzählungen stehen nebeneinander, oft mehrere Erzählformen zur gleichen Grundgeschichte. Sie beleuchten einander, widersprechen sich zuweilen, oder erzählen auf andere Weise. Trotzdem entsteht keine Beliebigkeit. Im Großen und im vielen Einzelnen ist es immer die eine Bewegung: Von der Zerstörung, durch die not-wendigen Konflikte hindurch, bis hin zur tiefsten Tiefe hindurch, hin zum Segen.

Jesus und die Samaritaner: das Essen und die Hunde. Der Raum der Begegnung zwischen Jesus und der Samariterin, der Brunnen Jakobs ist bestimmt als Raum der Erinnerung. Aber auch die aktuelle Begegnung am Brunnen ist vorgeprägt und belastet. Die Beziehung zwischen Jesus und Menschen aus nichtjüdischen Bevölkerungsgruppen ist ambivalent, bisweilen abgründig. Da ist einmal die Geschichte, die heute viele Menschen in einem Ausmaß kennen, dass sie das Anstößige daran schon gar nicht mehr mithören können: »Wer von diesen dreien, meinst du, ist der Nächste gewesen dem, der unter die Räuber gefallen war? Er sprach: der die Barmherzigkeit an ihm tat« (Lukas 10,36f.). In dieser Geschichte, die Jesus einmal erzählt, ist der Samariter die paradigmatisch gute Gestalt, sie steht für Hilfsbereitschaft und Nächstenliebe in einem Maße, dass eigene Interessen an Lebenssicherheit preisgegeben werden, und steht licht gegen die dunkel gezeichneten heimischen religiösen Autoritäten: den Priester und den Leviten.

Aber es wird auch von anderen Seiten in der Beziehung zwischen Jesus und Menschen erzählt, die aus Sicht der religiös dominierenden Bevölkerungsgruppe im Gebiet des damaligen Judäa aus religiösen und anderen Gründen problematisch erschienen.

Schattenseiten. Im unmittelbar vorangehenden Kapitel des Lukasevangeliums wird beispielsweise davon berichtet, Jesus habe auf seinem Weg durch diese Gegend versucht, in einem Dorf der Samariter eine Herberge zu bekommen. Das geht schief, und zwar wegen der Ablehnung, die Juden und deshalb auch der Jude Jesus durch diese Bevölkerungsgruppe hier erfahren: »Und sie nahmen ihn nicht auf, weil er sein Angesicht gewandt hatte, nach Jerusalem zu wandern« (Lukas 9,53). In dieser Szene weist Jesus seine Jünger, die als Reaktion eine Gewaltorgie fantasieren, zurecht.

Da ist aber auch noch eine weitere abgründige Geschichte, in der Jesus in die Strukturen wechselseitiger Missachtung selber zunächst verstrickt ist, sich aber durch die Begegnung mit dem offenen Angesicht der Fremden daraus löst. Im Markusevangelium im 7. Kapitel und bei Matthäus im 15. Kapitel wird diese Szene berichtet. »Und er (Jesus) stand auf und ging von dort in das Gebiet von Tyrus. Und er ging in ein Haus und wollte es niemanden wissen lassen und konnte doch nicht verborgen bleiben, sondern alsbald hörte eine Frau von ihm, deren Töchterlein einen unreinen Geist hatte. Und sie kam und fiel nieder zu seinen Füßen – die Frau war aber eine Griechin aus Syrophönizien (nach dem Bericht des Matthäus war sie eine Kanaanäerin, in jedem Falle eine Fremde, HMG) – und bat ihn, dass er den bösen Geist von ihrer Tochter austreibe. Jesus aber sprach zu ihr: lass zuvor die Kinder satt werden; es ist nicht recht, dass man den Kindern das Brot wegnehme und werfe es vor die Hunde. Sie antwortete aber und sprach zu ihm: Ja, Herr; aber doch fressen die Hunde unter dem Tisch von den Brosamen der Kinder. Und er sprach zu ihr: um dieses Wortes willen geh, der böse Geist ist von deiner Tochter ausgefahren. Und sie ging hin in ihr Haus und fand das Kind auf dem Bett liegen, und der böse Geist war ausgefahren« (Markus 7,24-30).

Heutige Ausleger/innen haben offensichtlich Mühe, die überraschenden und anstößigen Aspekte dieses Textes einzuordnen und zu begrenzen. Die Offenheit Jesu gegenüber dieser Frau, die der nichtjüdischen Bevölkerung im Lande angehört, steht erst am Schluss, ist Ergebnis einer Begegnung, die auch hätte scheitern können – wenn die Voraussetzungen, unter denen sie begonnen wurde, in Kraft geblieben wären: die »Kinder« sind – einem traditionellen Bild entsprechend – alle die, die dem Haus Israel zugehören; die »Hunde« sind die nichtjüdischen Menschen, die in diesen selben Gebieten leben.

In unterschiedlichen Lagen entfaltet dieser Text ganz unterschiedliche Bedeutungen. Für die nachösterliche Gemeinde hält er daran fest, dass die lebendige, ja geradezu explodierende Heidenmission an die Ursprungsgemeinde in Jerusalem und Israel gebunden bleibt (die Hunde fressen die Brosamen der Kinder und gehören also zum selben Haus und Tisch). Eine mögliche weitere helle Interpretation dieser Geschichte wäre, schon auf einer ursprünglicheren Ebene der Lektüre: das Bekenntnis, ja die Demut der zunächst von Jesus zurückgewiesenen Frau ermöglicht, dass Jesus selber von seinem ursprünglichen Vorurteil und seiner Ablehnung Abstand nimmt.

All dies ist sicher richtig, aber es bleibt nötig, auch den Schatten festzuhalten: am Ausgangspunkt dieser Begegnung steht die Zurückweisung der Fremden aus Gründen der Fremdheit: »Jesus aber sprach zu ihr: lass zuvor die Kinder satt werden; es ist nicht recht, dass man den Kindern das Brot wegnehme und werfe es vor die Hunde« (Markus 7,27).

Die Begegnung am Brunnen Jakobs. Man muss, so denken wir, die ambivalenten und damit auch dunklen Geschichten mithören, Geschichten, die zum Teil lange zurückliegen, zum Teil aber auch aktuell wirksam sind, um das Besondere der Begegnung am Jakobsbrunnen nach Johannes 4 wahrnehmen zu können. Es handelt sich um Wandlungsgeschichten. Genauso wie viele andere Geschichten, die in dieser Begegnung auch noch mitschwingen: die mörderischen Konflikte in der Generation nach Jakob, zwischen seinen Söhnen, deren glücklicher Ausgang in der Versöhnung zwischen Josef und seinen Brüdern ebenfalls in den ursprünglichen Hass- und Vorteilstrukturen keineswegs angelegt war.

Es handelt sich immer wieder um Bewegungen, die von zerstörerischen hin zu offeneren, vielleicht heilsameren Beziehungsmustern führen. Der hinterlistige Jakob, der sich lebenslang den Segen erschlichen hat, ist nach seinem Kampf um den Segen in dieser dunklen Nacht völlig verändert: er kann auf seinen Bruder zugehen, vor dem er bisher fliehen musste, er kann mit ihm und um ihn weinen, und er kann sich jetzt ohne Groll und Hass von ihm trennen und ein eigenes Leben führen. In der anderen, aktuelleren Geschichte sind Jesus und die Frau aus Kanaan am Schluss der Begegnung nicht mehr dieselben, die sie am Anfang waren. Missachtungs- und Vorurteilstrukturen haben ihre Kraft verloren. Mit dieser Bewegung beginnt schon die biblische Erzählung: Gott selber wird als lernfähig beschrieben. Er will die Menschen und die ganze Schöpfung, deren Gewalttätigkeit und zerstörerischen Beziehungsmuster ihn zunächst bewogen haben, alles Leben zu zerstören, am Ende dieses durchgestandenen Konfliktes nicht mehr vernichten, und zwar aus denselben Gründen, die ihn am Anfang dazu bewogen haben, alles Leben untergehen zu lassen: »Ich will hinfort nicht mehr die Erde verfluchen um der

Menschen willen: denn das Dichten und Trachten des menschlichen Herzens ist böse von Jugend auf. Und ich will hinfort nicht mehr schlagen alles, was da lebt, wie ich getan habe. Solange die Erde besteht, soll nicht aufhören Saat und Ernte, Frost und Hitze, Sommer und Winter, Tag und Nacht« (1 Mose 8,21-22).

Als Jesus die samaritanische Frau am Jakobsbrunnen trifft, ist schon der Beginn der Begegnung weniger dunkel als alle Geschichten, die im Hintergrund stehen: die Frau schöpft aus dem Jakobsbrunnen genauso wie die Kinder Israels. Und Jesus bittet sie, ihm von diesem Wasser zu trinken zu geben – also nicht er ist es, der aufgrund seiner Zugehörigkeit der Gebende ist. Es ist die Frau, die ihre Überraschung äußert, dass für Jesus die eingefahrenen Verwerfungsmuster nicht gelten. Hier herrscht schon im Ausgangspunkt ein Niveau wechselseitiger Wahrnehmungsoffenheit, das in allen anderen Geschichten am Anfang keineswegs präsent ist. Aber nur weil diese dunkleren Geschichten in ihrer ganzen Ambivalenz im Hintergrund stehen, ist der Ausgangspunkt der hier geschilderten Begegnung mehr als eine kitschige Verharmlosung von Konfliktmustern.

In dieser Begegnung zwischen Jesus und der samaritanischen Frau kommt es zu einer doppelten Umkehrung von eingefahrenen Erwartungshaltungen und Rollenmustern: Ein Jude will von einer Samaritanerin Wasser nehmen. Das ist die erste Umkehrung. Die zweite ist ebenso brisant: ein Mann will eine Frau bedienen, und durch diese Interaktion wird die Lebensrealität dieser Frau in entscheidender Weise neu gemacht.

Wenn wir auf dieses zweite Wandlungsereignis Acht haben, können wir von Beiträgen einer feministischen Bibellektüre lernen. Lange war in der Wahrnehmungseinstellung von Interpreten dieser Begegnung am Jakobsbrunnen die Meinung vorherrschend, die Veränderung der Frau sei vor allem in moralischem Sinne zu verstehen: sie sei Sünderin, und zwar im Sinne eines sexuell anstößigen Lebenswandels. Wir geben zwei Beispiele für diese Lektüre. Rudolf Bultmann legt in seinem Epoche machenden Kommentar zum Johannesevangelium den Vers 18 unseres Kapitels aus. Hier spricht Jesus die samaritanische Frau an: »Du hattest ja eigentlich fünf Männer, und der, den du jetzt hast, der ist nicht dein Mann«. Bultmann schreibt hierzu: »Diese Unruhe wird durch die bewegte Vergangenheit und die unbefriedigte Gegenwart der Frau veranschaulicht. Vielleicht darf man noch weitergehen und sagen, dass durch das Eheleben der von Begierde zu Genuss taumelnden Frau nicht nur die Unruhe, sondern auch die Verirrung des Lebenstriebes gekennzeichnet wird.«[77]

Der Neutestamentler Ulrich Wilckens legt diese Passage so aus: »Völlig überraschend fordert er (Jesus) sie auf, ihren Mann herbeizurufen. Darauf antwortet sie ausweichend: sie habe keinen Mann. Jesus durchstößt diesen Selbstschutz und zeigt ihr, dass er ihre Lebensgeschichte und ihre jetzige Situation genau kennt. Ob sie die fünf Ehemänner durch deren Tod oder durch Scheidung verloren hat, – in jedem Fall ist dies eine Lebensgeschichte voll immer wiederholten Abbruchs und entsprechend anwachsender Lebensnot. Und dieser zeichnet sich darin ab, dass sie nunmehr, das sechste Mal, ohne den Schutz der Eheinstitution mit einem Mann zusammenlebt, der ›nicht ihr Mann ist‹. Ihr Durst nach Leben blieb lebenslang ungestillt und hat sie schließlich jetzt in eine verzweifelte Lage gebracht. Das ist die Wahrheit ihres Lebens (grammatische Unstimmigkeiten im Original, HMG).«[78]

Wir haben von einer sozialgeschichtlich und feministisch interessierten Exegese gelernt, an dieser Stelle genauer nachzufragen.[79] In biblischen Erzählungen werden mehrfach Kettenehen von Frauen erwähnt, nicht als unmoralisch, sondern als im Sinne der Tora legitim. Beispielsweise wird im Markusevangelium von einer siebenfachen Leviratsehe (Schwagerehe) einer Frau berichtet (Markus 12,18-27 parr., vgl. Deuteronomium 25,5). Wenn eine Frau ihren Mann verliert, bevor aus dieser Ehe ein Sohn hervorgegangen ist, dann sind sie und der näch-

77 Rudolf Bultmann, Das Evangelium des Johannes, Göttingen 1956, 138.

78 Ulrich Wilckens, Das Evangelium nach Johannes. NTD Band 4, Göttingen 1998, 83.

79 Ruth Habermann, Das Evangelium nach Johannes. Orte der Frauen. In: Luise Schottroff u.a., Kompendium Feministische Bibelauslegung. Gütersloh 1998, 527ff.

ste Bruder des Mannes zur Ehe verpflichtet, um dem verstorbenen Mann einen Sohn hervorzubringen. Gerade in den Unterschichten und der Armutsbevölkerung war eine solche Regel nicht nur rechtlich geboten, sondern auch eine ökonomische Notwendigkeit. Denn die Möglichkeiten allein stehender Frauen, außerhalb des verpflichteten Lebenszusammenhanges der Sippe und auch der Ehe durch eigene Arbeit zu überleben, waren äußerst begrenzt.

Wenn Jesus die Frau auf ihre Lebensgeschichte mit verschiedenen Männern anspricht, dann beinhaltet dies keine Herabsetzung, sondern eine genaue Wahrnehmung ihrer Lebenssituation. Und auch hier kommt es durch diese Begegnung zu einer Wandlung, zu einem Freispruch. Am Ende lässt die Frau den Krug stehen, mit dem sie in der Hitze des Tages Wasser geschöpft hat: das Symbol ihres bisherigen Lebens. Sie wird durch das lebendige Wasser, das sie von Jesus annimmt, in einen neuen Lebensfluss einbezogen. Sie kann weitergeben, was sie empfangen hat. Wir schließen uns der Auslegung von Ruth Habermann an: »So bitten beide um Wasser, und beide geben einander Wasser, beide verändern sich durch die von Gott geleitete Begegnung: Jesus wird zum Messias des samaritanischen Volkes und die Frau zur Botin Gottes, die ihrem samaritanischen Volk sagt, dass Jesus der Heiland der Welt ist (4,40) … Das lebendige Gotteswasser, das allen Durst stillt, verwandelt sich in einem Menschen zur Quelle, deren Wasser ins ewige Leben sprudelt. Aus einer durstigen Frau wird eine Frau, die lebendiges Wasser weitergibt … Die samaritanische Frau lässt ihren Krug stehen und verlässt ihren Nicht-Ehemann. Die Geschichte – wie viele andere Befreiungsgeschichten im Neuen Testament – setzt die Wirklichkeit kleiner christlicher Gemeinden voraus, in der die Frau eine neue Gemeinschaft findet, als allein stehende Frau wirtschaftlich überleben kann.«[80]

Die Geschichte von der Begegnung am Jakobsbrunnen ist in mehreren Dimensionen eine Geschichte der Wandlung. Wer die

80 Ruth Habermann, Das Evangelium nach Johannes, a.a.O. 533.

dunklen, abgründigen Geschichten, die im Hintergrund dieser Erzählung mitschwingen, nicht mithört, wird die Brisanz ihrer Verheißung nicht wahrnehmen oder sie in einer Harmoniesoße untergehen lassen: Eine Begegnung wird möglich, die offene Wahrnehmung trotz Fremdheit zulässt, die zugleich die Versorgung der leiblichen Bedürfnisse sicherstellt – niemandem wird, auch unter Knappheitsbedingungen einer Wüstengegend nicht, aus Rassismus oder Gründen ökonomisch-politischer Ausgrenzung verwehrt, Wasser für die körperliche Notwendigkeit zu schöpfen – und erst jetzt, aber jetzt mit großer Hoffnung, kann eine Beziehung eröffnet werden, für die das Bild des »ewigen Wassers« einsteht: Alle Tränen werden abgewischt. Gerechtigkeit und Frieden werden einander küssen. Es wird keine Schuld und kein Tod mehr sein. Wir werden Gottes Angesicht sehen.

Nach dieser »langsamen Lektüre« zweier biblischer Erzählungen sind noch zwei abschließende Überlegungen zum Thema »Erzählungen« nötig. Einmal: Wir misstrauen der These, dass »Großerzählungen« in der gegenwärtigen Moderne ihre Macht verloren haben, genauso wie der entgegengesetzten, dass sich alle Lebensgeschichten auf eine einzige oder doch nur ganz wenige Grunderzählungen zurückspiegeln lassen. Vielmehr denken wir, dass es ein großes, fast unübersehbares Geflecht von Erzählungen gibt, die sich wechselseitig erhellen, in Resonanz zueinanderstehen. Sie sind in bestimmten Erzählsammlungen in besonderer Konzentration und Häufung da, und diese Erzählsammlungen sind für die Glaubensgemeinschaft, die sich ihrem Immer-weiter-Erzähltwerden verdankt, unaustauschbar. Wir können auch sagen: heilig. Für Christen ist die Bibel die unaustauschbare Erzähltradition, andere Religionsgemeinschaften haben ihre, und es geht mit großer Dringlichkeit darum, einen Kontakt, eine offene Wahrnehmung und Respekt zu fördern – und das Eigene dabei nicht aufzugeben, sondern zum Klingen zu bringen. Zugleich sind wir überzeugt, dass der Kanon von heiligen Erzählungen, die zum Leben verhelfen, zwar verbindlich, aber nicht abgeschlossen ist. Bis heute werden weitere Erzählungen beigesellt, die von den alten Erzählungen beleuchtet werden und wieder auf sie zurückleuchten, heute mit besonderer Kraft in der populären Kultur und insbesondere im Kino.

Sodann: Wenn wir unser Augenmerk in der langsamen Lektüre zweier biblischer Erzählungen vor allem auf lebensfreundliche Erzählungen gerichtet haben, so soll nicht vergessen, sondern gerade identifizierbar gemacht werden: Es gibt sie auch, die tötenden Erzählungen. Sie haben große Macht, gerade im Politischen. Beispielsweise: Wir sind die Guten, und alles, was anders ist, muss seine Eigenheit aufgeben – oder wird der »Achse des Bösen« zugerechnet, die durch »gute Gewalt« zerstört werden muss.

Die Kraft der heilsamen Erzählungen, die Kraft des »Leben spendenden Wassers« hängt davon ab, dass dieserart Geschichten ihre Macht über die Medien und vor allem über die Herzen und Sinne der Menschen nicht behalten. Sie müssen entmächtigt, am besten umerzählt werden. Die Erzählungen von der Veränderung der Tochter des Pharao und von den beiden Begegnungen zwischen Jesus und der Frau aus einer fremden Kultur können dafür ein Modell geben: Von zerstörerischer Gewalt zur Bezauberung durch das schutzlose Lebendige hin zum rettenden Handeln, vom Brot für die Hunde zum Leben spendenden Wasser.

»Wege ins Leben«[81]

1. Rituale als Inszenierung von Räumen und Zeiten

»Religiöse Verbundenheit« zeigt sich nicht nur in sprachlichen zentrierten Operationen wie Bekennen, Glauben oder Wissen, sondern auch in Begehen, Verhalten, Tun, zusammengefasst: in Haltungen. Rituale und ritualanaloge performances haben einen hohen Stellenwert, Haltungen zur Gestalt zu bringen und zu üben. Wir verstehen »Rituale« als »performative Inszenierungen«. In Analogie zu performatorischen Sprechakten haben Rituale ein spezifisches Wirklichkeitsverhältnis, insofern sie nicht (tatsächliche oder sollensmäßige) Sachverhalte in der Realität nur spiegeln oder abbilden. Rituale konstitutieren durch ihren Vollzug Wirklichkeit – in Analogie zu Sprechakten wie dem Versprechen, dem Urteil vor Gericht, oder einer Liebeserklärung.[82] In den performances der Rituale herrscht ein spezifisches Verhältnis von Überkommenem, Vorgegebenem und Regelhaftem auf der einen Seite, der Selbsttätigkeit und Spontaneität der Ritualteilnehmer/innen auf der anderen. Dabei gilt auf einer gedachten Strecke, dass die Pole niemals »rein« erreicht werden: Selbst bei noch so sorgfältiger Beachtung vorgegebener Regeln ist ein »reiner« Regelvollzug ohne jede Selbsttätigkeit der Teilnehmenden nicht möglich; und »rein« spontane Inszenierungen wären keine Rituale.

Auf dem Weg von traditionalen zu modernen Gesellschaften verschiebt sich die Gewichtung in Richtung auf Spontaneität. Die Freiheit in der Beachtung von Ritual-Regeln, aber auch in der Teilnahmeverpflichtung wird größer. Außerdem setzen sich (z.B. im Theater, heute vor allem in Inszenierungen der popu-

81 Vgl. in diesem Zusammenhang den Titel des Gottesdienst-Buches von Manfred Josuttis: Der Weg in das Leben. Eine Einführung in den Gottesdienst auf verhaltenswissenschaftlicher Grundlage. München 1991.

82 Vgl. John L. Austin, Zur Theorie der Sprechakte, dt. Bearb. von Eike von Savigny, Stuttgart, 2. Aufl., bibliogr. erg. Ausg., 2002; sowie John R. Searle, Sprechakte. Ein sprachphilosophischer Essay, Frankfurt a. M. 1971.

lären Kultur zwischen Fußball, Kino und Musikkultur) massenhaft ritualähnliche performances durch, die mit überkommenen Ritualelementen »spielen« und für die Teilnehmenden analoge Wertigkeiten und Bedeutungen haben können[83]. In der Wahrnehmung und Analyse von Ritualen[84] ist auf den historischen und gesellschaftlichen Kontext zu achten, und zwar sowohl auf den des/der Untersuchenden als auch des Rituals, das Gegenstand der Untersuchung ist. Diese Differenzierungen sind nötig auch dann, wenn Rituale in allen Gesellschaften und Lebenswelten vorkommen (regelhaft/regelmäßige Körpergesten und Erzählungen, gestaltete Räume und Zeiten usw.) und auf die eine oder andere Weise Kontakt zwischen menschlicher und göttlicher Welt, Diesseits und Jenseits, Lebenden und Toten, Gesellschaft und Natur usw. begehbar machen. Rituale reagieren in ihren körperbezogenen Gesten und Bewegungen ebenso wie in den in ihnen inszenierten Erzählungen auf ihren Kontext, und sie wirken wiederum auf ihn ein: als Passagerituale, als religiöse und nicht-religiöse Jahresfeste, Rituale von Austausch und Kommunion, Rituale des Konflikts, als Feste und Feiern, oder politische Rituale wie z.B. Demonstrationen oder Streiks. Allerdings unterscheiden sich Rituale von anderen Formen des Handelns/Verhaltens dadurch, dass die Beteiligten weniger spontan als vielmehr rezeptiv handeln, und darin ihre Teilnahme eher über Tradition, Herkommen und Vertrautheit begründen als durch Entscheidung und Reflexion – obwohl es auch hier in der Entwicklung zur Moderne Verschiebungen gibt. Auch dort, wo Spontaneität, Selbsttätigkeit und auch Distanzierungsmöglichkeiten in der Gestaltung des Rituals zugelassen werden, erlauben es Rituale den Feiernden, eingespielte und vorgegebene Sprechakte, Gesten und Wege der Begehung in Anspruch zu nehmen, entlasten also davon, für jeden lebens-

83 Vgl. Victor Turner, z.B. The Ritual Process. Structure and Anti-Structure. London 1969; sowie Ders., Vom Ritual zum Theater. Der Ernst des menschlichen Spiels. Frankfurt a.M./New York 1989 (1982).

84 Catherine Bell, Ritual Theory, Ritual Practice, New York 1992; sowie: Ritual. Perspectives and Dimensions, New York 1997.

geschichtlichen Übergang, für jeden gesellschaftlichen Konflikt oder – positiv – für jedes Verlangen nach Solidarität, Kommunion und Versöhnung neue Formen zu »erfinden«.
Rituale verändern in der Moderne, und zunehmend in der Postmoderne ihre Gestalt[85]. Sie büßen an Verbindlichkeit und Regelgebundenheit ein, verlieren an Plausibilität, aber sie verschwinden nicht. Vielmehr zeigen sie in neuen Gestaltfindungen, im »Basteln« mit überkommenden Formen immer wieder neue Macht, Plausibilität und Relevanz.
Wenn wir mit dem Interesse an »Gewaltunterbrechung durch religiöse Verbundenheit« Rituale wahrnehmen, so fragen wir: Wie können Rituale als Ausdruck gesellschaftlicher Solidarität – gegen ihre Zerstörung - verstanden werden, und wie können sie dazu beitragen? Und: was leisten Rituale in krisenhaften Übergängen und Transformationen? Für die Beantwortung dieser Fragen sind ethnologische und kulturanthropologische Untersuchungen hilfreich, und zwar für den ersten Fragenzusammenhang Überlegungen von Mary Douglas, für den zweiten vor allem von Victor Turner. Mary Douglas[86] beschreibt (in der Tradition von Emile Durkheim) den Zusammenhang zwischen einer verpflichteten, am Erhalt der Lebensbedingungen aller Gesellschaftsmitglieder orientierten Gesellschaft und der Macht des Rituals: Rituale verlieren in dem Maße an Macht und Plausibilität, wie die Solidarität der Gesellschaft zerfällt und die Gesellschaftsmitglieder individualisiert werden. Diese Sicht der Dinge lässt sich auf den Satz zuspitzen: Im Ritual stellt eine Gesellschaft ihre Gesellschaftlichkeit dar. Die Alternative – sie wird z.B. von Victor Turner vertreten[87] – weist dem Ritual gerade die Leistung zu, mit dem Anderen der Gesellschaft in Kontakt zu treten. Die gesellschaftliche Ordnung, ihre »Struktur« braucht

85 Victor Turners Formulierung »Vom Ritual zum Theater« muss mittlerweile erweitert werden: Vom Ritual zum Kinobesuch, zum Fußball-Event, zur »War of Warcraft«-Spielbesessenheit im Internet u.a.m. Vergleiche dazu die Veröffentlichungen des »Arbeitskreises populäre Kultur und Religion« (akpop.de).

86 Mary Douglas, Ritual, Tabu und Körpersymbolik, Sozialanthropologische Studien in Industriegesellschaft und Stammeskultur. 1970. Frankfurt a.M. 1986.

87 vgl. V. Turner, Vom Ritual zum Theater ..., 1982. Frankfurt/Main, New York 1989.

um ihrer eigenen Lebens-Erfülltheit willen den Kontakt mit der Anti-Struktur. Weil Ordnungen aus sich selbst leblos sind, brauchen sie den Kontakt mit ihrem »Anderen«: also dem Potenzial des Chaotisch-Vielfältigen und Möglichen, aus dem Innovation, Kreativität und Revitalisierung zufließen können.[88]
Catherine Bell, eine gegenwärtig sehr stark beachtete Ritualtheoretikerin[89] weist aus ethnologischer Perspektive darauf hin, dass sich mit Blick auf religiöse Rituale eine Unterscheidung nahe legt zwischen Ritualen der Kommunion und Vergemeinschaftung sowie des Gebens und Wiedergebens auf der einen Seite, und Ritualen des »sacrifice« auf der anderen: Bei sacrifice-Ritualen (»sacrum facere«) handelt es sich um Rituale der Heiligung und damit der Ausgrenzung aus alltäglicher Arbeit und Kommunikation – was bei Gabe-Ritualen nicht der Fall sein muss. Catherine Bell schließt sich an dieser Stelle an die bereits über ein Jahrhundert alte Untersuchung von Henri Hubert und Marcel Mauss, »Sacrifice. Its Nature and Function«[90] an. Im Sacrifice findet eine Transformation statt. Die opfernde Gruppe bzw. die opfernden Individuen treten ebenso wie das zu

88 Wir werden im zweiten Teil dieser Untersuchung »Horizonte und Hintergründe« dieser Phänomene in theoretischen Diskursen zu »Gewalt« nachzeichnen: Die »Ordnung von Arbeit und Vernunft« braucht um ihrer eigenen Lebendigkeit und Existenz willen den begehbaren Kontakt mit dem »Fluss von Leben und Tod«, aus dem sie selbst durch Ausgrenzung einmal entstand (Bataille). Die Welt des Profanen braucht um ihres eigenen Lebens willen den temporären Kontakt mit dem ihr gegenüber Anderen, nämlich der Welt des Heiligen; und das Ritual, insbesondere das Opfer-Ritual, ermöglicht diesen Kontakt in einer agendarisch geregelten Hin- und Rückreise dorthin (Hubert/Mauss). Zwischen Agambens »Ausnahmezustand« und Victor Turners (in Anknüpfung an van Genneps) *ritualtheoretischem* Postulat einer *Antistruktur* als liminaler Phase rituell begangener Übergänge (Struktur – Antistruktur – neue Struktur) lässt sich eine weitere Resonanz erahnen. Sieht man genauer zu, nimmt Turners Ritualtheorie (wie auch weitere) in der *inhaltlichen* Füllung von »Antistruktur« wieder auf Reziprozität (und nicht nur auf das Dual Souveränität/Rechtlosigkeit) Bezug: »Communitas« und »Fluss« sind ambivalente Antistruktur-Füllungen und gegenüber der verbundenen wie der zerstörerischen Seite der Reziprozitätskommunikation offen (vgl. den August 1914: »Ich kenne nur noch Deutsche« und gleichzeitig Eröffnung eines Krieges gegen alles Andere = als feindlich Definierte).

89 Catherine Bell, Ritual Theory, Ritual Practice. Oxford University Press 1993.

90 Henri Hubert und Marcel Mauss, Essay over the Nature and Function of Sacrifice. 1964, London 1898.

opfernde Lebewesen bzw. der Gegenstand aus dem Bereich des Profanen in den Bereich des Heiligen hinüber; die beiden Bewegungen, in denen sich diese Transformation vollzieht, werden als »Consecration« und »Desecration« bezeichnet. Auf dem Höhepunkt dieses Weges, der Tötung bzw. Zerstörung des Opfers, kommt es zu einer Identifizierung, besser: zu einer Vereinigung von Opfernden, Opfer und Gottheit auf der einen Seite und zum Exorzismus des Bösen als des diese Einung verhindernden Elements auf der anderen.

Die »Reise ins Heilige«, die durch das Opfer inszeniert wird, vollzieht sich nach der Ritualanalyse von Hubert und Mauss in einer Folge von Stufen: a) Entrance als Überschreitung der Schwelle zwischen alltäglicher und sakraler Welt und Ausgrenzung des Opfers wie der Opfernden aus Alltagsbeziehungen; b) Sacralisation als Steigerung und rigider Durchsetzung der Unterscheidung der sakralisierten Lebewesen und Gegenstände von allem profanen Gebrauch; c) Killing als Tötung des Opfers. Hier liegt der Höhepunkt des Opfer-Rituals in seiner zweiseitigen Wirkung: Unio zwischen Opfernden, Opfer und Gottheit und – als Kehrseite – Exorzismus des Bösen; d) Desacralisation als schrittweise Lösung der Opfernden von dem Raum-Zeit-Kontinuum des Heiligen; und schließlich e) Exit als Überschreitung der Schwelle zum Profan-Alltäglichen in allen Feldern von Interaktion und Arbeit.

Hubert und Mauss haben dieser Analyse des Opferrituals, die sie unter starker Beachtung hinduistischer Traditionen entwickelt haben, über historische und über Unterschiede zwischen einzelnen Religionen hinweg universale Bedeutung zugesprochen. An dieser Stelle muss für die jüdische und christliche Erzähltradition Einspruch angemeldet werden. Er richtet sich nicht gegen die Wahrnehmung der Sacralisation des Opfers, also des rituellen Ausgrenzungsprozesses aus dem Bereich des Alltäglichen, wohl aber gegen die Behauptung, dass der Ritual-Höhepunkt im »killing« des Opfers bzw. der Zerstörung der gegebenen Sache liege. In der Hebräischen Bibel, dem christlichen Alten Testament ebenso wie im Neuen Testament geht es beim

Opfer – in der Beziehung zwischen Gott und Gottesvolk genauso wie zwischen den Menschen – nicht um Gewalt, sondern um Gottes Gabe und die Gegengabe von Menschen. In den Erzählungen von Jesu Leben, seiner Kreuzigung und der von seinen Freund/innen erfahrenen Auferstehung wird der Gewaltopfer-Mythos vom rettenden Tod des schuldigen Opfers vielmehr gerade anders erzählt, um-erzählt und verwandelt. Nicht die Tötung steht im Zentrum dieser Erzählung, sondern das Dabei-Sein und Dabei-Bleiben Gottes im tiefsten Schrecken, das die Hingabe des eigenen Lebens ebenso einschließt wie die Feier des Lebens und die Heilung von Menschen, deren Lebensmöglichkeit genommen wird. Zugleich wird auch die zerstörerische Seite der Gabenreziprozität in dieser Erzählung auf neue Weise erzählt und so verwandelt: Jesu Präsenz, Dabei-Sein bei seinen Menschen und seine Lebenshingabe befreien nach den Opfer-Reflexionen in neutestamentlichen Texten Menschen von der Verpflichtung, dieses Geschenk »wieder gutzumachen«.

Diese Beziehung findet im Abendmahl ihre rituelle Entsprechung. Wenn die Kommunizierenden in der symbolischen Sprache der traditionellen Spendeformel »Leib« und »Blut« Christi und, wie es im »Agnus Dei« gesungen wird, Erbarmen und Frieden Gottes empfangen, dann sind nicht Zerstückelung und Verzehr des getöteten Körpers Jesu Christi intendiert.[91] Die Inklusion in den Leib Christi, die hier erinnert, gefeiert und begangen wird, meint vielmehr: Gottes Identifikation mit dem Gekreuzigten und somit Gottes Da-Sein auch in der Situation zerstörerischen Schreckens und schrecklicher Zerstörung bewirkt die Umwandlung der Zerstörung in die Hingabe des Lebens, eröffnet so neues Leben, und in dieses neue Leben werden die Kommunizierenden im gemeinsamen Mahl aufgenommen. Wie diese Verheißung im Sprechakt der Predigt mitgeteilt wird,

91 Die Frage, inwieweit das Abendmahl überhaupt als Opfer verstanden werden kann, ist immer wieder diskutiert worden. Diese Diskussion soll hier nicht dargestellt, aber durchaus gezeigt werden, dass auch die Inanspruchnahme der Opfer-Metaphorik für das Abendmahl nur über »Gabe« und nicht über »Gewalt« möglich ist.

so wird sie im Abendmahl körperlich-leiblich erfahren: »ich bin gemeint«.[92]
Unter der Perspektive von »Gewaltunterbrechung« versus »Gewaltfaszination« muss beachtet werden: Rituale und ritualähnliche Inszenierungen können zerstörerische Gewaltkrisen auch verstärken. Der Übergang von Gewaltopfer-Ritualen zum offenen Pogrom kann fließend sein (vgl. am 9. November 1938 den Übergang von der »Totenfeier«, der Nazi-Gedenkfeier für die »Märtyrer« der »Bewegung«[93] zum Massaker an Jüdinnen und Juden und zur Zerstörung von Synagogen und jüdischen Geschäften). Dabei können Rituale über die Verbindung von in ihnen begangenen Symbolen und Erzählungen zerstörerisch wirken, aber auch durch ihre rituelle Gestalt selber.[94]
Wir fragen dagegen nach der Möglichkeit einer Gewalt unterbrechenden Wirkung von Ritualen. Die entscheidende Frage ist, welche Erzählungen in ihnen »begangen« werden, aber auch, wie wahrnehmungsoffen – füreinander, für die umgebende gesellschaftliche Lebenswelt und ihre Konflikte, für Gottes Präsenz selber – Rituale gefeiert werden. Gottesdienste können in Gebeten und Liedern, Bekenntnissen, Predigten, im gemeinsamen Mahl und im Segen diese Wirkung haben: Unterbrechung von Gewalt von einmaligen oder sporadischen Aufbrüchen »im Augenblick« in die Dauer der Zeit zu übersetzen, sie zu stabilisieren und gegebenenfalls in Krisensituationen hervorzurufen. Diese Wirkung können Rituale religiöser Verbun-

---

92 Das Abendmahl hat schon auf der Ebene neutestamentlicher Texte vielfache Auslegungsmöglichkeiten erfahren, die nebeneinanderstehen und sich wechselseitig beleuchten, allerdings darin übereinstimmen, dass nicht die Tötung, sondern die Gabe und Lebenshingabe das Zentrum der Communio darstellt. Vgl. Judith Hartenstein/ Silke Petersen/Angela Standhartinger (Hrsg.): »Eine gewöhnliche und harmlose Speise«? Von den Entwicklungen frühchristlicher Abendmahlstraditionen, Gütersloh 2008; sowie: Andrea Bieler und Luise Schottroff, Das Abendmahl. Essen, um zu leben, Gütersloh 2007.

93 Klaus Vondung, Magie und Manipulation. Ideologischer Kult und politische Religion des Nationalsozialismus. Göttingen 1971, 37f.

94 In diesem Zusammenhang ist beispielsweise an Victor Turners Unterscheidung von »spontaner« zu »ideologischer Communitas« zu erinnern. Diese Entwicklungsrichtung lässt sich immer wieder in religiösen, aber auch sozialen, politischen und kulturellen Aufbruchsbewegungen zeigen.

denheit wie der christliche Gottesdienst[95] – mit seinen Zentren in der Verheißungspredigt und im Abendmahl – , aber auch die Rituale der anderen Religionen haben. Sie eröffnen und stabilisieren Potenziale der Transformation von Gewaltfaszination in Verbundenheit: Wenn es in ihrer Inszenierung gelingt, die Eigensinnigkeit der Erzählbewegung der »Heiligen Schrift«, also der unaustauschbar verbindlichen religiösen Grundschriften auf der einen Seite mit den Lebensgefühlen, den Konflikten und insbesondere den gefährdenden Krisen der lebensweltlichen und gesellschaftlichen Wirklichkeiten von Menschen auf der anderen Seite in Kontakt zu bringen, so dass Gewaltfaszination entmächtigt, Vertrauen und Dankbarkeit auf die vorgängige Gabe Gottes gefeiert und gelebt und Wege zu sozialer Verbundenheit insbesondere mit den Gewaltopfern eröffnet werden können.

Solche Rituale und performances stellen in ihrer Erzählung und in ihren gestischen Inszenierungen Transformation von zerstörerischer Reziprozität in solidarische Reziprozität dar. Sie geben Raum, diese Umkehr zu feiern und, ausgehend vom liturgischen Raum, auch im Alltag diese Bewegungsrichtung zu unterstützen: in sozialem Engagement, in der Veränderungsperspektive von sozialen Lebenswelten. Neben den gestischen und sprachlichen Schritten der Rituale sind ihre symbolischen Kontexte für ihre Chance, Gewalt unterbrechend zu wirken, ebenfalls zentral wichtig: beispielsweise Kirchräume, die als »soziales« und »kulturelles Kapital«[96] einer Lebenswelt wirken können.

Wichtige Anstöße kommen hier von der »Arbeitsstelle Kirche und Stadt« am Fachbereich Evangelische Theologie der Universität Hamburg. Wolfgang Grünberg und seine Mitarbeiter/in-

95 Auch in praktisch-theologischen Debatten zur Liturgie des Gottesdienstes sind Analysen aus der neuen Phänomenologie und aus der Semiotik aufgenommen worden. Die Rezeption der Raum- und Zeit-Diskussion um die »neue Phänomenologie« (Hermann Schmitz, Bernhard Waldenfels) für die praktisch-theologische Debatte ist vor allem von Manfred Josuttis angestoßen worden, die semiotischen Ansätze z.B. durch Rainer Volp, Karl-Heinrich Bieritz und Wilfried Engemann.

96 Vgl. Pierre Bourdieu, Zur Soziologie der symbolischen Formen. Hrsg. von Hans Blumenberg, Jürgen Habermas. Frankfurt/M. 1970.

nen haben in verschiedenen empirischen Untersuchungen und mit Hilfe von theologischen und sozialwissenschaftlichen, architektur- und kunsthistorischen, philosophischen u.a.m. Theoriebeständen Untersuchungen zum symbolischen Kapital von Kirchenräumen veröffentlicht. Hier sind wichtige Einsichten zur Wirkung von Raum-Gestalten zu gewinnen: beispielsweise in Konflikten in Kirchengemeinden und Stadtteilen um Erhaltung bzw. Schließung von Kirchengebäuden, oder in einer umfassenden Untersuchung zum symbolischen Kapital von Backsteingotik-Kirchbauten im Ostseeraum über historische Phasen zerstörerischer Gewalt, aber auch über Phasen gesellschaftlicher Transformation und Neugewinn von Lebensmöglichkeiten. Wolfgang Grünberg und seine Mitarbeiter/innen haben deutlich machen können, wie wichtig kirchliche Räume sind: für das Gesicht einer Stadt und eines Dorfes, für die Möglichkeit, sich hier zu Hause zu fühlen, auch Kraft zu gewinnen, zerstörerischer Gewalt zu widerstehen und gegen Krieg und Zerstörung für die Eröffnung neuer Lebensmöglichkeiten zu arbeiten.[97]

Für die Dynamik von Gewaltkrisen ist mit Blick auf die Wahrnehmung des Raumes insbesondere die Rigidisierung von Innen-Außen-Differenzierungen (durch Symbole, Rituale und Erzählungen, architektonische Inszenierungen, massenmediale Kampagnen usw.) bedeutsam. In der Fluchtlinie von Gewalt-Eskalationen werden nach innen möglichst alle Differenzen und Konflikte verleugnet bzw. oft mit rigiden Mitteln harmonisiert. Der Innen-Raum wird – mit allen hier lebenden Menschen, mit kulturellen und religiösen Traditionen, sozialen und ökonomischen Ungleichheiten usw. – entdifferenziert. Unterschiede werden tabuisiert. Der Innen-Raum wird – in einer Polarisierung von »gut« und »böse« – als »gut« klassifiziert; und diese Zuschreibung wird wiederum durch Symbole, Rituale, Erzählungen inszeniert und durch Massenmedien verstärkt. Dagegen

97 Vgl. z.B.: Wolfgang Grünberg, Die Sprache der Stadt. Skizzen zur Großstadtkirche, Leipzig 2004; Wolfgang Grünberg unter Mitarbeit von Alexander Höner, »Wie roter Bernstein« …, Leipzig 2008; Tobias Woydack, Der räumliche Gott. Was sind Kirchengebäude theologisch? Hamburg 2005.

gilt nach außen alles, was jenseits der Innen-Außen-Grenzen ist, als »böse«. Dies trifft im Binnenbereich auch die Menschengruppen, die sich der rigiden Entdifferenzierung/Harmonisierung entziehen oder widersetzen: solche Gruppen werden selber dem »bösen Außen« zugerechnet. Auch der Außen-Raum wird entdifferenziert: Unterschiede in Interessen, sozialer Lage, Kultur, Religion usw. werden missachtet oder geleugnet. Als »das Böse« ist alles, was »draußen« ist, nicht nur anders, sondern feindlich. Es wird als Objekt von Gewalthandeln gesetzt, wobei Standards von Respekt, Wertschätzung, Rechtsordnung usw., die im Innen-Bereich wie immer rudimentär noch gelten, hier vollständig außer Kraft gesetzt werden. In der Begrifflichkeit von Reziprozitätstheorien formuliert: nach innen gelten Zuschreibungen und Annahmen von Gabenreziprozität (»Gemeinschaft« usw.), nach außen die Mechanismen der Gewaltreziprozität.
Mit Blick auf die rituelle Inszenierung von Räumen fordert »Gewaltunterbrechung durch religiöse Verbundenheit« auf der einen Seite die Verstärkung von verbindenden Raum-Inszenierungen (das »symbolische Kapital« von Kirchenräumen, Schutz und Re-Inszenierung des »Gesichts« von Städten, Quartieren und Lebens-Orten usw.) und zugleich die Ermäßigung und Umwertung von Innen-Außen-Grenzen. Das »Andere« wird nicht als feindlich, sondern in seiner Fremdheit auch als Herausforderung für eigene Gestaltfindung angesehen. Das Fremde wird in seiner Faszination wahrnehmbar und in seiner Eigenheit geachtet. Die Raum-Erfahrung wird von Enge (»Volk ohne Raum«) auf »Weite« (»Du stellst meine Füße auf weiten Raum«, Psalm 31,9), von »Knappheit« auf »Fülle«, von Gier und Akkumulationsorientierung auf Dankbarkeit umgestellt.

2. Die Synthese der Zeit im Gottesdienst

Diese Veränderung der Raum-Erfahrung im Ritual hat Konsequenzen für die Wahrnehmung von Zeit. Im Gottesdienst wird, im Ereignis der Gegenwart Gottes, die Fülle der Zeit gefeiert

und damit die »Synthese der Zeit«, in der im gefüllten Augenblick Vergangenheit und Zukunft aufgehoben sind.
Alltäglich wirksame Wahrnehmungen, Geltungen und Inszenierungen von Zeit, die durch Knappheit, Enge, Mangel usw. bestimmt sind, können Gewaltorientierung und -bereitschaft verstärken. Shareholder-orientierte Akkumulationsstrategien beispielsweise sind in ihren Erfolgsaussichten von einer Bewirtschaftung knapper Zeit bestimmt, die keinen Raum für Empathie gegenüber Zeit-Rhythmen lässt, die stärker figural und körperorientiert sind und dies auch unter den Bedingungen der Moderne bleiben. Lieben und Trauern, Krank-Sein und Gesund-Werden, Beziehungen gestalten, Kinder erziehen, Alte pflegen: all dies »hat seine Zeit« (so die Worte des alttestamentlichen Prediger-Buches, Kohelet 3) und wird zerstört, wenn knappe, gegenüber konkreten Lebensvollzügen abstrakte Zeitvorstellungen durchgesetzt werden sollen.
Ein anderes Beispiel für zerstörerische Verengung und Verknappung von Zeit in alltäglichen Interaktionen sind Gewalt-Spiele im Straßenverkehr, in denen »Raser« bereit sind, um des Gewinns von Zehntelsekunden eigenes und fremdes Leben zu nehmen.[98]
Die Feier der Fülle der Zeit im gottesdienstlichen Ritual steht gegen ein spätmodern-apokalyptisch zugerichtetes Zeitverständnis in manchen Denominationen des gegenwärtigen globalen Christentums. In protestantisch-fundamentalistischen Gruppen, die gegenwärtig im »bible belt« der USA stark verbreitet sind und in der Phase der Bush-Administration großen Einfluss auf die Zentralregierung gewinnen konnten, lässt sich die Verbindung von radikal verknappter Zeit und Gewaltfaszination als Charakteristikum eines spezifischen apokalyptischen Lebensgefühls erkennen. Ernest R. Sandeen hat bereits vor einer Generation mit seinem Buch *The Roots of Fundamentalism* zeigen können, dass der amerikanische christliche Fundamentalismus nur angemessen verstanden werden kann, wenn man ihn als Ausprägung eines spezifischen Endzeitdenkens, des so

98 Vgl. Peter Jörns, Krieg auf unseren Straßen. Das Menschenopfer der automobilen Gesellschaft. Gütersloh 1992.

genannten Prämillenarismus versteht.[99] Danach vollzieht sich die Errichtung des tausendjährigen Reiches (so einer der frühen Vertreter dieser Glaubensrichtung, John Nelson Darby 1800-1880) in einer Folge von katastrophischen Ereignissen, z.B. Naturkatastrophen und Kriegen, und göttlichen Interventionen.[100] Am Ende einer Phase apokalyptischer Schrecken werde, so diese Vorstellung, die Parusie Jesu Christi und danach die Errichtung des 1000-jährigen Reiches eintreten. Für die Popularisierung und massenhafte Verbreitung solcher Vorstellungen hat die Lehre des Erweckungspredigers Dwight L. Moody vom so genannten »Dispensationalismus« gewirkt, die in den USA gegenwärtig durch populärkulturell massenwirksame »left-behind«-Romane und Filme auch über die fundamentalistischen Zirkel hinaus unübersehbaren Einfluss auf Lebensgefühle und Weltverhältnisse zahlloser Menschen findet. Nach dem »Dispensationalismus« vollzieht sich die Weltgeschichte in sieben Dispensationen (Bünden Gottes mit den Menschen) von der Schöpfung der Welt bis zur Schaffung eines neuen Himmels und einer neuen Erde. Die gegenwärtige Epoche der Kirche, die sich bis zur Parusie Christi und den Anbruch des Millenniums erstreckt, ist schon durch den immer wiederkehrenden Einbruch der kommenden Phase beeinflusst. Die Wiederkehr Christi selber ereignet sich in zwei Phasen; die erste Phase beginnt mit der Entrückung der wiedergeborenen wahren Gläubigen. Diese glauben, fundamentalistische Christen bereits jetzt zu erleben. In vielen Romanen wird von solchen Entrückungen erzählt. Kennzeichnend für diese Weltauffassung ist auch, dass Naturkatastrophen – z.B. in der Folge des Klimawandels – und massenhafte Kriege als Zeichen des kommenden Endes begrüßt werden.

99 E. R. Sandeen, The Roots of Fundamentalism. British and American Millenarism 1800-1930, Chicago 1970

100 Ich verdanke diese Informationen Erhard Kamphausen, Judentum und Islam im Endzeitdenken des fundamentalistischen Protestantismus und der pentekostalen Bewegung nordamerikanischen Ursprungs, Hektogr. Text, zit. nach Birgit Kuhlmann u.a. Hrsg., Fundamentalismus im Urchristentum, Unterrichtsmaterial, pti Hamburg o.J. (2007).

Hier handelt es sich um eine Verkehrung, ja, man muss sagen: um eine Perversion eines eschatologischen Verständnisses von »Zeit« im Gegenüber von Augenblickserfahrung und hoffnungsvoller Erwartung des Kommens Gottes, wie er im christlichen Gottesdienst bereits durch die Eröffnung herbeigerufen wird: »Unsere Hilfe steht im Namen des Herrn, der Himmel und Erde gemacht hat und der nicht fahren lässt das Werk seiner Hände.« Dieses Zeitverständnis geht mit Lebensgefühlen und Erfahrungen von Fülle zusammen. Dass wir aus dieser Fülle leben dürfen, auch im Hinblick auf die uns von Gott geschenkte Zeit, feiern Christen in liturgisch-gottesdienstlichen Inszenierungen. In Kontakt und Dialog mit Vertreter/innen anderer Religionen können entsprechende Lebensgefühle angestoßen und verstärkt, aber auch wahrgenommen und empfangen werden. Das Lebensgefühl des Vertrauens, der Dankbarkeit und der Hoffnung wird durch das Ritual, durch das »Fest des Lebens« bewahrt und verstärkt und kann Menschen, die in Verbundenheit zu diesen Gestalten von Religion leben, eine Gegen-Erfahrung von Zeit eröffnen. Hier können Knappheitszwänge alltäglicher Zeit-Zumutungen in lebensförderlicher Weise entmächtigt werden. Vor allem kann dem Gewalt fördernden und drängenden Lebensgefühl von knapper Zeit, das mit fundamentalistisch-apokalyptischen Orientierungen gegeben ist, eine lebensförderliche alternative Zeit-Orientierung entgegengesetzt werden.

Christliche Gottesdienste werden im Namen des Gottes gefeiert, der Himmel und Erde gemacht hat und nicht fahren lässt das Werk seiner Hände, der von Ewigkeit zu Ewigkeit da ist und seinen Menschen und Geschöpfen Treue hält. Im Raum einer biblischen Eschatologie kann die drängende, von Knappheit und Enge bestimmte Zeitwahrnehmung um-erzählt, ja umgewandelt werden.

In apokalyptischen Texten in der Bibel finden sich mit der Rede vom Tag JHWHs immer wieder Schreckensvisionen von Untergangsszenarien (in der Hebräischen Bibel, im Alten Testament beispielsweise Amos 7ff., im Neuen Testament Markus 13), aber auch heilvolle Vorstellungen: so beispielsweise die, dass JHWH in einem neuen Bund mit seinem Volk die Tora in das Herz und in den Sinn schreiben wird: »und sie sollen mein Volk sein, und ich will ihr Gott sein« (Jeremia 31,31ff.). Es finden sich ausführlich erzählte Heilsansagen, beispielsweise im Buch des Propheten Jesaja: » … Da werden sie ihre Schwerter zu Pflugscharen und ihre Spieße zu Sicheln machen. Denn es wird kein Volk wider das andere das Schwert erheben, und sie werden hinfort nicht mehr lernen, Krieg zu führen …« (Jesaja 2,4) »Und es wird ein Reis hervorgehen aus dem Stamm Isais und ein Zweig aus seiner Wurzel Frucht bringen. … Gerechtigkeit wird der Gurt seiner Lenden sein und Treue der Gurt seiner Hüften. Da werden die Wölfe bei den Lämmern wohnen und die Panter bei den Böcken lagern. Ein kleiner Knabe wird Kälber und junge Löwen und Mastvieh miteinander treiben. Kühe und Bären werden zusammen weiden, dass ihre Jungen beieinanderliegen, und Löwen werden Stroh fressen wie die Rinder. Und ein Säugling wird spielen am Loch der Otter, und ein entwöhntes Kind wird seine Hand stecken in die Höhle der Natter. Man wird nirgends Sünde tun noch Frevel auf meinem ganzen heiligen Berge; denn das Land wird voll Erkenntnis JHWHs sein, wie Wasser das Meer bedeckt.« (Jesaja 11,1-9) »Und JHWH Zebaoth wird auf diesem Berge allen Völkern ein fettes Mahl machen, ein Mahl von reinem Wein, von Fett, von Mark, von Wein, darin keine Hefe ist. Und er wird auf diesem Berge die Hülle wegnehmen, mit der alle Völker verhüllt sind, und die Decke, mit der alle Völker zugedeckt sind. Er wird den Tod verschlingen auf ewig. Und Gott JHWH wird die Tränen von allen Angesichtern abwischen und wird aufheben die Schmach seines Volkes in allen Landen; denn JHWH hat‹s gesagt.« (Jesaja 25,6-8)

In der kommenden Welt Gottes, die in diesem und in anderen prophetischen Texten angekündigt wird, wird eine Welt imaginiert, in der all das nicht mehr existiert, woran Lebewesen vor allem leiden. Es wird keine Ungerechtigkeit, keine Herrschaft unter Menschen und keine Gewalt mehr geben, und zwar über die gesellschaftliche Lebenswelt der Menschen hinaus auch in der natürlichen Lebensumwelt nicht, beispielsweise zwischen

Raubtieren und Haustieren. Gott wird ein großes Festessen bereiten – Elend und Hunger werden nicht mehr sein.
Die kommende Welt Gottes wird in den zitierten Passagen des Jesaja-Buches, aber auch in weiteren biblischen Büchern in dichten Metaphern erzählt. Im Fehlen von Herrschaft, Ungerechtigkeit sowie Konkurrenz und Gewalt, in der Rückkehr zum vegetarischen Leben und zum Frieden zwischen allen Lebewesen, auch in der Aufhebung allen Leids (»und Gott wird abwischen alle Tränen von ihren Augen«, Offenbarung 21,4) werden Erzählzüge aus der Paradieserzählung des ersten Mosebuches angespielt: Hoffnung und Erinnerung fallen in der gefüllten Zeit des gottesdienstlichen Rituals in eins, die »Synthese der Zeit« wird als Wahrnehmungshorizont geöffnet.
Ja: Die Verheißung, dass der Tod seine Gewalt verlieren werde, realisiert einen Erzählzug der Paradiesgeschichte, die hier mit der Selbstmächtigkeit der Menschen assoziiert wird (»und der Herr sprach: siehe, der Mensch ist geworden wie unsereiner und weiß, was gut und böse ist. Nun aber, dass er nur nicht ausstrecke seine Hand und breche auch von dem Baum des Lebens und esse und lebe ewiglich!«, 1 Mose 3,22) und mit ihrer Vertreibung tragisch endet. Sie wird jetzt durch das Handeln Gottes erfüllt: es wird keinen Tod mehr geben.
Die Predigt des Jesus von Nazareth kann in der Ansage zusammengefasst werden, dass das Kommen des Reiches Gottes unmittelbar bevorsteht: »Und (Jesus) sprach: Die Zeit ist erfüllt, und das Reich Gottes ist herbeigekommen. Tut Buße und glaubt an das Evangelium.« (Markus 1,15). Jesus nimmt die zentralen Züge aus den Verheißungen der »Schriften« auf, elementarisiert sie und macht sie hier und jetzt präsent. Er wird als Rabbi unter seinen jüdischen Zeitgenoss/innen wahrgenommen, der mit »Kraft« und »Vollmacht« redet und sich darin von den anderen Lehrern der Schriften unterscheidet. In seiner gesamten Verkündigung (z.B. die Seligpreisung der Armen und Zerschlagenen, die Mitteilung der Sündenvergebung) – in der Ansage, dass die Trennung zwischen Gott und den Menschen überwunden ist –, in den Heilungen von unheilbar Kranken, in den ge-

meinsamen Mahlzeiten mit sozial und religiös Deklassierten Menschen macht Jesus lebenspraktisch deutlich und für die Menschen, die sich ihm anschließen, hier und jetzt erfahrbar, was das Kommen der neuen Welt Gottes für das Leben bedeutet. Die Seligpreisungen der Bergpredigt des Jesus von Nazareth verheißen genau denen die Nähe und Freundschaft, die ungebrochene Beziehung zu Gott (und damit eine Weise des »paradiesischen« Verkehrs mit Gott nach der Paradieserzählung), die unter den Normalbedingungen der sozialen, ökonomischen und politischen Verteilung von Macht, Reichtum, Ansehen usw. keine Chance haben – und die sich gegen zerstörerische Verhältnisse für mehr Gerechtigkeit einsetzen, allerdings in der Haltung der Barmherzigkeit (Matthäus 5,3-10). Zugleich entscheidet sich das Vertrauen auf Gottes Zusage an die Elenden – und damit die Nähe zu Jesus, in dessen Leben die kommende Welt Gottes schon da ist, und somit die Zugehörigkeit zu dieser kommenden Welt – genau in der Frage: Wie wird den Menschen alltäglich-lebenspraktisch begegnet, wie zeigt sich das Vertrauen auf die Gottesbeziehung im konkreten Verhalten gegenüber denen, die nach den alltäglich-real geltenden ökonomischen, sozialen und politischen Verteilungsmechanismen von Macht, Ansehen und Reichtum leer ausgehen: gegenüber den Hungrigen, Durstigen, Fremden, Nackten, Kranken, Gefangenen (Matthäus 25,31-40).

Wir vertreten die Auffassung, dass in den Erzählungen von der kommenden Welt in der ganzen Bibel die heilsamen Vorstellungen gegenüber den zerstörerischen Vorstellungen überwiegen und dass sich immer wieder eine Erzählbewegung feststellen lässt, die als Um-Erzählung, Umwandlung vom Zerstörerischen zum Heilsamen wahrgenommen werden kann.

In Verkündigung und Leben des Jesus von Nazareth konzentriert sich diese Bewegung in den »Schriften« in einer präsentischen Eschatologie, beispielsweise in Matthäus 6,19-34: Sorgt nicht um euer Leben. Lasst euch nicht von Existenzängsten dirigieren. Lasst nicht zu, dass die Frage danach, wie es jetzt weitergehen soll, eure Herzen und Sinne besetzt. Das Leben ist mehr. Gott, euer Vater und eure Mutter im Himmel, weiß, was ihr braucht. Er wird euch das geben. Und vor allem: Er schenkt euch sein Reich. Eine neue Beziehung zwischen Gott und den Menschen und allen Kreaturen, in der Frieden und Gerechtigkeit einander küssen. Sorgt nicht um euer Leben, lasst euer Leben los und vor allem die angestrengte Sicherung eures Lebens, so werdet ihr das Leben gewinnen.

Offenheit gegenüber der Fülle der Zeit in der Hoffnung auf das Kommen Gottes ist der in mancher Hinsicht unproblematischere Aspekt der »Synthese der Zeiten«, die im Gottesdienst eröffnet wird. Die Heilung der Vergangenheit ist schwerer, gerade wenn sie in Gewalt-Kontexten mit zerstörerischen Traumatisierungen vor allem bei den Opfern, aber in anderer Weise auch bei den Tätern von Gewalt verbunden ist. Wie kann »Versöhnung« ermöglicht werden?[101] Paul Ricoeur hat in seinen Reflexionen zum »Rätsel der Vergangenheit«[102] über die Zeit-Gestalt von Schuld nachgedacht. Wie die Haltung der Sorge Menschen auf zerstörerische Weise an die Zukunft bindet, so die Schuld an die Vergangenheit. Auch Schulden, die in ökonomischen Transaktionen gemacht werden, binden an Vergangenheit; Schuld jedoch, gerade wenn sie aus Gewalthandeln erwächst, in anderer und noch verstrickenderer Weise. Schulden müssen und können vom Schuldner zurückgezahlt und so »wieder gutgemacht« werden. Dies ist bei Schuld unmöglich. Denn Schuld ist eine Beziehung, die von der Position des Schuldners aus prinzipiell nicht gelöst und nicht »wieder gut«-gemacht werden kann, weil Verzeihen niemals Sache des Täters sein kann. Wenn Verzeihen überhaupt möglich ist, dann nur aus der Position des Opfers. »Die Schuld ist die Last, welche die Vergangenheit der

101 Hier liegt ein zentrales Thema auch in der gegenwärtigen »Dekade zur Überwindung von Gewalt« des ÖRK. Vgl. z.B. Geiko Müller-Fahrenholz, Vergebung macht frei. Vorschläge für eine Theologie der Versöhnung. Frankfurt a.M. 1996.

102 Paul Ricoeur, Das Rätsel der Vergangenheit. Erinnern – Vergessen – Verzeihen. Göttingen (1998), 3. Aufl. 2002, 56. Vgl. hier aus: Hans-Martin Gutmann, Die Kälte des gesellschaftlichen Lebens, der unmögliche Tausch und die Verpflichtung der Schuld. Ein nicht geführtes Gespräch zwischen Theologie, Philosophie und populärer Kultur. In: Jürgen Ebach u.a. (Hrsg.), »Wie? Auch wir vergeben unseren Schuldigern?« Mit Schuld leben. Jabboq Band 5, Gütersloh 2004, 231-255.

Zukunft aufbürdet.«[103] Menschen, die schuldig geworden sind, können sich von dieser Bindung an die Vergangenheit und damit von dieser Verpflichtung, sich zu erinnern, von sich selbst aus niemals befreien. Schuld ist durch Austausch nicht zu lösen. Weder durch Warentausch, indem erfahrenes Leid durch Geld aufgewogen werden soll, noch durch den Austausch von Gaben, indem die Verpflichtungen des Gebens, Annehmens und Wiedergebens agiert werden. Schuld ist die Beziehung, an der die Wirksamkeit des symbolischen Austausches von Gaben versagt. In Schuldbeziehungen helfen keine »Wiedergutmachungszahlungen«. Dies ist im Nachkriegsdeutschland nach und nach erst zum Bewusstsein der Täter gewachsen: Die Shoah schafft eine Bindung an Vergangenheit, zugleich eine bleibende Beziehung zum jüdischen Volk. Schuld schafft Bindung an Vergangenheit, sie könnte von Seiten der Täter aus niemals verziehen und so aus ihrer Fixierung auf Vergangenheit gelöst werden.

Mit Blick auf den symbolischen Austausch von Gaben gibt es eine solche Möglichkeit einer gewissermaßen ekstatischen, jede Ordnung durchbrechenden Befreiung von Verpflichtung durch eine generöse Gabe, die reines Geschenk ist: Gnade, von jeder Gegengabe-Verpflichtung frei.[104] In der Schuld-Beziehung aber könnte Generosität des Schuldners keine Lösung bieten. Und Generosität kann von den Opfern keinesfalls erwartet und als Zumutung zugeschoben werden, erst recht nicht von Seiten der Täter.

Vergebung kann, wenn überhaupt, von denen gegeben werden, denen Gewalt angetan wurde. Hier kann die Raum-Zeit des Gottesdienstes in der symbolischen Ordnung des Rituals eine vor-läufige Chance eröffnen, auch dort und dann, wenn in

103 Paul Ricoeur, ebd.

104 Vgl. den »Disput« zwischen Bernd Waldenfels und Jacques Derrida. Bernd Waldensfels in: Das Un-Ding der Gabe. In: ders. u.a. (Hrsg.), Einsätze des Denkens. Zur Philosophie von Jacques Derrida. Frankfurt a.M. 1997, 385-409. Vgl. auch: Magdalene Frettlöh, Der Charme der gerechten Gabe. Motive einer Theologie und Ethik der Gabe am Beispiel der paulinischen Kollekte für Jerusalem. In: Jürgen Ebach u.a. (Hrsg.), »Leget Anmut in das Geben.« Zum Verhältnis von Ökonomie und Theologie. Jabboq Band 1, Gütersloh 2001, 105-161.

der realen politischen Kommunikation ein solcher Schritt noch nicht denkbar ist. Vergebung von Schuld wird hier, vor jedem nur möglichen Austausch zwischen Menschen, von Gott erbeten und von Gott zugesagt. In jeder »offenen Schuld« zu Beginn der gottesdienstlichen Liturgie, in jedem Kyrie-Ruf um das Erbarmen Gottes wird erbeten, ersehnt und erhofft, was in der real-alltäglichen Kommunikation – noch – unmöglich ist. Der Pfarrer und Mitglied der Bekennenden Kirche in Deutschlands dunkler Zeit, Ernst Bizer, hat 1942 hier das Zentrum der Predigt des Evangeliums eingefordert: »D.h., die Predigt muss irgendwo übergehen in einen Satz wie diesen: ›Ich vergebe euch heute im Namen Jesu Christi, des Gekreuzigten und Auferstandenen alle Sünde; und euch geschieht, wie ihr glaubt‹«.[105]
Es besteht ein hohes Risiko, dass die im Gottesdienst von Gott erbetene und im Namen Gottes zugesagte Vergebung angesichts des Leidens der Opfer und der Radikalität der Schuld die Beziehungsmöglichkeiten jenseits der liturgischen Wirklichkeit (noch) nicht erreichen kann. Was im Angesicht der Hoffnung auf das Kommen Gottes in der Hier-und-Jetzt-Zeit und im umfriedeten Raum der gottesdienstlichen Liturgie schon jetzt erbetene, erhoffte, verheißene und auch zugesprochene Versöhnung ist, könnte in den sozialen und politischen Alltagsbedingungen zur »billigen Versöhnung«, zur Vertröstung verkommen, die an der Realität des Leidens der Opfer von Gewalt vorbeigeht. Nicht nur hohe Kompetenz und Verantwortlichkeit in den liturgischen Inszenierungen ist not-wendig, sondern auch eine Resonanz zwischen der Wirklichkeit der Verheißung und den ethischen Perspektiven des Alltagshandelns.

3. Die Beziehung auf ein gemeinsames Drittes als Ermöglichung veränderten Handelns

Im 2. Buch Mose findet sich im Textkörper des Bundesbuches und damit einer sehr frühen Passage der Tora ein Gebot, das in diesem Zusammenhang bemerkenswert ist. »Wenn du den

105 Ernst Bizer, Erwägungen zur Predigt, ThBl 21, 1942, Sp. 217.

Esel deines Widersachers unter seiner Last liegen siehst, so lass ihn ja nicht im Stich, sondern hilf ihm zusammen mit dem Tier auf.« (2 Mose 23,5)[106] Es ist das Leiden der Mitkreatur, das Kooperation auch zwischen Feinden herausfordert. Es ist der spezifische Augenblick der Herausforderung durch das Antlitz des leidenden Mit-Lebenden, der die Transformation einer durch Feindschaft und latente oder offene Gewalt bestimmten Beziehung zwischen Feinden hin zu einer gemeinsamen Handlungsperspektive herausfordert. Die Verpflichtung, das Leiden der Mit-Kreatur zu beenden, eröffnet auch eine Möglichkeit, aus der Feindschaft zum Anderen einen Ausweg zu finden. Das Gebot der Feindesliebe fordert Unterbrechung der zerstörerischen Gewaltreziprozität auf eine Weise, dass nicht zuerst an die gebildete Subjektivität des ethisch engagierten Individuums appelliert wird. Die Möglichkeiten eines neuen, anderen, weniger zerstörerischen Handelns wird vielmehr in der Achtung vor dem Gesicht, dem Antlitz, auch den mir gegenüber fremden und möglicherweise feindlichen Lebensinteressen eines Anderen in seiner radikalsten Gestalt gesehen: nämlich der des Feindes.

Verändertes Handeln und eine neue Gesellschaftlichkeit wird ohne Verleugnung, ja gerade im Angesicht faktischer ethischer Inkompetenz der angesprochenen menschlichen Subjekte zugesagt und eingefordert. Dieses Charakteristikum findet sich in biblischen Texten immer wieder, bis hin zur Verheißung der Rechtfertigung des Sünders (z.B. Markus 2,1-12; Römer 3). Verheißung und Forderung artikulieren immer neu die Verpflichtung gegenüber den Armen, den Fremden, den Opfern von Ausbeutung, zerstörerischer Herrschaft und Gewalt (vgl. die Verbote des Zinsnehmens 2 Mose 22,24 u.ö. und der Pfandleihe 2 Mose 22,25f. u.ö.). Solche Gebote, die zerstörerische Reziprozität unterbrechen, setzen auf und leben zugleich aus der mimetischen Kraft der Gabe, der Wertschätzung und des verbin-

106 Ich verdanke diesen Hinweis Jürgen Ebach. Vgl. auch: M.Millard, Ist das Gebot der Feindesliebe ein spezifisch christliches Gebot? In: Frank Crüsemann u.a.(Hrsg.), Ich glaube an den Gott Israels. Fragen und Antworten zu einem Thema, das im christlichen Glaubensbekenntnis fehlt. Gütersloh 1998, 128-131.

denden solidarischen Handelns. Jesu Gewaltverzichtsforderung gibt ein Modell, das in der Alternative zu Gewalthandeln nachgeahmt werden kann.[107] In der Fassung von Matthäus 5,38-42: »Ihr habt gehört, dass gesagt wurde: Auge um Auge und Zahn um Zahn! Ich aber sage euch: leistet dem Bösen keinen Widerstand! Sondern wer dich auf die rechte Backe schlägt, dann biete auch die andere! Und dem, der mit dir prozessieren und dein Untergewand nehmen will, dem lass auch den Mantel!«
Tim Schramm interpretiert diese Passage: Gemeint ist nicht, das Böse einfach zu ertragen oder ihm mit Gewalt zu antworten, sondern einen Weg jenseits von Kampf und Flucht zu finden[108]. Sieht man die Szenen genauer an, die Jesus vor Augen hat, wird eine Strategie gewaltfreien Widerstands sichtbar, die ohne Gegengewalt, aber auch ohne Beschämung, Erniedrigung und Zerstörung der Selbstgewissheit auskommt. Ein Schlag mit der rechten Hand würde normalerweise die linke Backe des Gegners treffen. Hier ist das Schlagen mit dem Handrücken vorausgesetzt. Mit dem Handrücken der Rechten Hand wurde in der Antike geschlagen, um Untergebene (z.B. Sklaven, politisch Unterworfene) zurechtzuweisen und zu demütigen. Solche Menschen sind Adressat/innen des Vorschlags Jesu. »Jesus rät ihnen nicht zur Passivität, sondern zu einer gewaltfreien Aktion: ›Halt auch die andere Backe hin!‹ Das bringt den Gegner in Verlegenheit. Wenn er die linke Backe treffen will, müsste er jetzt mit der rechten Hand, nicht mit dem Handrücken schlagen. Diese Art zu schlagen verweist aber auf den (sportlichen) Kampf gleichberechtigter Partner. Hier fehlt die Konnotation der Beschämung und Erniedrigung. Wer seinem Gegner so die andere Backe hinhält, gibt ihm zu verstehen: ›Ich lasse mich nicht demütigen …‹ Der Gegner wird in jedem Fall irritiert

107 Tim Schramm, »Pay-back«-Gesellschaft und der Verzicht auf Gewalt. In: Theodor Ahrens (Hrsg.), Zwischen Regionalität und Globalisierung. Frankfurt a.M. 1997, 409-422.

108 In der Formulierung des Paulus: »Vergeltet niemandem Böses mit Bösem!« – »Lass dich nicht vom Bösen besiegen, sondern besiege das Böse mit dem Guten!« (Römer 12,17 und 21).

sein; er hat seine Macht, zu beschämen, eingebüßt.«[109] Genauso würde die Strategie, dem Prozessgegner alle Kleidungsstücke zu überlassen, den überlegenen Gegner irritieren und beschämen. Denn dann würde der Betroffene den Gerichtssaal nackt verlassen, und das ganze Gericht, vor allem der Gegner darüber in Verlegenheit geraten, denn Nacktheit war ein Tabu in Israel. Beschämt ist weniger der nackte Mensch als derjenige, der die Nacktheit verursacht hat.
Haltungen, Verhaltensbereitschaften und Handlungen, durch die Gewalt unterbrochen werden kann, haben dann größere Chancen, in den Augenblicken der Konfrontation mit Gewalthandeln wirksam zu werden, wenn sie langfristig eingeübt werden. Wir geben ein Beispiel.[110] Seit Februar 2002 gab es in einem Kirchenkreis in Hamburg eine zunächst auf fünf Jahre angelegte Projektstelle »Gewaltprävention«; sie hat die Aufgabe, der weit verbreiteten Rat- und Hilflosigkeit, Gleichgültigkeit und Ignoranz im Umgang mit physischer oder psychischer Gewalt vorzubeugen und etwas dagegenzusetzen. Zielgruppe sind vor allem Jugendliche ab dem 12. Lebensjahr: Konfirmand/innen, Schüler/innen und Jugendgruppenleiter/innen. Diese kirchliche Arbeitsstelle ist mit anderen Projekten in der Stadt vernetzt. Ein wichtiger Teil der Arbeit sind Wahrnehmungsübungen. Durch Körperübungen, Rollenspiele und Gespräche sollen die Selbst- und Fremdwahrnehmung so geschärft werden, dass Vorurteile und diskriminierendes Verhalten frühzeitig erkannt und abgebaut werden können. Die Jugendlichen sollen befähigt werden, einzeln oder als Gruppe in Konflikt- und Bedrohungssituationen deeskalierend und Streit schlichtend einzugreifen. Das Angebot der Arbeitsstelle reicht von projektbezogener über konzeptionell-inhaltliche bis hin zu vernetzender Arbeit. Dazu gehört z.B. die Durchführung von Projekttagen und Unterrichtseinheiten sowie die Beratung und Unterstüt-

109 Ebd., 8.

110 Die folgenden Informationen entnehme ich aus: Detlef Görrig, Vortrag und Präsentation a, 25. Oktober 2003 beim 5. Bildungsforum der Diakonie: »Gewalt überwinden. Diakonisches Lernen gegen die Gewalt.« O.O. (2003).

zung der Verantwortlichen in der Jugend- und Konfirmandenarbeit. Hinzu kommen Informationsabende für Eltern, Erzieher/innen und Lehrer/innen.

Die Ausbildung der Leiter und der beteiligten Jugendlichen, die ihre hier erworbenen Einstellungen und Fähigkeiten im Schneeballsystem weitergeben sollen, folgt den zunächst bei US-amerikanischen Quäkern entwickelten Prinzipien von AVP, »Alternatives to Violence Project«; in Deutschland gibt es mittlerweile einen eigenen Zweig des amerikanischen Vereins mit Namen PAG (»Projekt Alternativen zur Gewalt«). Alle, die sich an dieser Ausbildung beteiligen, folgen Grundregeln, die in der Ausbildung, je nach Situation auch in gewaltträchtigen Situationen gelten:

- gegenseitig die guten Seiten finden und bestärken;
- Herabsetzungen und Demütigungen vermeiden;
- Zuhören, ohne zu unterbrechen;
- Nicht zu lange und nicht zu häufig sprechen;
- Persönliche Mitteilungen eines/r Teilnehmers/in vertraulich behandeln;
- Recht, an bestimmten Übungen nicht teilzunehmen;
- Spaß haben ist wichtig.

Eigene Zugänge zu Selbst- und Fremdwahrnehmungen aufzubauen, heißt für männliche und weibliche Jugendliche durchaus Unterschiedliches.[111] Während die Wahrnehmungsziele jeweils ähnlich bestimmt werden können, sind mögliche Problembereiche und entsprechende Präventionsansätze je für Jungen und Mädchen sehr verschieden:

- Das Ziel, den eigenen Körper wahrnehmen und akzeptieren zu lernen, körperliche Veränderungen zu akzeptieren und Grenzen zu realisieren, kann bei männlichen Jugendlichen z.B. vor allem mit diesen Problemfeldern in Konflikt geraten: sich nur durch starke Reize spüren können; für Wahrnehmungen im eigenen Körper wenig sensibel zu sein; Erlebnishunger, Risikolust, Angst vor Schwäche. Präventionsansätze

111 Ch. Limmer, D. Bieler, A. Riehl, 88 Impulse zur Gewaltprävention.(Hrsg.) Von IPTS/Aktion Kinder- und Jugendschutz e.V., SH/Nordelb. Jugendpfarramt, Kiel 1995.

liegen z.B. in den Feldern von Sport, Erlebnispädagogik, Körpersensibilisierung, Annehmen von Angst und Schwäche, Suchtprävention. Bei weiblichen Jugendlichen liegen dagegen Problemfelder eher in Gewalt gegen sich selbst (z.B. Essstörungen), allzu rigiden Schönheitsidealen, einem nur auf Defizite konzentrierten Blick; und in schwachem Selbstwertgefühl (»Frauen sind ohnehin schwächer«). Präventionsansätze können dann z.B. einschließen: Selbstverteidigung; eigene Kraft wahrnehmen und üben; Wut auch körperlich nach außen zeigen können; sich mit Schönheitsidealen kritisch auseinandersetzen; und ebenfalls Suchtprävention.

- Das Ziel, soziale Kontakte zu intensivieren, sich in einer Peergroup zu behaupten und einen Freundeskreis aufzubauen, zu Altersgenoss/innen beiderlei Geschlechts tiefere Beziehungen herstellen zu können, kann bei männlichen Jugendlichen vor allem auf Problembereiche treffen wie: Mangel an Zugehörigkeit, Bandenbildung und Saufgelage; eine gewaltpräventive Arbeit wird dann vor allem cliquenorientiert ansetzen, positive Gruppenerfahrungen ohne oder mit wenig Drogeneinsatz ermöglichen und Gruppennormen in Richtung Offenheit und geringerer Rigidität verändern. Bei weiblichen Jugendlichen stellt sich dagegen oft das Problem, dass sie als »Anhängsel« von Banden und von »Helden« fungieren; hier muss eine präventive Arbeit vor allem daran orientiert sein, personale Eigenständigkeit zu unterstützen und Freundschaften unter den Mädchen aufzubauen.
- Das Ziel, die Rolle als Mann/ als Frau in der Gesellschaft zu finden, wird bei männlichen Jugendlichen oft damit kollidieren, dass Initiationsriten für eine männliche Rollenübernahme fehlen, dass unklar ist, was es heißt, unter gegenwärtigen Bedingungen ein Mann zu sein (oft verbunden mit Angst vor Sex und vor allem vor intimen Begegnungen mit Frauen). In der präventiven Arbeit wird es beispielsweise darum gehen, als männlicher Begleiter mit homogenen Jungengruppen zu arbeiten, Modelle einer gewaltlosen und trotzdem »coolen« Männlichkeit anzubieten, und Nähe und Distanz in der

Wahrnehmung von Vorbildern (z.B. in Filmen, aber auch in der jeweils angesagten »Szene«) zu ermöglichen. Bei weiblichen Jugendlichen wird dieses Ziel mit den Problemfeldern in Kontakt gebracht werden müssen, von Männern manipuliert und provoziert, im Extremfall sexuell missbraucht werden zu können; in der Gleichzeitigkeit von Opfer-Rolle und Mittäterschaft zu leben; Wut und aggressive Gefühle an Männer zu delegieren; und im Selbstbild Widersprüche zwischen Intimitätswünschen, Mutterschafts-Plänen und der Pflege männlicher Helden nicht ausbalancieren zu können. Präventive Arbeit wird hier vor allem die Bereitschaft stärken und weibliche Modelle einüben, sich nicht über den Mann zu definieren, Abgrenzung und auf diesem Wege Ich-Stärke zu gewinnen; hier wird es in der gewaltpräventiven Arbeit nötig sein, als weibliche Begleiterin mit homogenen Mädchengruppen zu arbeiten.

Die »Philosophie« von AVP rechnet auch mit einer energetischen Veränderung in den Menschen, die in einer Gewaltsituation befangen sind und gewalttätiges Handeln überwinden können. Das zentrale Stichwort in diesem Zusammenhang heißt »transforming power«, »verändernde Kraft«. Im PAG-Handbuch heiß es dazu: »Wir glauben, dass es eine Kraft gibt, die in Konfliktsituationen (zuvor) feindseliges und zerstörerisches Verhalten in Kooperation und Gemeinschaft verwandeln kann ... Wir glauben, dass diese Kraft überall ist – in uns, in unseren Gegnern und in der Welt um uns herum ... Wir glauben, dass es bestimmte individuelle und gruppendynamische Prozesse gibt, die diese Kraft in uns aufkeimen lassen, dass man diese Prozesse lernen kann.«[112] Die wichtigste Aufgabe der präventiven Arbeit gegen Gewalt, aber auch der seelsorgerlichen Arbeit mit Gewaltopfern und -tätern liegt darin, die Menschen zu unterstützen, diese Kraft in sich wahrzunehmen und zu einer guten Gestalt zu bringen.

Es braucht die Stützung und Einbindung in längerfristige kom-

112 Zit. nach Detlef Görrig, a.a.O., S. 3.

munikative Netze, um solche und ähnliche Verhaltens- und Handlungsoptionen leben zu können, wie sie in solchen Projekten an vielen Orten in Deutschland, aber auch weltweit geübt werden. Hier bieten sich im christlichen Raum vielerorts Gemeinden und andere kirchliche Orte an, die traditionell und noch immer in Stadtvierteln und Wohnquartieren präsent sind. Beispielsweise werden Gemeinden – stärker als andere gesellschaftlichen Orte – als Raum wahrgenommen, in dem die Zivilgesellschaft im Engagement von Initiativgruppen (z.B. im Engagement für Migrant/innen und für Globalisierungsopfer, Kirchenasyl, Aids-Gemeinden, Friedensgruppen, »Sozialpastoral«) Gestalt gewinnen kann.[113] Und auch wo besonders engagierte und profilierte Gruppierungen nicht zu Hause sind, werden solche langfristigen kommunikativen Netze als Gemeinschaften des Erzählens, Feierns und auch der Geselligkeit wirksam.[114] Sie werden faktisch stärker als andere gesellschaftliche Orte von solchen Menschen als Lebensort in Anspruch genommen, die an den Leistungs- und Konkurrenzbedingungen der spätkapitalistischen Gesellschaft scheitern: als exemplarische Orte der Bewahrung lebensweltlicher Beziehungen gegenüber ihrer systemischen Verzerrung und Vernutzung.[115]
Auf der Ebene von Handlungsperspektiven entscheidend ist schließlich, in der Konkretisierung für jeweilige Lebenswelten, die Einbeziehung der Frage nach gesellschaftlicher Gerechtigkeit bzw. ihrer Vorenthaltung und Zerstörung. Gerade in dieser Perspektive sollen Handlungsalternativen zu »Gewalt« gesucht werden. Gewalt beinhaltet in aller Unterschiedenheit

113 Vgl. Norbert Mette und Hermann Steinkamp (Hrsg.), Anstiftung zur Solidarität. Praktische Beispiele der Sozialpastoral, Mainz 1997; N. Mette, Praktisch-Theologische Erkundungen, Münster 1998.

114 Vgl. Peter Cornehl, Wolfgang Grünberg, »Plädoyer für den Normalfall« – Chancen der Ortsgemeinde. Überlegungen im Anschluss an Ernst Lange. In: S. Abeldt u.a., »... was es bedeutet, ein verletzbarer Mensch zu sein«. Erziehungswissenschaft im Gespräch mit Theologie, Philosophie und Gesellschaftstheorie. Helmut Peukert zum 65. Geburtstag, Mainz 2000, 119-134.

115 In diesem Zusammenhang eröffnet die von Jürgen Habermas vorgeschlagene Begrifflichkeit weiterhin Wahrnehmungs- und Handlungsperspektiven. Vgl. ders., Theorie des kommunikativen Handelns, 2 Bände, Frankfurt a.M. 1981.

ihrer Gestalt immer auch Durchsetzung von Herrschaft gegen den Willen und die Lebensmöglichkeiten von Menschen und Menschengruppen in inferioren ökonomischen, sozialen, politischen, kulturellen und religiösen Positionen, deren Willen/Lebensinteressen durch unmittelbar physische und psychische Verletzung und Zerstörung, aber auch durch rechtliche Regelungen und Vorenthaltungen von Rechten beeinträchtigt werden.

Horizonte und Hintergründe

Gewalt und Religion – eine ambivalente Beziehung

1. Gewalt und Religion – ein »Aufregungsthema« in den Medien

Religion hat gegenwärtig keine gute Presse, nicht erst seit dem verheerenden Anschlag auf das World Trade Center am 11. September 2001: Zu offenkundig dominieren religiöse Motivationen und Begründungsmuster vor allem bei islamistischen Tätern. Es beinhaltet eine gewisse Provokation, dagegen die Annahme zu setzen, die in diesem Buch entfaltet wird: Religiöse Verbundenheit kann zu Unterbrechung von Gewalthandeln und Gewaltkrisen beitragen – und unter bestimmten Bedingungen verbindlicher als andere mögliche Motivationen oder äußere Sanktionen sein. Es muss sogleich hinzugefügt werden: Gewalt und Religion stehen in einem ambivalenten Verhältnis zueinander. In allen Religionen existieren Erzähltraditionen, Rituale, Gesellungsformen usw., die Gewalt induzieren und verstärken, und ebenso Potenziale von Eindämmung, Unterbrechung und Aufhebung von Gewalt. Gewalthandeln hervorrufende, legitimierende und verstärkende Züge finden sich, anders als in den aktuellen Krisen oft unterstellt, keineswegs allein in islamistischen Kreisen.[116] Für unsere Kultur besonders besorgniserregend scheint, dass sich Gewaltbereitschaft auch in manchen Formen und Regionen des Christentums ausbreitet.

Es sind immer wieder Konflikte in alltäglichen Lebenswelten vor Ort, die auf die Erregungsbereitschaft oft rechter Bevöl-

116 Diese Ambivalenz gilt im Einspruch gegen verbreitete Vor-Urteile auch für den Buddhismus. Vgl. z.B. Lambert Schmithausen, Gewalt und Gewaltlosigkeit im Buddhismus: Zur Einführung. Hektogr. Vortrag o.O.o.J. (Hamburg 2006).

kerungskreise treffen – beispielsweise wenn in einem von Erwerbslosigkeit, Armut und dem Abwandern von Geschäften und kulturellen Begegnungsmöglichkeiten geprägten Stadtquartier eine Moschee errichtet werden soll und alteingesessene Bewohner/innen die Möglichkeit bedroht sehen, sich unter diesen Bedingungen zu Hause zu fühlen.[117] Es sind zudem immer wieder einschneidende, oft medial stark verbreitete Einzelereignisse, die die Atmosphäre wechselseitiger Akzeptanz zwischen den Kulturen und Religionen schlagartig unterhöhlen: so die Ermordung des islamkritischen Intellektuellen und Filmemachers Theo van Gogh in Holland im November 2004 oder die – hoch problematisch in den Medien unter dem Stichwort »Ehrenmord« verbreitete – Ermordung einer jungen afghanischen Frau, die den rigiden (ethnisch? kulturell? religiös motivierten?) Anpassungserwartungen an den Lebensstil ihres Herkunftsmilieus nicht entsprechen wollte, durch ihren Bruder im Mai 2008 in Hamburg. Und es sind über Wochen andauernde Nachrichten über Gewalttätigkeiten unter Jugendlichen beispielsweise im Hamburger Kiez – mit Resonanzen im alltäglichen Erleben der Leute auf Schulhöfen und in Stadtvierteln.
Ein Problem ist vor allem wichtig und wird doch selbst in Projekten eines interreligiösen Dialogs in Schulen und Universitäten oft noch zu wenig erreicht: Es geht in alltäglichen Konflikten oft nicht um ausdrückliche theologisch reflektierbare religiöse Differenzen und Verstehensmöglichkeiten, sondern um eingespieltes Fremdsein zwischen Menschen, die sich in Geschäften und auf Schulhöfen, in Straßen und Stadtvierteln begegnen – und gerade dort am intensivsten, wo Menschen aus allen beteiligten Kulturen unter ökonomischem und sozialem Druck stehen und zugleich oft am wenigsten von ihrer Bildungsgeschichte auf die respektvolle Wahrnehmung des Fremden vorbereitet sind.
Die Verunsicherungen, die sich in alltäglichen Interaktionen

117 Vgl. zu den in diesem Abschnitt vorgetragenen Überlegungen auch: Hans-Martin Gutmann, Religion und Pluralität in moderner Gesellschaft. In: Wolfram Weiße (Hrsg.), Dialogischer Religionsunterricht in Hamburg. Positionen, Analysen und Perspektiven im Kontext Europas. Münster 2008, 19-28.

einnisten, werden in der öffentlichen Wahrnehmung, in Publikationsstrategien mancher Massenmedien und in politischer Meinungsbildung vor allem in Wahlkampfzeiten immer wieder angesprochen und bisweilen instrumentalisiert. Ein Beispiel ist das Thema »Jugendgewalt«, das beispielsweise im Landtagswahlkampf in Hessen im Frühjahr 2008 eine prominente Rolle spielte (und in dem ebendort folgenden Wahlkampf im Januar 2009 nach dem Scheitern einer SPD-geführten Koalitionsperspektive erstaunlich schnell wieder in der Versenkung verschwand). Was die Situation in Deutschland angeht, so lässt sich die weit verbreitete Meinung, dass gerade bei Muslimen ein Zusammenhang zwischen einem hohen Grad von religiöser Eingebundenheit und Gewaltbereitschaft bestehe, empirisch nicht belegen.

In der Frage nach der Beziehung zwischen Religion und Gewalt in der Jugendkultur liegen aus jüngerer Zeit valide Untersuchungsergebnisse vor. 2003 wurde eine empirische Untersuchung in Kooperation zwischen der Abteilung Kriminologie des Instituts für Kriminalwissenschaften der Universität Hamburg und dem Kriminologischen Forschungsinstitut Niedersachsen e.V. in Hannover durchgeführt und durch das Bundesministerium des Inneren finanziell gefördert. Datenbasis sind Befragungen von Schülerinnen und Schülern aus Hamburg, Hannover, München und Leipzig sowie dem Landkreis Friesland. Die Studie wurde von Peter Wetzels und Katrin Brettfeld unter dem Titel »Auge um Auge, Zahn um Zahn? Migration, Religion und Gewalt jüngerer Menschen« veröffentlicht.[118] Wird nach Korrelationen zu Gewaltbereitschaft gesucht, so müssen zu den Fragen nach der Verbindlichkeit religiöser Orientierung, so die Studie, andere Frageperspektiven hinzutreten: die nach dem sozioökonomischen Status, nach dem Migrationshintergrund, vor allen Dingen aber auch nach geschlechtsrollentypischen Zuschreibungen und hier insbesondere nach der Wirksamkeit eines traditionellen Männlichkeitsbildes.

118 Peter Wetzels, Katrin Brettfeld, Auge um Auge, Zahn um Zahn? Migration, Religion und Gewalt über Menschen, Münster 2003.

Während bei Jugendlichen aus Migrationsfamilien ein enger Zusammenhang zwischen hohem sozialem Status und fehlender Verbundenheit mit der Religionsgemeinschaft aufweisbar ist, verhält sich dies bei einheimischen deutschen Jugendlichen umgekehrt: Dort ist der sozioökonomische Status bei Familien von solchen Jugendlichen am höchsten, die eine hohe oder sehr hohe religiöse Bindung aufweisen. Ein in diesem Kontext interessantes Ergebnis ist, dass sich der sozioökonomische Status der Familien von Jugendlichen ohne Religionszugehörigkeit zwischen Migranten und Deutschen kaum unterscheidet.[119]
Es lässt sich festhalten, dass die Lebensführungsmöglichkeiten stark islamisch orientierter Jugendlicher in Deutschland durch eine ungünstigere soziale Lage ihrer Herkunftsfamilie gekennzeichnet sind: hier ist der sozioökonomische Status der Eltern niedriger, die Wohnsituation beengter, der elterliche Bildungsabschluss geringer sowie das Bildungsniveau der Jugendlichen ebenfalls niedriger.[120] Zudem weist fast die Hälfte der stark religiösen muslimischen Jugendlichen eine geringere sprachlich-soziale Integration im Vergleich zu deutschstämmigen Gleichaltrigen auf. In der Summe sind von daher stark islamisch religiös geprägte Jugendliche in Deutschland jene Gruppe, bei der sowohl wirtschaftliche Rahmenbedingungen, über Bildung vermittelte Optionen als auch die sprachlich-soziale Integration vergleichsweise am schlechtesten sind. Zudem besteht in diesem Feld eine enge Konnotation zwischen Gewaltbereitschaft bei den Jugendlichen und Erfahrungen von Elterngewalt in der Kindheit.
Signifikant ist vor allem ein Ergebnis der Studie: die Verbindlichkeit traditioneller Männlichkeitsbilder korreliert am stärksten mit Gewaltbereitschaft bei männlichen muslimischen Jugendlichen. Die Korrelation zwischen traditionellem Männlichkeitsbild und Gewaltbereitschaft ist unvergleichlich höher als die zwischen religiöser Bindung und Gewaltbereitschaft. Die Autoren fassen die Untersuchung zusammen: »Tendenziell lässt

119 Ebd., 101.
120 Ebd., 124.

sich mit Blick auf das Gewalthandeln konstatieren, dass mit religiösen Bindungen zugleich auch eine Einbindung in sozialen Gemeinschaften erfolgt, die als Kontrollinstanzen fungieren und ein aktives Gewalthandeln weniger wahrscheinlich werden lassen können ... Eine Rückführung der erhöhten Gewaltfrequenz auf religiöse Bindungen ist indes nicht nachweisbar. Auf der Verhaltensebene gilt, wenn überhaupt, dann eher der gegenteilige Zusammenhang ... Insoweit ist die kriminologische Bewertung islamischer Religionszugehörigkeit und Religionspraxis durchaus ambivalent. Offenbar kann hier auch ein Feld persönlicher Sinnfindung und individueller Anerkennung sowie informeller sozialer Kontrolle liegen, das nicht im Sinne einer Erhöhung von Gewaltbereitschaft und -handeln wirkt. Die einfache Formel, die im Islam eine Gefährdung sieht und die mit einer stärkeren religiösen Bindung automatisch auch ein wachsendes Gewaltpotenzial in Zusammenhang bringt, ist so jedenfalls empirisch nicht stützbar.«[121]

2. Über die Begrenztheit »großtheoretischer« Modelle zur heutigen Gesellschaft

Im gegenwärtigen Gespräch über die Wahrnehmung von Fremdheit und Respekt zwischen den verschiedenen Kulturen und Religionen sind solche empirischen Einsichten für die Fokussierung des Problembewusstseins in jedem Falle nötig und hilfreich.[122] In den Fokus der Aufmerksamkeit sollen zudem theoretische Annahmen gerückt werden, die im Hintergrund von Wahrnehmungshaltungen und Urteilsbereitschaften heutzutage sehr lebendig sind. Für den Blick auf den Stellenwert von Religion in der Moderne sind Annahmen weit verbreitet und

121 Ebd., 187f.

122 Vgl. Wilhelm Heitmeyer/Monika Schröttle (Hrsg.), Gewalt. Beschreibungen, Analysen, Prävention. Bundeszentrale für politische Bildung, Bonn 2006. Wilhelm Heitmeyer und sein Team haben verschiedentlich Bedingungen der Entstehung von Gewalt im sozialen Nahraum (z.B. im Geschlechterverhältnis, gegen alte, behinderte und pflegebedürftige Menschen) und im öffentlichen Raum (z.B. Mobbing und Gewalt in der Schule, zwischen ethnischen Gruppen, gegen Lesben und Schwule, rechtsextreme Gewalt) untersucht.

sollten kritisch geprüft werden, die unter den Stichworten »Säkularisierung«, »Individualisierung« und »Pluralisierung« diskutiert werden.

»Großtheoretische« Annahmen zum Stellenwert von Religion in der Moderne – die Thesen zu Säkularisierung, Individualisierung und Pluralisierung – können wichtige Phänomene verständlich machen, geraten jedoch an ihre Grenze, wenn ihre Erklärungskraft rigide vorausgesetzt wird und wenn durch ihre Brille Wahrnehmungen in den gesellschaftlichen Lebenswelten eher verstellt oder sogar ersetzt werden. Die *Säkularisierungsthese* – die Relativierung und Entwichtigung religiöser Bindung durch Aufklärung und die Ersetzung vormals religiöser Positionen (Denkmuster, Symbole und Rituale, Lebenshaltungen) – hat empirisch über die Entwicklung in Nordeuropa seit dem 17. Jahrhundert hinaus für andere Gesellschaften nur sehr eingeschränkte Geltung und kann beispielsweise die explosive Zunahme fundamentalistischer Orientierungen in vielen Weltgegenden – auch im Christentum, beispielsweise in Afrika oder im »bible belt« in den USA – nicht erklären. Mit Blick auf die Säkularisierungsthese teile ich die von Peter L. Berger schon vor einer Generation vertretene Sicht, dass diese im Raum des weltweiten Christentums, wenn überhaupt, eine auf Westeuropa begrenzte Entwicklung beschreibt, dagegen weder in Afrika oder Asien noch in Amerika zutrifft.[123] Aber auch ihre uneingeschränkte Geltung für Europa ist durchaus umstritten. Philip Jenkins[124] (Pennsylvania State University) und die britische Religionssoziologin Grace Davie[125] haben jüngst in viel beachteten Beiträgen gezeigt, dass Europa in Hinblick auf Säkularisierung keinesfalls ein »exceptional case« ist.[126] Praktisch-theologische

123 Vgl. Peter L.Berger, A Market model for the Analysis of Ecumenicity. Social research 30, 1967, 77-93.

124 Philip Jenkins, God‹s Continent. Christianity, Islam, and Europe‹s Religious Crisis, Oxford 2007.

125 Grace Davie, Is Europe an Exceptional Case? IRM 378/379, 2006, Vol 95, 247-258.

126 So fasst Theodor Ahrens in seinem hervorragenden Literaturbericht diese Einsichten zusammen: Theodor Ahrens, Zur Zukunft des Christentums. Abbrüche und Neuanfänge. Frankfurt a.M. 2009, 40.

Untersuchungen zu »Religion und populärer Kultur«[127] zeigen außerdem die Lebendigkeit von religiösen, im engeren Sinne christlichen Symbol- und Ritualwelten in der populären Kultur zwischen Kino, Fußball und Internet.

Die *Individualisierungsthese* kann die empirisch aufweisbar große Zunahme von räumlicher und sozialer Mobilität in der an Beschäftigung und tendenziellem Wohlstand partizipierenden Bevölkerungsgruppen auf den Begriff bringen, nicht jedoch Realität und Lebenschancen der auch in Deutschland wachsenden Menschengruppen erfassen, die durch Erwerbslosigkeit, prekäre Beschäftigung und Armut von der Partizipation an sozialen Chancen und kulturellen Angeboten zunehmend ausgeschlossen werden. Die Rede von der »Individualisierung« der Gesellschaft[128] – als Freiheit und Zwang zur Wahl von Lebensperspektiven und Glaubensmöglichkeiten, als Zugewinn an gesellschaftlicher Mobilität – ist deshalb nur in dem Maße sinnvoll, wie die Beschleunigung der Polarisierung von Armut und Reichtum (längst vor Beginn der aktuellen Wirtschaftskrise) weltweit und auch bei uns im Blick ist und der tendenzielle Ausschluss beispielsweise von Hartz-IV-Empfänger/innen, von »working poor«, von Menschen mit Migrationshintergrund von Chancen der Individualisierung, von Wahl- und Mobilitätsmöglichkeiten bereits im theoretischen Ansatz ernst genommen wird. Arme Menschen sind nicht mobil, weder räumlich noch sozial. Zudem zeigt die problematische Lebendigkeit uralt-traditioneller Denkschablonen – z.B. von der Aufteilung der Welt in die »Guten« (marktwirtschaftliche Demokratien) und die »Achse des Bösen« (einschließlich »Schurkenstaaten« und »Krieg gegen den Terrorismus«) in der Politik der in diesem Jahr abgewählten, aber für die vergangenen acht Jahre die Politik der westlichen Supermacht dominierenden Bush-Regierung, dass die »Postmoderne«-These vom Ende der »Großer-

127 Vgl. die Autor/innen unter akpop.de.

128 Die Debatte zur gesellschaftlichen Individualisierung wurde vor zwanzig Jahren angestoßen von Hans-Ulrich Beck, Risikogesellschaft. Auf dem Weg in eine andere Moderne, Frankfurt a. M. 1986.

zählungen«, die ebenfalls als charakteristisch für die individualisierte Kultur der europäischen Moderne angenommen wird, nur begrenzte Erklärungskraft beanspruchen kann

Anders steht es mit der Geltung der *Pluralisierungsthese*. Sie ist, was die Bestreitung der »multikulturellen Gesellschaft« oder die Rede von einer christlichen »Leitkultur« angeht, mit politisch-normativem Anspruch in Frage gestellt worden, aber diese Infragestellung hat niemals plausibel den empirischen Realitätsgehalt der ihr zugrunde liegenden Wahrnehmungen bestreiten können. In unserem Lande leben Menschen unterschiedlicher religiöser Orientierung, aber auch religionslose Menschen in einem Gemeinwesen. In Hamburg beispielsweise leben über hundert Religionsgemeinschaften zusammen. Ihr friedliches und respektvolles Zusammenleben ist notwendige Bedingung für die politische Kultur, ja für den Bestand unseres Gemeinwesens.

Nicht nur verschiedene Religionen im Lande, auch das globale Christentum ist notwendige Dimension in der Wahrnehmung von »Pluralisierung«. Mittlerweile lebt die überwältigende Mehrheit von Christen in der nichtwestlichen Welt – mit explodierenden Mitgliedschaftssteigerungen der Kirchen: in Afrika beispielsweise von ca. 116 Millionen 1970, also zum Abschluss der Kolonialzeit, auf 423 Millionen Christen 2008 (jährliche Zuwachsrate von 2,4 %); dagegen in Europa und Russland von 467 Millionen 1970 auf 556 Millionen heute (jährliche Zuwachsrate 0,13 %).[129] Zugleich verschiebt sich das Gewicht von den traditionellen Großkirchen auf pentekostale, charismatische und evangelikale Glaubensformen.[130] Von lebensweltlichen Voraussetzungen und Wirklichkeitskonstruktionen beispielsweise von Christ/inn/en in Westafrika,[131] aber auch in anderer Weise in

129 David B. Barrett et al., Missometrics 2008: Reality Checks for Christian World Communions, IBMR 32, 2008, 27-30, zit. nach Theodor Ahrens, Zur Zukunft des Christentums, a.a.O., 16f.

130 Vgl. in diesem Zusammenhang die Diskussion der Thesen von Philip Jenkins, Alistair E. McGrath und John V. Taylor bei Theodor Ahrens, a.a.O., passim.

131 Vgl. Werner Kahl, Jesus als Lebensretter. Westafrikanische Bibelinterpretation und ihre Relevanz für die neutestamentliche Wissenschaft. Frankfurt/M 2007.

fundamentalistischen christlichen Gruppen in Nordamerika[132] lassen sich Wunder und Heilungen, Exorzismen und Opfervorstellungen, wie sie in neutestamentlichen Texten vorausgesetzt werden, viel ungebrochener rezipieren als in den europäischen Großkirchen, die durch den Kontakt mit »Aufklärung« gegangen sind. Solche Gemeinden sind mittlerweile auch in europäischen Metropolen wie Hamburg beheimatet in dem Maße, wie beispielsweise afrikanische Flüchtlinge hier ein neues dauerhaftes Zuhause suchen.

Die für die Kirchen in Westeuropa und auch in Deutschland zentrale Frage heißt in diesem Zusammenhang: wie können Kontakt, offene Wahrnehmung und Lernbereitschaft gegenüber solchen Entwicklungen im weltweiten Christentum ohne Preisgabe des Eigenen gelebt werden? Wie kann die evangelische Kirche in Deutschland von ihren ökumenischen Geschwistern vor allem Lebendigkeit und Deutlichkeit christlichen Lebens lernen, ohne die Potentziale von Reflexivität, Subjektorientierung, gesellschaftlicher Verantwortung, historischer Kritik an Autoritätsansprüchen wie einem wortwörtlichen Bibelverständnis und Selbstabschottungen gegenüber der Moderne (gerade in ihrem Freiheitsgewinn in Inszenierungen von Leiblichkeit und Offenheit gegenüber nicht-rigiden Lebensformen) preiszugeben? Diese Fragen sind auch für die Beziehung zwischen »Gewalt« und »Religion« in einer vom Christentum geprägten – und teilweise bereits nachchristlichen – Kultur von entscheidender Bedeutung.

Krisenhaft für den Frieden des Gemeinwesens wirken kulturelle und religiöse Pluralisierung vor allem in Hinblick darauf, dass gerade solche Menschen in alltäglichen Begegnungen in Hausfluren, Supermärkten und Straßen großstädtischer Stadtviertel eng zusammenleben, die von ihrer Bildungsgeschichte und ihren kulturellen Partizipationschancen besonders wenig auf eine wertschätzende Austragung allfälliger Alltagskonflikte

132 Vgl. dazu: Erhard Kamphausen, Judentum und Islam im Endzeitdenken des fundamentalistischen Protestantismus und der pentekostalen Bewegung nordamerikanischen Ursprungs …, 2006.

vorbereitet sind. Lebendig wird dieses Problem dann, wenn z.B. der Bau einer Moschee geplant wird, und damit die Qualität eines Quartiers für die Möglichkeit, sich dort zu beheimaten, verschoben wird und für traditionell dominierende Lebensgefühle und -orientierungen ins Wanken gerät.
Der Streit beispielsweise darüber, ob muslimische Lehrerinnen während des Unterrichtes ein Kopftuch tragen dürfen oder ob der Ruf des Muezzin den christlichen Nachbarn zuzumuten ist, bündelt lediglich diffuse und für viele Menschen beängstigende Konfliktlagen. In Plattenbauten Tür an Tür mit Nachbarinnen zu leben, deren Sitten in Kleidung und Musikhören, Kochen und ehelichem bzw. partnerschaftlichem Leben, Verwandtschaft und Freundschaft, Geruch und religiösen Bräuchen fremd sind, ist alltägliche Lebensrealität gerade für solche deutsche Mitbürger/innen, die nach Bildung und sozialer Situation für Offenheit gegenüber dem Fremden schlecht vorbereitet sind. Und insbesondere in der türkischen Bevölkerung nimmt in der dritten in Deutschland lebenden Generation die Bereitschaft ab, sich mit der sozialen und kulturellen Realität im Lande auseinanderzusetzen, ja selbst die Sprache zu lernen.
Eine Entwicklung ist, was die Perspektiven des Zusammenlebens der Verschiedenen angeht, sehr ernst zu nehmen: die tendenzielle Zunahme von fundamentalistischen Orientierungen – und zwar nicht nur im Islam, wo diese Entwicklung gegenwärtig im Zusammenhang mit terroristischen Politikstrategien die größte mediale Aufmerksamkeit findet. Neben dem Nachlassen der Verbindlichkeit religiöser Tradition im Mehrheitschristentum in Deutschland erleben wir auf der anderen Seite – was den protestantischen Bereich angeht vor allem in Nord- und Südamerika und auch in Afrika – ein geradezu explosives Erstarken von fundamentalistischen christlichen Strömungen, oft verbunden mit einem apokalyptischen, von Endzeiterwartungen geprägten Lebensgefühl. Hier finden sich strukturelle Ähnlichkeiten mit Entwicklungen im Judentum und im Islam. Um des Friedens, um des Überlebens der demokratischen Kultur, vielleicht des Überlebens überhaupt willen ist es nötig, dass sol-

che Orientierungen und auch die Organisationsformen solcher Gruppierungen von demokratisch gesinnten Menschen und Institutionen, aber auch von nicht-fundamentalistisch orientierten Anhängern der Religion eingedämmt werden, vor allem auch der jeweils eigenen.

Einen Einblick in das Lebensgefühl fundamentalistischer christlicher Gruppen in den USA gibt der Dokumentarfilm »Jesus Camp«. Er ist in den USA 2006 unter der Leitung von Heidi Ewing Rachel Grady entstanden und wurde für einen Oscar nominiert.

»Jesus Camp« zeigt in sehr genauer Beobachtung und Begleitung von Familienszenen, Szenen aus Ritualen von evangelikalen US-amerikanischen Gemeinden und aus einem Freizeitcamp für fünf- bis zwölf-jährige Kinder, wie diese religiös indoktriniert werden, in Angst versetzt werden, in ihrer Selbsttätigkeit missachtet und instrumentalisiert werden, zu einer militanten Armee Jesu Christi zu werden. Der Film gibt einen eindringlichen Hinweis darauf, dass Fundamentalismus - das heißt die Unfähigkeit und Unwilligkeit zur Wahrnehmung anderer Lebensweisen *als* Anderen, verbunden mit Gewaltbereitschaft gegenüber dem Anderen und als fremd und bedrohlich Wahrgenommenen – heute keinesfalls allein nur ein Problem von islamistisch orientierten Gruppen darstellt, sondern auch im Christentum seinen Ort findet, in diesem Falle in den endlosen Weiten des nordamerikanischen Mittelwestens.[133]

Dass sich in Europa, und zwar vor allen Dingen in Zentraleuropa seit dem 17. Jahrhundert eine Form von christlicher Religion etabliert hat, die in wissenschaftliche Diskurse eingeflochten ist, mit den Lebensgefühlen und wissenschaftlichen Entwick-

133 Die politische Brisanz dieser Entwicklung zeigt sich z.B. in der Ausbreitung des »Dispensationalismus«, einer apokalyptischen Weltauffassung mit christlichen Versatzstücken, in der aktuell weltweit lebensbedrohliche Krisen – z.B. der Krieg um Israel im Nahen Osten, ökologische Katastrophen und weltweite Gewaltkrisen – als zu begrüßende Hinweise des Kommens eines neuen Jerusalem am Ende der Geschichte gedeutet und unterstützt werden. Vgl. dazu: Erhard Kamphausen, Judentum und Islam im Endzeitdenken des fundamentalistischen Protestantismus und der pentekostalen Bewegung nordamerikanischen Ursprungs. Hektogr. Text, o.O.o.J., Hamburg, 2007.

lungen der Moderne in Kontakt ist, gesprächsoffen und dialogorientiert ist, hat sich nach einer jahrhundertelangen Phase von blutigen konfessionellen Kriegen bis zur Mitte des 18. Jahrhunderts in Mitteleuropa nach und nach erst entwickeln können. Dies ist eine kulturelle und religiöse, auch soziale Entwicklung, die einen unaufgebbaren und schützenswerten Gewinn für unsere Gesellschaften darstellt. Unsere demokratische Kultur ist in ihrer Lebensfähigkeit und in ihrer Friedensfähigkeit davon abhängig, dass Religionen in ihrem Leben wie in ihrer Lehre auf eine Weise Gestalt finden, dass andere religiöse und kulturelle Orientierungen wahrgenommen und wertgeschätzt werden und zugleich das Eigene geliebt, gelebt und auch weitergegeben wird.

Es ist nicht zu vernachlässigen, dass sich in Westeuropa und auch in Deutschland eine Form des Christentums etabliert hat, die gerade wegen seiner Offenheit und Dialogorientierung von vielen Menschen als irrelevant wahrgenommen wird.

Auch in der Perspektive der hier vorgelegten Untersuchung geht es darum, Deutlichkeit und Lebendigkeit in den Lebensformen der evangelisch-christlichen Religion in Gottesdienst und Gebet, Seelsorge und sozialem Engagement zu vertiefen. Auch Christen müssen für sich selbst und für andere eine erkennbare Lebensgestaltung ausprägen. Dies darf jedoch aus der Eigensinnigkeit der biblischen, jüdisch-christlichen Religionstradition niemals mit einer Gewaltbereitschaft gegenüber anderen, mit der Selbstidentifizierung der eigenen Welt als der guten und mit der Ablehnung einer anderen als der bösen Welt zusammengehen.

Die Form einer religiösen Indoktrination von Kindern und Jugendlichen, die in »Jesus Camp« nachgezeichnet wird, ist – dies muss festgehalten werden – nicht charakteristisch für »das« Christentum im amerikanischen Mittelwesten. Sie ist vor allem auch keinesfalls identisch mit »dem« pfingstlerischen Christentum, das sich gegenwärtig weltweit am stärksten von allen christlichen Glaubensrichtungen als lebendig zeigt. Hier gibt es viele Differenzierungen, auch viele wichtige Aufbrüche, von denen andere christliche Glaubensverständnisse lernen können. Genauso deutlich muss wahrgenommen werden: Der Film »Jesus Camp« zeigt in ebenso genauen wie drastischen und bedrückenden Bildern und Szenen, wie sich in nicht unwesentlichen Bevölkerungsteilen der USA ein selbstidentifiziertes, gewaltbereites, nach außen abgeschottetes Lebensgefühl in fundamentalistischen christlichen Kreisen ausbreitet. Dies geschieht nicht spontan, sondern es wird durch eine Pädagogik der Angst und der Täuschung und Mystifizierung der alltäglichen Lebenswirklichkeit den Kindern angetan. Was in diesem Film gezeigt wird, hat mit der biblischen Tradition nur sehr wenig zu tun – selbst wenn das hier gezeigte Camp »Bible Camp« genannt wird.

3. Religion und Gewalt – Ambivalenzen einer Beziehung

Die Beziehung zwischen »Religion« und »Gewalt« ist ambivalent. In Kommentaren und Feuilletons von Massenmedien, in populärkulturellen Inszenierungen, aber auch in wissenschaftlichen Diskursen wird gegenwärtig vor allem die destruktive Seite dieser Ambivalenz thematisiert:
beispielsweise

- mit Blick auf die Revitalisierung von familialen, ethnischen und religiösen Bindungen und gewaltsamen Konflikten in Gesellschaften, in denen staatlich zentralisierte Gewalt und Geltung von verfassungsgemäßem positivem Recht zusammenbrechen;[134]
- als Kampf der Kulturen in einer nicht mehr bipolaren, sondern polyzentrischen Machtverteilung in der globalisierten Weltgesellschaft nach dem Ende des »realen Sozialismus«;[135]
- als rigide Unterscheidung zwischen wahr und falsch und als aggressive Ablehnung des Anderen als des Falschen in der Wende von der Dominanz polytheistisch-kosmotheistischer

134 Z.B. Mary Kaldor, Neue und alte Kriege, Frankfurt am Main 2000 (englisch: New & Old Wars, Organized Violence in a Global Era, 1999).

135 Samuel P. Huntington, Kampf der Kulturen (The Clash of Civilisations), Die Neugestaltung der Politik im 21. Jahrhundert, München/Wien 1997, 4. Auflage.

Religionen zur Dominanz einer monotheistischen Religion;[136]
- als Zusammenhang zwischen dem Heiligen und der Gewalt.[137]

Es besteht eine enge Beziehung zwischen »Religion« und »Gewalt«: dies ist gegenwärtig eine weit verbreitete Meinung mit starkem Geltungsanspruch. Die theoretischen Reflexionen, die hinter dieser Annahme stehen, sind vielfach diskutiert und auch bestritten worden; sie verdienen es gleichwohl, anhand einiger besonders wirkungsvoller Zeugnissen in Erinnerung gerufen zu werden.

Mary Kaldors[138] Untersuchung über »Neue und alte Kriege«[139] hat eine beunruhigende Entwicklung in der globalisierten Weltgesellschaft zum Gegenstand. Seit den 1980er/90er Jahren hat sich (insbesondere in Afrika und Osteuropa) ein neuer Typus von organisierter Gewalt herausgebildet; Mary Kaldor spricht in diesem Zusammenhang vom Typus des »neuen Krieges«[140]. Charakteristisch ist, dass bislang gültige Grenzen zwischen verschiedenen Formen von Gewalthandlungen zunehmend verschwinden, vor allem die klare Unterscheidbarkeit zwischen Krieg (als politisch motivierter Gewalt zwischen Staaten oder organisierten politischen Gruppen) und organisiertem Verbrechen (als von Individuen oder Gruppen verübten Gewalttaten, zumeist mit dem Interesse an finanziellem Gewinn). Die »neuen Kriege« in der Epoche der Globalisierung sind Mischgebilde aus Krieg, Verbrechen und Menschenrechtsverletzungen dramatischen Ausmaßes. Oft kann zwischen kriegerischer Aggression (Angriff eines Staates auf einen anderen Staat) und Repression (Gewaltanwendung innerhalb eines Staates) nicht unterschie-

136 Jan Assmann, Die Mosaische Unterscheidung oder der Preis des Monotheismus, München 2003.

137 René Girard, Das Heilige und die Gewalt. Zürich 1987.

138 Die Autorin ist Professorin und Direktorin am Centre for the Study of Global Governance, London School of Economics and Political Science.

139 Mary Kaldor, *Neue und alte Kriege*, Frankfurt am Main 2000 (englisch: *New & Old Wars, Organized Violence in a Global Era*, 1999).

140 Mary Kaldor, *Neue und alte Kriege*, 8.

den werden. Die Fronten verlaufen zwischen Sprach-, Religions- oder Stammesgemeinschaften, zugleich kooperieren Vertreter ganz unterschiedlicher und oft gegensätzlicher partikularistischer Interessen, wenn es darum geht, zivilgesellschaftliche und multikulturelle Werte und Lebensformen zu unterdrücken.[141] Lokale Konflikte sind zumeist in transnationale wirtschaftliche und politische Interessen eingebunden. Dies macht es notwendig, lokale Kriege grundsätzlich im Kontext globaler Konstellationen zu analysieren.

Innerhalb vom Krieg betroffener Gesellschaften sind Chancen zu überleben, eigene Interessen zu wahren, Eigentum zu mehren oder zu verlieren radikal ungleich verteilt. In globaler Perspektive zeigt dieser Sachverhalt ein anderes Gesicht: Über Landesgrenzen hinaus existiert mittlerweile eine globale Klasse derjenigen, die Englisch sprechen, Zugang zu Internet und E-Mail-Verkehr, Satellitenfernsehen und zum Dollar haben, und auf der anderen Seite die Klasse derjenigen, deren Bewegungsfreiheit durch Straßensperren, Landminen und Visa eingeschränkt ist und die »von der Hand in den Mund« leben müssen von dem, was sie verkaufen oder eintauschen können bzw. was sie an humanitärer Hilfe bekommen.[142]

Zentrale staatliche Institutionen, die rechtliche Mindeststandards durchsetzen könnten, werden in den Regionen der »neuen Kriege« in ihrer Macht, ihren Erzwingungsmöglichkeiten und sogar in ihrer Existenz oft zerstört, mit zunehmender Tendenz. Hier liegt zugleich eine zentrale Aufgabe von Initiativen der Gegenkräfte (Verhinderung, Eindämmung, Linderung der Folgen und Reorganisation der betroffenen Gesellschaften): durch öffentliche Kontrolle der organisierten Gewalt auf lokaler, nationaler und globaler Ebene, durch Wiederherstellung der Rechtsstaatlichkeit und Durchsetzung zivilgesellschaftlicher Beteiligungsmöglichkeiten. Auch diese Aufgaben können nur global gelöst werden, und in den vergangenen Jahren sind zunehmend Ressourcen hierfür entstanden. Nicht nur lokale

141 Ebd., 20.
142 Ebd., 12.

Konflikte sind globalisiert, sondern mittlerweile hat sich eine global agierende »Armee« internationaler Akteure das peacebuilding entwickelt (Nicht-Regierungs-Organisationen NGOs wie Oxfam, Save the Children, Médecins Sans Frontières, Human Rights Watch usw., aber auch Organisationen wie der Hohe Flüchtlingskommissar der Vereinten Nationen UNHCR oder UNO-geführte militärische Verbände, Friedenstruppen usw.)[143].

Religion ist in die neuen Kriege eingebunden, auf allen Seiten der Konfliktlinien. Oft liefern religiöse Verbundenheiten bzw. deren Verletzung den Anlass für den Ausbruch von Kriegen, oft führen sie sogar zur Brutalisierung und zur Entgrenzung von Gewalttätigkeit. Religiöse Symbole und Räume wie Kirchen, Synagogen oder Moscheen sind bevorzugte Ziele von Angriffen. Die Zuschreibungen von religiöser »Identität« – derer, die zum »Eigenen« gehören, und der Anderen/Fremden, die zum Objekt der Aggression »freigestellt« werden – kann sich mit anderen Dimensionen einer »Politik der Identität« vermischen wie Nation, Clan oder Sprachgemeinschaft (beispielsweise Briten gegen Franzosen, »Kommunisten gegen Demokraten«, »Hindus gegen Christen« usw.).[144] Auch die christlichen Kirchen sind immer wieder in diese Konfliktmuster involviert.

Samuel Huntingtons These eines »Clash of Civilisations«[145] ist in akademischen, vor allem in politologischen Diskussionszusammenhängen vorwiegend kritisch aufgenommen worden, hat aber in den Massenmedien eine gewaltige Resonanz erfahren. In diesen Rezeptionsprozessen hat Huntingtons These bisweilen konfliktverschärfend gewirkt, obwohl sie in ihrem Selbstverständnis nicht so angelegt ist. Grundannahme ist eine Veränderung der globalen Beziehungen nach dem Ende der bipolaren Blöcke, die die Zeit des »kalten Krieges« bis 1989 geprägt haben. Was tritt an ihre Stelle? Huntingtons These: »Die

143 Ebd., 11f.
144 Ebd., 15f.
145 Samuel P. Huntington, Kampf der Kulturen (The Clash of Civilisations), Die Neugestaltung der Politik im 21. Jahrhundert, München/Wien 1997, 4. Auflage.

menschliche Geschichte ist die Geschichte von Kulturen.«[146] Die kommenden Konflikte der Welt werden in der Auseinandersetzung zwischen Kulturen Gestalt gewinnen, nicht zuerst in politisch, ideologisch oder wirtschaftlich bestimmten Auseinandersetzungen.

Huntington nimmt sieben große Kulturkreise an: die sinische, japanische, hinduistische, islamische, westliche, lateinamerikanische (evtl. plus afrikanische) Kultur. Erwähnt werden je nach Definition auch der russisch-orthodoxe, der byzantinische und der westlich-christliche Kulturkreis.[147] Diese Kulturkreise, die in der Regel politische Grenzen überspannen, sind in sich nicht horizontal-gleichwertig, sondern hierarchisch strukturiert. Huntington rechnet damit, dass sich die Länder eines Kulturkreises um einen »Führungs- oder Kernstaat« gruppieren.[148] Der Analyse entspricht ein spezifischer Lösungsvorschlag: Huntington schlägt vor, eine auf Kulturen (und nicht z.B. auf staatlichen oder wirtschaftlichen Einheiten) basierende internationale Ordnung als Schutz gegen militärische Auseinandersetzungen bis hin zum Weltkrieg zu etablieren. Politiker sollen dabei mit Intellektuellen als Trägern und Produzierenden von kulturellen Prozessen und Werken kooperieren.

Huntington rechnet damit, dass die Beziehungen zwischen den Kulturkreisen konflikthaft bleiben – und seine politischen Präferenzen sind deutlich. Trotz der eingeforderten Konzentration auf die Auseinandersetzung zwischen Kulturen ist seine Redeweise eher politisch-militärisch bestimmt. »In dem größeren Kampf, dem globalen ›eigentlichen Kampf‹ zwischen Zivilisation und Barbarei sind es die großen Weltkulturen mit ihren großen Leistungen auf dem Gebiet der Religion(!), Kunst und Literatur, der Philosophie, Wissenschaft und Technik, der

146 A.a.O., 49. Vgl. im Universalitätsanspruch ganz analog, aber inhaltlich deutlich anders gerichtet: «Die Geschichte aller bisherigen Gesellschaft ist die Geschichte von Klassenkämpfen«, Marx/Engels, Manifest der Kommunistischen Partei.

147 A.a.O., 57. Die Kriterien für diese Bestimmung sind nicht eindeutig. Teils wird Religion, teils Lokalität als Kriterium verwendet. Ähnlich unbestimmt ist das Verhältnis zwischen den Begriffen Kultur, Gesellschaft, Z/Civilisation.

148 A.a.O., 19.

Moral und des Mitgefühls, die ebenfalls vereint marschieren müssen, da auch sie sonst getrennt geschlagen werden.«[149] Huntingtons unausgesprochene Parteinahme und damit auch interessegeleitete Perspektive, in der dieser weltumspannende »clash of civilisations« wahrgenommen oder besser konzipiert wird, liegt auf Seiten der nordamerikanischen und westeuropäischen Kulturen: »Das Überleben des Westens hängt davon ab, dass die Amerikaner ihre westliche Identität bekräftigen und die Westler sich damit abfinden, dass ihre Kultur einzigartig, aber nicht universal ist, und sich einigen, um diese Kultur zu erneuern und vor der Herausforderung durch nichtwestliche Gesellschaften zu schützen.«[150]

In den Kampf der Kulturen sind Religionen als tragende Dimension von Kultur auch unter den Bedingungen moderner Gesellschaften eingebunden. Noch zentraler als die Sprache »ist Religion der wichtigste Faktor, der Menschen einer Kultur von Menschen einer anderen Kultur unterscheidet.«[151] Ja: Die zweite Hälfte des 20. Jahrhunderts ist geradezu durch eine Renaissance der Religionen (»la revanche de Dieu«)[152] charakterisiert. Wesentlicher Grund hierfür liegt, so Huntington, in der kulturellen Modernisierung – einschließlich ihrer wirtschaftlichen und sozialen Dimensionen – und den damit einhergehenden grundlegenden Verunsicherungen von Lebensgefühlen und Weltverhältnissen der Menschen.

Eine zentrale Konfliktlinie im »Kampf der Kulturen« ist bestimmt durch die Begegnung zwischen christlich und islamisch geprägten Kulturen, und zwar deshalb, weil sich beide in manchen Dimensionen ähneln – beispielsweise in einer teleologischen, also auf ein Ziel hinführenden Geschichtsauffassung, verbunden mit einem Missionsanspruch auf alle Welt. Islam und Christentum verbreiten sich »aktiv«, aber mit unterschiedlicher Expansionskraft. Huntingtons Prognose: Der Islam wird

149 A.a.O., 531.
150 A.a.O., 19.
151 A.a.O., 99.
152 A.a.O., 144.

sich auf die Dauer der Zeit als dominierende Religion durchsetzen.[153]

Huntingtons Thesen haben immer wieder massive Kritik erfahren,[154] beispielsweise: »Kultur« ist kein trennscharfer Begriff, eignet sich daher nicht zur Analyse von aktuellen, insbesondere von kriegerisch ausgetragenen Konflikten der jüngeren Zeit. War beispielsweise der Krieg in Ex-Jugoslawien in den 90er Jahren eine Auseinandersetzung von unterschiedlichen Kulturen oder innerhalb einer Kultur? Nicht nur in diesem massiv kriegerischen Konflikt gilt: Clashs finden vor allem innerhalb von Kulturen statt, nicht an deren Rändern. Die eigentliche Wirksamkeit von Huntingtons These, so lässt sich zusammenfassen, liegt nicht in ihrer analytischen Schärfe, sondern ihrer suggestiven Kraft. Sie gibt Politikstrategien Argumente an die Hand, die gerade nicht-kulturelle Hegemonieabsichten mit Versatzstücken aus kulturellen und auch religiösen Beständen verstärken wollen.

Der Titel von Jan Assmanns Buch »Die mosaische Unterscheidung oder der Preis des Monotheismus«[155] ist programmatisch. Die Verbindung von Religion und Gewalt wird, so seine Überlegung, in dem historischen Prozess virulent, in dem eine Umstellung von einer kosmotheistischen[156] hin zu einer monotheistischen Religionsgestalt sich durchsetzt und damit Anderes nicht mehr neben dem Eigenen anerkannt werden kann. Das Andere wird dann zum Falschen, zum Bösen, zum Schlechten. Dieser Prozess lässt sich in der »Achsenzeit« um die Mitte des ersten Jahrtausends v. Chr. in verschiedenen Kulturen nach-

153 A.a.O., 91f.

154 Vgl. aus der Perspektive des Ökumenischen Rates der Kirchen der ehemalige Generalsekretär Konrad Raiser, der eine »Kultur des Dialogs« als Vermeidung eines »Kampfes der Kulturen« einfordert: Konrad Raiser, Ist ein Kampf der Kulturen unausweichlich? Zur Ökumenischen Dekade zur Überwindung von Gewalt im Kontext der Diskussion über Auswirkungen der Globalisierung. In: Ökumenische Rundschau 49, 2000, 396-404.

155 Jan Assmann, Die Mosaische Unterscheidung oder der Preis des Monotheismus, München 2003.

156 Assmann hält diesen Begriff für tragfähiger als den des »Polytheismus«, vgl. ebenda, 64 u.ö.

weisen und so auch – mit der Durchsetzung der deuteronomistischen Redaktion der Tora nach der Katastrophe des Königsreiches Juda und dem babylonischen Exil – in der Entwicklung der jüdischen Religion. Sie wird in der grundlegenden Unterscheidung auch vom Christentum beerbt. Dieser einschneidende Wandel ist kein einmaliges historisches Ereignis, sondern eine regulative Idee, die sich in Schüben und mit Rückschlägen über Jahrhunderte entfaltet und sukzessive durchsetzt. So finden sich auch in der Tora beide Konzeptionen nebeneinander: die Priesterschrift, die sich immer auch an den Religionen der Umwelt Israels orientiert, in denen ein »oberster Gott« zwar herausgehoben, aber gegenüber anderen Göttern nicht exklusiv verehrt wird; und die deuteronomistische Theologie, die die alleinige Verehrung des einen und einzigen Gottes einfordert.
Im Zentrum dieser grundlegenden Wende steht nicht die Unterscheidung zwischen dem einen Gott und den vielen. Entscheidend ist vielmehr, dass die grundlegende Unterscheidung von »wahr« und »falsch«, von »Wissen« und »Unwissenheit«, »Glauben« und »Unglauben« usw. nunmehr rigide eingefordert und durchgesetzt wird. »Der ursprüngliche Sinn dieser Idee ist nicht, ..., dass es nur einen Gott gibt, sondern, dass es neben dem Einen Wahren Gott nur falsche Götter gibt, deren Anbetung aufs schärfste verworfen wird. ... Der entscheidende Punkt ist nicht die Einheit, sondern die Exklusion.«[157] Die »mosaische Unterscheidung« bestimmt nicht allein theologische Programme, sondern das Verhältnis der Menschen zu sich selbst, zu anderen Menschen und zur umgebenden natürlichen Lebensumwelt. »Polytheismus ist Kosmotheismus. Das Göttliche lässt sich aus der Welt nicht herauslösen. Um diese Herausforderung aber geht es im Monotheismus. Das Göttliche emanzipiert sich aus seiner symbiotischen Eingebundenheit in Kosmos, Gesellschaft (...) Im gleichen Zuge emanzipiert sich auch der Mensch aus seinem symbiotischen Weltverhältnis und entwickelt sich in Partnerschaft mit dem außerweltlichen, aber weltzugewandten

157 Ebd., 52.

Einen Gott zum autonomen bzw. theonomen Individuum (...) Der Monotheismus ist nicht nur eine Sache des Gottes –, sondern auch des Menschenbildes.«[158]

Wie lässt sich die Rolle des Christentums beschreiben? Auf der einen Seite wird, so Assmann, die mosaische Unterscheidung ermäßigt und die Tendenz zum Ausschluss und zur Abwertung alles Anderen gebrochen. Denn das Evangelium öffnet die Gottesbeziehung über das eine Gottesvolk hinaus für alle Welt. Auf der anderen Seite entwickelt sich ein neuer Exklusivismus, der in der Geschichte der Kirche immer wieder zu extremen Gewaltprozessen geführt hat und führt. »Das Christentum hat sich die Aufhebung dieser Selbstausgrenzung zum Programm gemacht und sich den Völkern geöffnet. Nun wird alles ausgegrenzt, was sich dieser Einladung verweigert. Dadurch ist der Monotheismus zumindest invasiv und gelegentlich auch aggressiv geworden.«[159]

Der Literaturwissenschaftler René Girard hat seine These von der mimetischen Ausbreitung von Gewalt in zahlreichen Publikationen entfaltet und immer weiter differenziert. Seine grundlegende Überlegung hat bereits vor einer Generation mit der Publikation des Buches »Das Heilige und die Gewalt« großen Einfluss gewonnen.[160] Ausgangspunkt ist eine anthropologische These zu einer grundlegenden Gegebenheit menschlichen Lebens: Der Wunsch bzw. das Begehren eines Menschen und Konkurrenz mit der Tendenz zu Gewaltbereitschaft entstehen im selben Augenblick. Der Mensch lernt an einem Vorbild zu begehren. Er lernt wünschen, indem er den Wunsch eines Vorbildes nachahmt. Zugleich mit dem Begehren entsteht potentziell gewaltsame Konkurrenz zum Mit-Wünschenden, der einem zugleich mit dem Objekt des Wunsches auch sein Wünschen selber gezeigt hat und sich damit zum Vorbild setzt. Sofort wird ein mimetischer Mechanismus eines nicht bewusst gesteuerten und nicht von den Subjekten kontrollierten Nachahmens eröffnet.

158 Ebd., 62.
159 Ebd., 164.
160 René Girard, Das Heilige und die Gewalt (1972), Zürich 1987.

Aber nicht nur das: Gewalthandeln selber wirkt in ähnlicher Weise mimetisch. Wer Gewalt anschaut, genauer: wer Gewalthandeln eines Täters anschaut, gerät in den Bann dieses Vorbildes. Ist Gewalt ausgebrochen, ist sie kaum begrenzbar. Sie breitet sich aus wie eine ansteckende Krankheit. Sie findet kein Ende. Sie verschlingt schließlich die gesellschaftliche Ordnung, die sie begrenzen soll.

Herausfordernd für unser Thema ist, dass Girard eine Beziehung zwischen dem Heiligen und der Gewalt behauptet. Er hat diese These in späteren Werken mit Blick auf das Christentum modifiziert;[161] in der grundlegenden Überlegung unterstreicht er den intensiven Zusammenhang von Gewalt und Religion. Im Blick stehen das Opfer und die ihn begründenden und entfaltenden Mythen. Girards Überlegung: Weil Gewalt sich mimetisch ausbreitet, kann sie wirkungsvoll vor allem durch den mimetischen Mechanismus selber wieder gebunden werden. Girard spricht in diesem Zusammenhang vom »Ursprungsmord« einer Gesellschaft: eine Gewalttat, die so gewaltig ist, dass sie alle Gewalt in sich selbst aufsaugt. Es werden Opfer »ausgewählt«, denen die Schuld am gesellschaftlichen Unfrieden und der sich immer weiter ausbreitenden Gewalt zugeschrieben wird. Dieser Sündenbock-Mechanismus trifft niemals die realen Ursachen der Gewaltkrise und ist dennoch hochgradig wirkungsvoll. Die Gesellschaft, die in rasender Gewalt aller gegen alle taumelt und zerfällt, vereint sich in dem einen ungeheuren Mord, der (an den »Hexen«, den »Zigeunern«, unvergleichlich monströs auch an den Juden) die Gestalt spontaner Pogrome oder Massaker oder auch quasi-rechtlich sanktionierter Verwaltungsvollzüge haben kann. Die Gesellschaft vereint sich wieder in der Fantasie, dass jetzt »Frieden« eintreten kann, nachdem die vermeintlichen Verursacher des Unfriedens zur Strecke gebracht wurden. Dieser eine Mord ist so gewaltig, dass er alle Gewalt, die bereits im Spiel ist, in sich selbst aufsaugt. An die Stelle der Gewalt, die sich über den Mechanismus der Nachahmung, also den mime-

161 Vgl. vor allem: René Girard, Ich sah den Satan vom Himmel fallen wie einen Blitz. Eine kritische Anthropologie des Christentums. 1999, München/Wien 2002.

tischen Mechanismus ungebremst weiter ausbreitet, tritt jetzt zugleich Erschrecken und Erleichterung über diesen einen ungeheuren Mord. »Frieden« kann sich ausbreiten. Die Menschen, die das Ende der Gewalt wie das Ende einer furchtbaren ansteckenden Krankheit erleben, schieben dem Opfer diese versöhnende Wirkung zu. Das Opfer wird geheiligt, »sakralisiert«. Das allgemeine Morden, die Gewalt aller gegen alle wird durch diesen »Ursprungsmord« still gestellt, und das kultische Opfer ist die rituelle Wiederholung dieser monströsen Gewalttat, die die Illusion gesellschaftlichen Friedens stiftet und zumindest temporär die Ausbreitung von Gewalt bindet und in Schach hält. Verheerend ist die Verbindung des Heiligen mit der Gewalt vor allem deshalb, weil die befriedende Wirkung des Opfer-Mechanismus immer illusorisch ist: Das Frieden schaffende Opfer ist eine Lüge, die Verbindung zwischen dem »Heiligen« und der »Gewalt« führt langfristig nicht zu ihrer Eingrenzung. Die Werke, die Girard nach »Das Heilige und die Gewalt« veröffentlicht hat, finden ihr Zentrum in der These, dass die Passion Jesu Christi und die biblischen Opfertexte beider Testamente überhaupt eine Demaskierung der Lüge des Opfer-Mechanismus und damit eine Befreiung von seiner Wirksamkeit beinhalten: vor allem darin, dass auf die Schuldlosigkeit des Opfers aller Wert gelegt wird.

Aber auch die christliche Religion ist faktisch immer wieder in Gewaltkrisen einbezogen – historisch und aktuell. Theo Tschuy, 2003 verstorbener methodistischer Pfarrer aus Zürich und im Ökumenischen Rat der Kirchen zuständig für Menschenrechtsfragen,[162] analysiert an Fallbeispielen die Einbindung der christlichen Kirchen in Kriegshandlungen und ihre Vorbereitung (Armenien, die Shoah an den Juden, Sudan, Ruanda, Palästina/Israel, Libanon, Sri Lanka, Bosnien-Herzegowina, Lateinamerika). Das Ergebnis ist für die Kirchen in vieler Hinsicht niederschmetternd. «The apathy and indifference of churches in the

162 Théo Tschuy war in den letzten Jahren seiner Amtszeit zuständig für das Menschenrechtsprogramm der Kirchen zur Verwirklichung der Schlussakte von Helsinki bei der Konferenz Europäischer Kirchen

face of racial, ethnic and other conflict and suffering continue to be a problem.«[163] Viele Christ/innen akzeptieren politisches Leiden von Menschen als »unvermeidbar«, ja Tschuy stellt gerade bei Christen, die in Gesellschaften mit Gewaltkrisen leben, eine hohe Toleranz gegenüber Gewalt bis hin zum Tötungshandeln unter Christen fest.[164] »In this situation ecumenism must not remain in the defensive. But the new situation demands an honest examination of the dual role which religion often plays in the world and in ethnic conflicts in particular. On the negative side, as we have seen repeatedly in the nine case situations, religion tends to side with government, no matter how authoritarian, tyrannical, reactionary and destructive its power. Religion thus contributes to injustice, fear, intolerance and violence even when it is silent and politically ›neutral‹. On the positive side, religion also can and does work for peace, justice, reconciliation and solidarity; and many Christians have renewed their faith through ecumenical commitment, breaking out of the desillusion caused by ossified and claustrophobic religious communities.«[165]
Der Ökumenische Rat der Kirchen versucht, mit der »Dekade zur Überwindung von Gewalt« 2001-2010 Schritte auf dem Weg zu initiieren, auf dem die Ambivalenz im Verhältnis christlicher Religion zur Gewalt im Sinne der biblischen Friedensbotschaft vereindeutigt werden kann. Voraussetzung ist dabei, so Tschuy, zuallererst eine vorbehaltlose Analyse eigener Eingebundenheit in Gewaltprozesse und -strukturen. »If Christianity wishes to shake off its ambivalence and become a truly prophetic instrument in God's hand, it must engage in a credible self-examination which acknowledges its disobedience and spells out its multiple forms of complicity«.[166]

163 Théo Tschuy, Ethnic Conflict and Religion, Challenge to the Churches. Geneva 1997, 138.
164 Vgl. ebenda, 139.
165 Ebd., 146.
166 Ebd., 140.

4. *»Gewaltunterbrechung«: Der Kontext der Untersuchung in der ökumenischen »Dekade zur Überwindung von Gewalt 2001-2010«*

Die dunkle Seite der Ambivalenz im Verhältnis von »Religion« und »Gewalt« ist unbestreitbar und wird aus ganz unterschiedlichen Perspektiven thematisiert und analysiert. In allen großen Religionen finden sich zugleich Handlungs- und Reflexionsformen, zerstörerische Gewalt zu unterbrechen, holzschnittartig zugespitzt und in historischer Folge mit Blick auf einige Weltreligionen benannt:

- durch Bindung und Umwandlung von Gewalt durch Opfer im Hinduismus;
- durch Aufhebung des Begehrens als der energetischen Schubkraft von Gewalt im Buddhismus;
- durch Umwandlung von zerstörerischer in solidarische Wechselseitigkeit in Judentum und Christentum;
- durch Aufhebung mimetischer Reziprozität (in Gewalt- ebenso wie in Gabenkommunikation) durch deren vollständige Erfüllung im Glauben an die »ein für alle Mal« gültige Lebenshingabe Jesu Christi im Christentum;
- oder durch Rechtleitung (die »fünf Säulen«) im Islam.

Um solche Potenziale von Religion für Gewaltunterbrechung soll es in dieser Untersuchung gehen. Dabei gelten von vornherein diese Eingrenzungen: Wir fragen nach »Gewaltunterbrechung durch religiöse Verbundenheit« aus christlicher Perspektive, genauer aus protestantischer Perspektive im Kontext des globalen Christentums. Exemplarische Fälle aus anderen Religionen werden in die Untersuchung einbezogen, stehen aber nicht im Fokus. Kontext der hier vorgetragenen Überlegungen ist die Initiative des Ökumenischen Rates der Kirchen (ihm gehören bis auf die römische Kirche ein Großteil der Kirchengemeinschaften des globalen Christentums an), der für das erste Jahrzehnt unseres Jahrhunderts eine »Dekade zur Überwindung von Gewalt« ausgerufen hat. In Kirchengemeinden und Wohnquartieren weltweit, auf ökumenischen Konferenzen, in Basisinitiativen wie in Kirchenleitungen gewinnt diese Initia-

tive Gestalt – in Debatten und Analysen, Gottesdiensten und Erklärungen, best-practice-Initiativen und politischen Positionierungen.[167]
Als der Ökumenische Rat der Kirchen auf seiner Vollversammlung in Harare/Zimbabwe 1998 die »Dekade zur Überwindung von Gewalt (2001-2010)« (DOV) beschließt, kann er bereits auf einer lang andauernden und organisch sich entwickelnden Geschichte in den Aktionen und Denkbewegungen der Gemeinschaft der Kirchen aufbauen. Fernando Enns, Mitglied im Zentralausschuss des ÖRK und Leiter der »Arbeitsstelle Theologie der Friedenskirchen« am Hamburger Fachbereich Evangelische Theologie, stellt fest: »In seiner über fünfzigjährigen Geschichte hat der ÖRK immer wieder Nöte, Fragestellungen und Impulse aus den Mitgliedskirchen in unterschiedlichen Kontexten aufzugreifen gesucht, um in Form von konkreten Programmen der gesamten Gemeinschaft der Kirchen zu dienen.«[168] Im Antirassismus-Programm gegen die Apartheid im Südlichen Afrika seit Ende der 1960er Jahre oder im Konziliaren Prozess »für Gerechtigkeit, Frieden und Bewahrung der Schöpfung« wurden gesellschaftliche Analysen, theologische Reflexion und konkrete Aktionen in spezifischen Problemkontexten miteinander verbunden. Die Gestaltung der Dekade zur Überwindung von Gewalt kann an diese Prozesse anknüpfen, ohne sie einfach zu wiederholen. Es geht um Konzentration und neue Perspektiven.

167 Vgl. zur ersten Information z.B.: Fernando Enns, »Lass dich von Gott verwandeln, dann wirst du die Welt verwandeln.« Dekade zur Überwindung von Gewalt in Porto Alegre 2006, Ökumenische Rundschau, 55. Jahrgang 2006, 464ff.; ders., Ökumenische Friedenskirchen-Ekklesiologie. Ein trinitätstheologischer Ansatz. Ebd., 131ff.; Emmanuel Clapsis, Ambivalenz, Subjektivität und spirituelles Leben. Für eine Kultur des Friedens durch Achtung von Andersartigkeit. Ebd., 183ff.; Halbzeit der Dekade zur Überwindung von Gewalt 2001-2010: Kirchen für Frieden und Versöhnung (Hintergrunddokument des ÖRK für die weitere Arbeit in den kommenden fünf Jahren), ebd., 225ff.; Fernando Enns, Building Peace, Healing, Forgiveness, and Renewal. In: Donald E.Miller et al. Editors, Seeking Peace in Africa. Stories from African Peacemakers, Telford/Pennsylvania 2006, 203ff., Fernando Enns, Gemeinschaftsbildung zur Überwindung von Gewalt. Mechanismen der Gewaltüberwindung und Impulse zur theologischen Reflexion. In: ders., Dekade zur Überwindung von Gewalt 2001-2010. Impulse. Frankfurt a.M. 2001, 31ff.

168 Fernando Enns, Gemeinschaftsbildung zur Überwindung von Gewalt. Mechanismen der Gewaltüberwindung und Impulse zur theologischen Reflexion. In: a.a.O., 31ff.

Bereits in Harare wurde eine Untersuchung von »best practice«-Initiativen beschlossen: in der Kampagne »Frieden für die Stadt« (»Peace to the City«) wurden exemplarisch sieben Städte in allen Teilen der Welt ausgewählt, in denen Überwindung von Gewalt zumindest ansatzweise gelingt: Belfast/Nordirland, Boston/USA, Colombo/Sri Lanka, Durban/Südafrika, Kingston/Jamaika, Rio des Janeiro/Brasilien und Suva/Fidji. »Der Blick auf diese kreativen und gelungenen Versöhnungsinitiativen provoziert eine erneute Analyse der Gewaltkontexte ebenso wie der Überwindungsmechanismen. Und auf dieser Grundlage kann dann ein erneutes theologisches Reflektieren altbekannter Themen beginnen …, ein gemeinsames Fragen nach tatsächlichen Ursachen der Gewalt und Möglichkeiten ihrer Überwindung vom Zentrum des christlichen Glaubens her …«[169]
Die hier gewählte lebensweltbezogene, auf konkrete Initiativen konzentrierte Perspektive soll auch in unserer Untersuchung aufgenommen werden. In den Wahrnehmungen und Reflexionen sind charakteristische Bedingungen und Entwicklungen von Gewalt-Prozessen deutlich geworden, die je vor Ort ein eigenes Gesicht gewinnen, aber auch Gemeinsamkeiten teilen. Charakteristisch für Gewaltbedingungen und -prozesse in den Städten sind beispielsweise ein direktes Nebeneinander und die Polarisierung von Armut und Reichtum wie in Rio de Janeiro. Hier zeigt sich besonders deutlich die Ausbreitung von Kriminalität, die Abgrenzung der Reichen in Wohnquartieren, die von Stacheldraht und Mauern umgeben sind und mit Hilfe von privaten bewaffneten ›Sicherheitskräften‹ ›geschützt‹ werden; die Kriminalisierung der ganzen Stadt auf dem Hintergrund der ungerechten Verteilung von Gütern und Perspektiven; die Situation von Jugendlichen, die keine Chance haben, jemals durch Ausbildung ein geregeltes Arbeits- und Familienleben zu schaffen. Die Betroffenen sehen sich marginalisiert, sehen keinen Sinn, ihre Ausbildung zu Ende zu bringen, wenn danach nur Erwerbslosigkeit auf sie wartet. Für Heranwachsende ist

169 Ebd., 34.

mit dem Handel von Drogen und mit Diebstählen mehr Geld zu verdienen als mit irgendeiner anderen Anstrengung. Beide Seiten rüsten täglich auf, in der ganzen Stadt herrscht ein Klima des gegenseitigen Misstrauens. Staatliche Organe und insbesondere die Polizei haben im besten Falle versagt, sind oft selbst Teil des Gewaltzirkels geworden und versuchen daran zu verdienen: eine Stadt ohne staatliches Gewaltmonopol und ohne Vertrauen in die Exekutive.

Anderswo sind die Konflikte anders gelagert, wie in Colombo, der Hauptstadt von Sri Lanka; hier spielen stärker ethnische, kulturelle und vor allen Dingen religiöse Konflikte in die Auseinandersetzungen hinein. Religiöser Fundamentalismus wirkt wie ein Durchlauferhitzer, und nicht selten sind es gerade Geistliche, die Bereitschaft zur Gewaltanwendung immer wieder anfachen. »Trotz der Unterschiedlichkeit der Kontexte lassen sich strukturelle Gemeinsamkeiten in den Städten beobachten. Gewaltzirkel sind circuli vitiosi, Teufelskreise im wahrsten Sinne des Wortes, wie die Beispiele aus den Städten zeigen. Die Zirkel erhalten sich nicht nur aufgrund der internen Ungerechtigkeit innerhalb der Stadt, sondern sie werden zusätzlich von außen, von externer Ungerechtigkeit gestützt, sei es durch eine unfaire globalisierte Marktwirtschaft, die Teile des Südens zusätzlich marginalisiert und nur eine Elite an den Gewinnen teilhaben lässt; sei es durch einen internationalen Waffenhandel, der nicht nur an militärischen Auseinandersetzungen verdient, sondern auch an kriminalisierten Gesellschaften, die bereit sind, immense Summen in die private Aufrüstung zu investieren; sei es durch die politische Verweigerung, Menschenrechtsverletzungen durch die Weiterentwicklung des internationalen Rechts auch über nationale Grenzen hinweg zu verfolgen.«[170]

Wie können in solchen Umfeldern Initiativen zur Gewaltüberwindung Gestalt gewinnen? In all diesen Städten begannen die Projekte damit, dass sich Einzelne mit anderen Einzelnen verbündeten. Wichtig war ein symbolisches Zentrum, beispiels-

170 Ebd., 39f.

weise ein Haus, ein offener Raum, in dem Gastfreundschaft gelebt und Bildung von Gemeinschaft eröffnet wurden. Gut war, wenn es gelang, die Medien aufmerksam zu machen, die solche Initiativen dann bisweilen unterstützten. Dazu konnten Freiwillige geworben werden, beispielsweise in einem Programm, in dem in Rio de Janeiro 10.000 freiwillige junge Erwachsene für ihren Einsatz in der Gemeinschaft nachträglich eine Schulbildung erhalten haben. Verbündete in anderen Organisationen, auch in staatlichen Stellen wurden gefunden, Experten für verschiedene (z. B. pädagogische und diakonische) Projekte interessiert, die sich freiwillig engagierten. »Allmählich etabliert sich ein ›Trend‹ in einer lokalen Gemeinde. Das Umdenken beginnt, früher scheinbar Unmögliches wird denkbar und sogar Mentalitäten ändern sich allmählich. So kann tatsächlich eine Kultur der Gewaltlosigkeit im Kleinen wachsen.«[171]
Mit dieser Initiative »Frieden für die Stadt« sei eine charakteristische und besonders eindrückliche Initiative angesprochen, die im Programm des Ökumenischen Rates der Kirchen zur Überwindung von Gewalt lebendig wurde. In einer Vielzahl von Publikationen sind theologische Diskussionen, soziologische und politologische Analysen und Praxisinitiativen dokumentiert worden. Die Debatte zum Zusammenhang zwischen Religion und Gewalt hat in der christlichen Ökumene lange vor der gegenwärtigen Dekade zur Überwindung von Gewalt (DOV) begonnen, und jetzt, am Ende dieses Jahrzehnts, liegt eine große Zahl von Untersuchungen, Diskussionsbeiträgen und Analysen vor, die der Dekade ein Gesicht geben. Im Blick sind immer wieder politische Prozesse, in denen sich die Macht religiöser Orientierungen in Gewaltkrisen in der einen oder anderen Weise zeigt. Beispielsweise wird das Aufkommen eines militanten religiösen Nationalismus als Reaktion auf das Versagen des Modells eines säkularen Staates gedeutet.[172] Apokalyptische

171 Ebd., 41.
172 Konrad Raiser, Schritte auf dem Weg zur Ökumene, Frankfurt a.M. 2005, in Aufnahme von Überlegungen von Walter Wink und René Girard sowie Mark Juergensmeyer, The New Cold War? Religious Nationalism Confronts the Secular State, Berkeley 1993.

Vorstellungen im fundamentalistischen Protestantismus im Mittelwesten der USA werden auf ihre Gewaltbereitschaft fördernde und legitimierende Brisanz hin untersucht[173]. Mit theologischem Interesse wird nach einem biblischen Verständnis des Bösen auf dem Niveau des aktuell verfügbaren anthropologischen Wissens gefragt: welche Macht bewegt in den Tiefendimensionen Verhaltensbereitschaften, Strukturen und Institutionen von Rassismus und Militarismus, worin besteht ihr eigentlicher energetischer Kern? Kann von einer Art »dämonischer Spiritualität« von Strukturen, Institutionen und Motivationen der Gewalt gesprochen werden?[174] Immer wieder wird die Konkretisierung des analytischen wie praktisch-politischen Engagements gegen Gewalt mit Blick auf besonders bedrohte Bevölkerungsgruppen eingefordert.[175] Reziprozitätsmuster werden in ihrer Macht mit Blick auf Gewalt, aber auch mit Blick auf Gabenkommunikation in ihrer verbindenden, Gewalt überwindenden Wirkung analysiert und in die theologische Arbeit eingebracht.[176] Immer wieder ist es die Theorie von René Girard, die für den theologischen Diskurs fruchtbar gemacht wird als »Chance zur Überwindung des faulen Burgfriedens zwischen aufgeklärter Subjekteuphorie und christlicher Theologie«[177] und als Möglichkeit, eine »aktionistische Verkürzung« in der DOV zu überwinden, indem Girards reziprozitätstheoretischer Ansatz mit Analysen aus der Befreiungstheologie und deren Insistieren auf wirtschaftlicher Ungerechtigkeit als Hintergrund von Gewaltkrisen kontextualisiert

---

173 Erhard Kamphausen, Die Macht des Bösen in der Endzeit. In: Erhard Kamphausen/Gerhard Köberlin (Hrsg.), Gewalt und Gewaltüberwindung. Stationen eines theologischen Dialogs. Frankfurt a.M. 2006.

174 Walter Wink, Engaging the Powers. Discernment and Resistance in a World of Domination. Minneapolis 1992.

175 Vgl. z.B. Kirchen sagen Nein zur Gewalt gegen Frauen. Aktionsplan für die Kirchen. Lutherischer Weltbund (Hrsg.), Genf 2002.

176 Ralf Miggelbrink/Ulrike Link-Wieczorek, Vom bewegenden Geben Gottes: neuere Arbeiten zu einer ökumenischen Theologie der Gabe, Ökumenische Rundschau 56/2007, mit Blick auf Arbeiten von Magdalene Frettlöh, Theodor Ahrens, Risto Saarinen, John Milbank u.a., 229-267.

177 Ralf Miggelbrink, Der Mensch als Wesen der Gewalt. Die Thesen René Girards und ihre theologische Rezeption. Ökumenische Rundschau 49/2000, 431-443.

wird.[178] Die Faszination von Gewalt wird in ihren Bedingungen untersucht: eine theologische Sicht des Bösen muss nicht nur grundlegende theologische und anthropologische Dimensionen im Blick haben, sondern auch alltagspraktische Stressfaktoren wie Zeitdruck oder Propagierung von Stereotypen. Jeder kann zum Übeltäter werden, wenn außerordentliche Anreize von außen sich mit anthropologisch analysierbarer Gewaltlust verbinden.

Gewalt kann als Reaktion auf eine Wahrnehmung des eigenen Lebens verstanden werden, in der die Vorstellung des Mangels vorherrscht; gegen diese Mangel- Fixierung kann im Glauben die Faszination der göttlichen Lebensfülle gesetzt werden.[179] »Vergebung« und »Versöhnung« werden als biblisch-theologische Traditionen in ihrer Bedeutung und Kraft für Gewaltüberwindung erörtert[180] und in ihrer Relevanz für die Bearbeitung massiver Gewaltkrisen der jüngeren Geschichte wie nach dem Ende des Apartheidsystems in Südafrika aufgearbeitet.[181] Kirchenleitungen von Kirchen innerhalb[182] wie außerhalb[183] des Ökumenischen Rates der Kirchen haben sich mit Stellungnahmen und Erklärungen zu Wort gemeldet, und die Deutlichkeit ebenso wie die Wirksamkeit dieser Stellungnahmen wird untersucht.[184]

---

178 Theodor Ahrens, Der Text in den Kontextualitäten. Zur Relevanz der Kulturhermeneutik René Girards für die Kontextualisierungsproblematik. In: Gegebenheiten. Missionswissenschaftliche Studien, Frankfurt a.M. 2005, 81-110.

179 Vgl. Geiko Müller-Fahrenholz (Hrsg.), Faszination Gewalt. Aufklärungsversuche. Frankfurt a.M. 2006, vor allem die Beiträge von Philip Zimbardo (15-49) und Ralf Miggelbrink (200-223).

180 Geiko Müller-Fahrenholz, Vergebung macht frei. Vorschläge für eine Theologie der Versöhnung. Frankfurt a.M. 1996.

181 In durchaus kritischer Perspektive: Tinyiko Sam Maluleke, Sechs Thesen zum südafrikanischen Experiment der Versöhnung und innergesellschaftlichen Vergebung (social forgiveness), in : Ökumenische Rundschau 49/2000, 462-470.

182 Beispielsweise: »ÖRK-Dekade zur Überwindung von Gewalt 2001-2010: Botschaft der historischen Friedenskirchen.« Ökumenische Rundschau 50/2001, 502-505.

183 Gerechter Friede. Hrsg. vom Sekretariat der Deutschen Bischofskonferenz, Bonn 2000.

184 Beispielsweise: Jens Dechow, Die deutschen Kirchen auf dem Weg zur Ökumenischen Dekade zur Überwindung von Gewalt. Ein Zwischenstandsbericht. In: Ökumenische Rundschau 49, 2000, 479-485.

Die hier vorgelegte Untersuchung steht im Kontext dieser Debatte und wird von ihr in vieler Hinsicht herausgefordert und befruchtet. Zugleich wird ein Fokus gewählt, der nach unserer Überzeugung eine bisher zu wenig beachtete, aber zentral wichtige Perspektive in die Debatte einbringt. Warum wählen wir das Stichwort »Unterbrechung« – und nicht beispielsweise »Beendigung« oder »Aufhebung« oder »Überwindung« von Gewalt? Gegenüber dem Titel »Gewaltüberwindung«, das der Ökumenische Rat der Kirchen zur Kennzeichnung seiner Dekaden-Initiative gewählt hat, ist das Stichwort Gewaltunterbrechung in seiner Reichweite begrenzter. Es wird offen gelassen, ob »Gewalt« wirklich »überwunden« werden kann. Vielmehr wird unter der Voraussetzung, dass Gewalt im gesellschaftlichen Leben »im Spiel« ist, danach gefragt, wie und unter welchen Bedingungen ihre Abläufe, vor allem ihre Faszination unterbrochen werden können. Neben den bescheideneren Anspruch tritt zugleich ein spezifisches Zeitverständnis. Unterbrechung findet ihre Zeit im Augenblick, im kairos. Dauerhaft eingespielte Handlungsmuster sollen – für diesen Moment, vielleicht aber auch mit einer Zukunftsperspektive einer veränderten Dauer – außer Kraft gesetzt und verändert werden. Auf den ersten Blick könnte diese Perspektive als resignativ verstanden werden. Sie ist es keineswegs. Nach dem kairos der Gewaltfaszination und der Gewaltunterbrechung zu fragen, ist nach unserer festen Überzeugung der entscheidende Schritt, dem Verständnis des Phänomens Gewalt näher zu kommen und seine Macht zu begrenzen: eben durch Unterbrechung von Gewalt.[185]

185 Wir planen im Anschluss an diese Studie ein Forschungsprojekt, das gemeinsam mit Andrea Bieler, Professorin für Praktische Theologie an der PSR Berkeley/California, und in Hamburg gemeinsam mit Kolleg/innen aus dem Institut für Praktische Theologie, der Missionsakademie, der Arbeitsstelle Theologie der Friedenskirchen und der Arbeitsstelle Kirche und Stadt entwickelt wird.

Von Ambivalenz zu Transformationspotenzial: Gewaltunterbrechung durch religiöse Verbundenheit

Wie lassen sich Zustandekommen und Verlauf von Gewaltkrisen verstehen? Wie werden Menschen in sie verwickelt? Was ist überhaupt Gewalt, und wie kommt es dazu? Wir haben dazu ein fast unüberschaubares Angebot an Theorien und Einzeluntersuchungen aus unterschiedlichen wissenschaftlichen Perspektiven. In diesem Abschnitt sind Theorien zu »Gewalt« vorzustellen. Das ist mühsam, weil in erheblicher Abstraktion ein Überblick über Wissens- und Interpretationsbestände verschafft werden muss. Die Frage nach »Gewalt« wird von verschiedenen Theorieperspektiven aus unterschiedlich dimensioniert; diese sollen nicht alternativ und konkurrierend, sondern als Ressourcen verstanden werden, die unterschiedliche Dimensionen von Gewalt zugänglich machen.

Eine Einschränkung in diesem nahezu unübersehbaren Feld ist gleich zu Beginn nötig: Im Blick sind hier zerstörerische Formen von Gewalt. Die Konzentration auf zerstörerische Gewalt verleugnet nicht, dass es lebensförderliche Aggression als energetische Basis von Aktivität, Tatkraft, auch Zärtlichkeit und erotischem Begehren gibt. Ohne Aggression in diesem lebensförderlichen Sinn wären weder Leidenschaft und erotisches Begehren, das an den/die Andere/n wirklich »rangeht«, denkbar noch Kulturleistungen, die auf Veränderung von Vorgegebenem, auf Durchsetzung von Neuem zielen – mit allen Konflikten, die in solchen Prozessen zu bestehen sind – gelingendenfalls auf der Basis wechselseitigen Respekts. Nicht diese lebensnotwendigen und lebensförderlichen Formen von Aggression stehen im Fokus der hier entwickelten Überlegungen, sondern Aggression in Form von Gewalt als wie immer zerstörerische Gefühls- und Handlungsmuster, Lebensbedingungen, Strukturen und Strategien.

1. Zwei Schlaglichter: Gewalt als gesellschaftliche Krise; Gewalt als lebensgeschichtliche Deformation

Das Gewaltthema ist so umfassend, dass mir zunächst eine Annäherung in zwei langsamen Einstellungen sinnvoll scheint: eine Draufsicht auf die Entwicklungsdynamik von gesellschaftlichen Gewaltkrisen; und eine Nahaufnahme eines Gewalttäters.

Draufsicht: zur Dynamik von Gewaltkrisen.[186] Wer sich durch Zeitungslektüre oder Fernsehnachrichten über Gewaltkrisen informiert, die in den letzten zwei Jahrzehnten – nach dem Ende des Kalten Krieges und dem Zerfall der konkurrierenden Militärblöcke – immer wieder ausbrechen (so im ehemaligen Jugoslawien, in Randbereichen der ehemaligen Sowjetunion, in Westafrika, in Somalia, in Ruanda, im Kongo, in Darfur), dem wird sich ein Verlaufsmuster aufdrängen. Am Beginn von Gewaltkrisen steht in der Regel ein Zerfall, mindestens eine Schwächung der gesellschaftlichen Zentralinstanz, die bisher, oft mit autoritären Mitteln, Differenzen und Konflikte zwischen ethnischen und/oder religiösen Gruppen kontrolliert und Machtunterschiede stabilisiert hat; dabei kann es sich um interne oder – wie bei ehemaligen Kolonialstaaten – um von außen importierte zentrale Machtstrukturen handeln. Ökonomische Knappheit und soziale Verwerfungen nehmen für weite Bevölkerungsteile dramatische Ausmaße an. Menschen, die in der gleichen Region bisher oft über lange Zeiträume ungeachtet ethnischer oder religiöser Unterschiede in alltäglicher Vertrautheit gelebt haben, die Arbeitsplätze und Straßen, Häuser und selbst Ehebetten miteinander geteilt haben, werden in dramatisch kurzer Zeit zu Kombattanten einer Gewaltorgie.

Die Bevölkerung einer Region zerfällt in gegeneinander feindliche Segmente. Die Innen-Außen-Differenzierung der Segmente wird jeweils rabiat hochgeladen: nach innen wird die eigene Gruppe – ethnisch, religiös, historisch usw. – rigide har-

186 Vgl. Hans-Martin Gutmann, Reziprozität unterbrechen, Beziehung stärken. Chance und Grenze kirchlichen Handelns in Gewaltkrisen. In: Friedrich Schweitzer (Hrsg.), Religion, Politik und Gewalt. Veröffentlichungen der Wissenschaftlichen Gesellschaft für Theologie Band 29, Gütersloh 2006, 742-758.

monisiert und nivelliert: Alle alltäglich selbstverständlichen Differenzen (wie die zwischen Beruf, Freizeitinteressen, Geschmack usw.) werden gegenüber der einzig als geltend zugelassenen ethnischen, religiösen, historischen usw. Differenz nicht mehr wahrgenommen oder sogar zunichtegemacht. Zugleich gilt nach außen hin alles, was anders ist, als feindlich und lebensbedrohlich. Das Andere muss um des eigenen Überlebens, der eigenen Identität usw. willen bekämpft, im Extremfall vernichtet werden.

Oft können sich eine oder mehrere ethnische, religiöse usw. Gruppen mit den Resten der zerfallenden Zentralmacht verbünden und diese für sich instrumentalisieren. Ehe es zum Ausbruch der manifesten Gewaltkrise kommt, können Monate, manchmal Jahre der Vorbereitung vergehen, in denen sich eine oder mehrere Gruppen heimlich bewaffnen und ihren Einfluss ausbauen, vor allem in den Massenmedien. Über diese Kanäle werden die als fremd/anders definierten Gruppen entwertet und perhorresziert: ihnen werden mindestens die Gewaltpotenziale und -absichten unterstellt, die in der eigenen Gruppe gehegt werden.

Entwertungs- und Angstdiskurse nisten sich nach und nach in bislang problemlose Alltagskommunikationen ein. Bricht die manifeste Gewaltkrise los, entfaltet sie in der Regel eine Dynamik, die die Reste von Rationalität schnell unterspült, mit denen sie begründet und inszeniert wurde. In der Regel werden die z.B. ökonomischen oder politischen Kalküle der Gruppe, die den Pogrom angezettelt hat, im Verlauf einer einmal entzündeten Gewaltkrise ebenfalls zunichtegemacht.

Ist die Gewaltkrise ausgebrochen, werden Einzelne und Gruppen ungeachtet ihres Bildungsstandes und ihrer bisherigen sozialen Lage von der Gewalt aufgesogen. Oft sind die Individuen nicht in der Lage, sich später, wenn die Ekstase vorbei ist und sie vor Gerichtshöfen, Wahrheitskommissionen oder ähnlichen Instanzen befragt werden, in ihrem eigenen Gewalthandeln wiederzuerkennen. Auf dem Höhepunkt des Taumels werden nicht nur einmal erreichte Stufen von »Zivilisiertheit« – der

Kontrolle von Affekten durch innerpsychische Instanzen – radikal unterlaufen, sondern Bildung, Einsicht, Selbstreflexion usw. sind nicht in der Lage, der Einverleibung in den Gewaltfluss eine Grenze entgegenzusetzen.
Nahaufnahme: Die Physiognomie eines Gewalttäters. Hans-Jürgen Wirth beschreibt in einem Beitrag zum Buch »Der 11. September. Psychoanalytische, psychosoziale und psychohistorische Analysen von Terror und Trauma«[187] auf dem Hintergrund eines narzissmustheoretischen Ansatzes zentrale Dimensionen eines Bereitschafts- und Handlungsmusters, dem er den Namen »Fanatismus-Syndrom« gibt. Der Fanatiker hat alle Gefühle für andere Menschen in sich abgetötet und diese auf die Partei, Gruppe oder Religion, der er sich verpflichtet fühlt, projiziert. Die totale Unterwerfung lässt eine Leidenschaft entstehen, die Wirth in Anschluss an Erich Fromm als »kaltes Feuer« bezeichnet: Der Fanatiker ist bereit, alles, was in seinem Leben sonst wertvoll ist – und schließlich sein Leben selbst –, für diese Projektion zu opfern. Die nach dem Anschlag aufgefundenen Anweisungen aus dem »Testament« des Terror-Piloten Muhamed Atta geben Gelegenheit, diese Überlegung zu veranschaulichen.
Atta schreibt beispielsweise: »5. Weder schwangere Frauen noch unreine Personen sollen von mir Abschied nehmen ... 6. Frauen sollen nicht für meinen Tod Abbitte leisten ... 11. Frauen sollen weder bei der Beerdigung zugegen sein noch irgendwann später sich an meinem Grab einfinden ... 9. Derjenige, der meinen Körper rund um die Genitalien wäscht, sollte Handschuhe tragen, damit ich dort nicht berührt werde.«[188] Wirth interpretiert dieses Selbstzeugnis so, dass in der psychischen Situation

187 Hans-Jürgen Wirth, Macht, Narzissmus, Destruktivität. Individuelle und kollektive Aspekte in der Politik. In: Thomas Auchter u.a. (Hrsg.), Der 11. September. Psychoanalytische, psychosoziale und psychohistorische Analysen von Terror und Trauma. Psychosozial-Verlag Gießen 203, 64-88. Vgl. hierzu auch: Hans-Martin Gutmann, Der faszinierende Augenblick der Gewalt und die Chance der Seelsorge. In: Ilona Nord, Fritz Rüdiger Volz (Hrsg.), An den Rändern. Theologische Lernprozesse mit Yorick Spiegel. Münster 2005, 379-400.

188 Zit. nach Der Spiegel 40/2001, S. 32f.

des Fanatikers die gesamte Sphäre des Körperlichen, der Beziehungen und überhaupt das Gesamt alltäglicher Realitätswahrnehmung entwirklicht wird. Jedes Gefühl, jede intensive Beziehung insbesondere zu Frauen, jede Einfühlung in das Erleben der Opfer wird rigide abgewehrt. Wirth sieht hier eine Entsprechung zu Klaus Theweleits Analyse der »Stahlgestalt« des »soldatischen Mannes« (hier aus der Zeit des 1. Weltkrieges und des Faschismus)[189].

Die Welt- und Selbstwahrnehmung des Gewalttäters wird auf die rigiden Regeln der Gruppe und auf die ebenfalls bis zur Unkenntlichkeit auf Rigidität hin ver-lesenen Gebote der Religion eingeschränkt. Vom narzissmustheoretischen Erklärungsansatz aus interpretiert Wirth die psychische Wirksamkeit dieser rigiden Regeln nicht als Bestandteil des Über-Ichs, sondern vielmehr des Ich-Ideals des Fanatikers: »Der Fanatiker entwickelt ein narzisstisch übersteigertes Selbstbild, so als wolle er sagen: ›Ich bin etwas ganz Besonderes, Ungewöhnliches, Einzigartiges. Ich bin eine Lichtgestalt, ein Erlöser. Ich bin mit einer unermesslichen Machtfülle ausgestattet ... Ich habe alles unter Kontrolle und vertraue auf nichts und niemanden außer auf die allein selig machende Idee, der ich mich mit Haut und Haaren verpflichtet habe. Auch wenn ich selbst ein Nichts bin, so bin ich doch Teil einer größeren, göttlichen Macht und kann mich somit auch grandios fühlen.‹«[190] Entscheidend für die psychische Situation der Gewalttäter ist dieses Gefühl eigener Grandiosität, verbunden mit einem fast vollständigen Wahrnehmungsverlust gegenüber körperlichem und seelischem Leiden der Anderen, denen Gewalt angetan wird.

Der narzissmustheoretische Ansatz kann m.E. bei der Deutung des Gewalthandelns helfen, hat in seiner Erklärungskraft aber deutliche Grenzen. Beispielsweise werden gesellschaftliche Randbedingungen zu wenig in Rechnung gestellt, insbesondere die Gesamtheit einschränkender Lebensbedingungen von terroristischen Gewalttätern, die oft mit-motivierend für ihre

189 Klaus Theweleit, Männerphantasien. 2 Bände. Frankfurt a.M. 1977.
190 Hans-Jürgen Wirth, a.a.O., S.71f.

Handlungen sind.[191] Andere, für die Wahrnehmung von Gewalthandeln zentrale Dimensionen werden durch den narzissmustheoretischen Ansatz – und ich denke, durch psychoanalytische Erklärungsansätze überhaupt – zu wenig erreicht.

2. Theoretische Perspektiven auf Gewalt – Ressourcen für diese Untersuchung

Von verschiedenen theoretischen Einstellungen aus kommt »Gewalt« in unterschiedlichen Dimensionen in den Blick. Die Theorien lassen sich nicht umstandslos miteinander harmonisieren. Dennoch erscheint es sinnvoll, sie als Potenziale und Ressourcen für das hier zu entwickelnde Verständnis in den Blick zu nehmen, deren Unterschiedlichkeit vor allem darin begründet scheint, dass sie unterschiedliche Aspekte von »Gewalt« in den Blick nehmen.

Sinnvollerweise können nicht alle, aber besonders einflussreiche Konzepte in den Blick kommen. Hier wird Gewalt verstanden

- als Vorenthaltung von Lebensrechten und Chancen bei potenziell genügendem gesellschaftlichem Reichtum für alle[192];
- als dreifache Gestalt von Gewalthandeln: lozierende Gewalt mit dem Ziel, die Körper der anderen aus dem Weg zu schaffen; raptive Gewalt mit dem Ziel, sich des Körpers der anderen zu bemächtigen (z.B. als sexuelle Gewalt); autotelische Gewalt mit dem Ziel der Zerstörung der Integrität des Körpers – ohne darüber hinausgehende Zielperspektive[193]
- als zerstörerische Reziprozität oder Wechselseitigkeit, als Gleichursprünglichkeit von »Begehren« und »Gewalt« und mimetische, also über zwingende Nachahmungsangebote wirksame Ausbreitung von Gewalt[194];

191 Johan Galtung, Strukturelle Gewalt. Beiträge zur Friedens- und Konfliktforschung. Reinbek 1975, S. 7-37.

192 Vgl. Johan Galtung, Gewalt, Frieden und Friedensforschung. In: Dieter Senghaas (Hrsg.), Kritische Friedensforschung. Frankfurt/M. 1971.

193 Vgl. Jan Philipp Reemtsma, Vertrauen und Gewalt. Versuch über eine besondere Konstellation der Moderne. Hamburg 2008.

194 Vgl. René Girard, op. cit.

- als grandiose Erfahrung von Selbstentgrenzung und Befreiung im Akt grausamer Gewalt[195];
- als Überschreitung der Grenze, die die Ordnung (»Arbeit« und »Vernunft«) von einem chaotischen, zugleich für das Leben in der Ordnung notwendigen, begründenden und Energie spendenden »Fluss des Lebens« ausgrenzt[196]
- als tendenziell grenzenlos sich ausbreitender »Ausnahmezustand« und damit als Aufhebung verfassungsmäßigen und positiven Rechts; bei Polarisierung von souveräner (nicht rechtlich begrenzter) Macht auf der superioren und Herausfallen aus allen gesellschaftlichen Partizipationsmöglichkeiten und Rechtsverhältnissen auf der inferioren Seite (und damit einer massiven Ausbreitung von Bevölkerungen, »die getötet, aber nicht geopfert werden dürfen« und somit aus grundrechtlichen, positiv-rechtlichen ebenso wie religiösen Bindungen ausgeschlossen werden)[197];
- als Unfähigkeit zu Empathie und Mit-Leiden gegenüber dem Leid, das Anderen in Verletzung und Zerstörung ihres Leibes zugefügt wird, und zugleich in fehlendem Kontakt zur je eigenen Leiblichkeit[198]

Mit der uns interessierenden Frage nach Potenzialen von Religionen für Gewaltunterbrechung wird der Blick von der Wahrnehmung von Ambivalenz hin auf die Frage nach Transformation gerichtet. Was »Transformation« von Gewalt bedeutet, kann entsprechend den skizzierten Verständnismöglichkeiten in der Zielperspektive bestimmt werden, nämlich in Richtung

- einer Herstellung gerechterer Verhältnisse im Sinne einer Annäherung an gleichen Zugang zu Partizipationsmöglichkeiten und Chancen für alle Menschen unabhängig von Ge-

195 Wolfgang Sofsky, Traktat über die Gewalt. Frankfurt/M. 1996.
196 Georges Bataille, Das theoretische Werk Band 1. Die Aufhebung der Ökonomie. Der Begriff der Verausgabung. Der verfemte Teil. Kommunismus und Stalinismus. 1967. München 1975. Vgl. ders., Der heilige Eros. 1963. Frankfurt a.M./Berlin 1986.
197 Giorgio Agamben, Homo Sacer. 1995. Frankfurt a.M. 2001.
198 Judith Butler, Precarious Life: The Powers of Mourning and Violence. New York 2006.

schlecht, Nation, Klasse, Religion usw. entsprechend gegebenem gesellschaftlichem Reichtum[199];

- eine (Wieder-)Herstellung von Vertrauen als ein stetes Entwerfen und Einander-Vor-Augen-Führen des Normalfalls gesellschaftlicher Kohäsion und ihrer Grundlagen in wechselseitiger Anerkennung, und zwar gerade dadurch, dass einer dem anderen bestimmte Dinge selbstverständlich nicht sagt und nicht antut[200];
- einer Umwandlung von zerstörerischer Reziprozität zwischen Menschen/Menschengruppen, die in Gewaltkonflikte einbezogen werden (mimetische Ausbreitung von Gewalttätigkeit) in Richtung einer solidarischen Reziprozität (wechselseitige Verpflichtung der Gesellschaftsmitglieder durch wechselseitiges Geben, z.B. von Anerkennung, Partizipationsmöglichkeiten, Gütern, Rechten)[201];
- einer Entmächtigung der Faszination durch Grausamkeit/Gewalthandeln als Zugangsmöglichkeiten zu Erfahrungen von Selbstentgrenzung und Freiheit durch Kontakt mit Erfahrungsmöglichkeiten (z.B. Metaphern, Augenblicken, Widerfahrnissen) von Fülle, Geschenk, überfließendem Reichtum des Lebens (in theologischer Sprache: mit Gnade)[202];
- eines Kontakts (Begegnungen und Begehungen) mit ekstatischen Erfahrungen und Situationen einer Freiheit von Rigidität (in Selbstkontrolle und Unterwerfung unter das »Gesetz«), in der »Communitas« ohne Ausgrenzung, Abwertung und Feindschaft gegenüber dem Anderen/Fremden zugänglich wird[203];
- einer Überwindung von Verhältnissen des Ausnahmezustands durch Ausbreitung und Herstellung von menschenrechts-

199 Entsprechend der Frage nach »struktureller Gewalt« bei Johan Galtung.

200 Entsprechend der Gegenüberstellung von »Gewalt« und »Vertrauen« bei Philipp Reemtsma.

201 Entsprechend einer Transformation zerstörerischer Gewalt-Reziprozität im Sinne von René Girard.

202 Entsprechend dem Verständnis von Gewalt als grandioser Freiheitserfahrung bei Wolfgang Sofsky.

203 Entsprechend den Überlegungen zu einer »allgemeinen Ökonomie« bei Georges Bataille.

orientierten und verfassungsgestützten positiven Rechtsverhältnissen[204];

- eines Erlernens, Einübens und gelebter Praxis von Einfühlung in Gefühle, Lebensführung und Lebenslage, Perspektiven usw. von Menschen und Lebewesen, deren leibliche Integrität und deren Lebensrechte und –perspektiven verletzt oder zerstört werden.[205]

Damit ist stichwortartig ein Tableau von gegenwärtig stark rezipierten und wirkungsvollen Theorien zur Gewalt benannt. Ohne diese Überlegungen wäre das Projekt: Gewaltunterbrechung nicht durchführbar. Jede Reflexion und Äußerung zu diesem Thema bewegt sich in der einen oder anderen Weise in diesem Feld von bereits gegebenen Überlegungen. Zum besseren Verständnis sollen sie skizzenhaft rekapituliert werden.

Johan Galtungs Vorschlag, »Gewalt« über die Ebene von individuellen Gefühlen und Handlungen hinaus auf die Frage nach zerstörerischen gesellschaftlichen Bedingungen auszuweiten, findet ihren Kontext in den Aufbrüchen der 68er Bewegung und der in diesen Jahren einsetzenden Friedens- und Konfliktforschung.[206] Galtung schlägt vor, Wahrnehmung und Analyse von Gewalt über die physische Beschädigung des Körpers und den Angriff auf Leib und Leben des anderen hinaus auf das Gegenüber von »potenziellen« und »aktuellen« Verwirklichungen von Lebensmöglichkeiten zu erweitern. »Gewalt liegt dann vor, wenn Menschen so beeinflusst werden, dass ihre aktuelle somatische und geistige Verwirklichung geringer ist als ihre potenzielle Verwirklichung ... Wenn das Potenzielle größer ist als das Aktuelle und das Aktuelle vermeidbar, dann liegt Gewalt vor. Wenn das Aktuelle nicht vermeidbar ist, liegt keine Gewalt vor, selbst wenn das Aktuelle sich auf einem sehr niedrigen Stand bewegt. Eine Lebenserwartung von nur dreißig Jahren war in

204 Entsprechend der Überlegungen zum »Ausnahmezustand« bei Giogio Agamben.
205 Entsprechend den Überlegungen zur Ermöglichung von Empathie bei Judith Butler.
206 Vgl. exemplarisch für den deutschsprachigen Raum die Veröffentlichungen der Reihe »Friedensanalysen« im Frankfurter Suhrkamp-Verlag, so z.B.: Schwerpunkt Feindbilder (1975); Schwerpunkt Rüstung (1976); Schwerpunkt Entspannungspolitik (1979); Schwerpunkt Bildungsarbeit (1979).

der Steinzeit kein Ausdruck von Gewalt, aber dieselbe Lebenserwartung heute (ob aufgrund von Kriegen, sozialer Ungerechtigkeit oder beidem) wäre nach unserer Definition als Gewalt zu bezeichnen.«[207] Wenn beispielsweise die Möglichkeiten von Bildung, die Hilfsmittel und Reichtümer einer Gesellschaft von einer Gruppe oder Klasse innerhalb dieser Gesellschaft monopolisiert oder zweckentfremdet gebraucht werden, dann fällt das Maß der aktuellen Verwirklichung von Lebensperspektiven für die Bevölkerungsmehrheit unter das Maß des Potenziellen, und in diesem System ist dann Gewalt vorherrschend. So können in einer Gesellschaft Ressourcen ungleich verteilt sein, beispielsweise in der Verteilung von Einkommen oder Bildung bis hin zum Analphabetismus, im Zugang zu Gesundheitsdiensten und anderes mehr; vor allen Dingen kann die Entscheidungsgewalt bezüglich dieser Ressourcen ungleich verteilt sein. »Wenn Menschen in einer Zeit verhungern, in der dies objektiv vermeidbar ist, dann wird Gewalt ausgeübt, gleichgültig ob eine klare Subjekt-Objekt-Beziehung vorliegt (wie z.B. früher bei einer Belagerung), oder auch dann, wenn keine solche eindeutige Beziehung existiert (wie beispielsweise bei der Art der Organisation der Weltwirtschaftsbeziehungen heute).«[208]

Das zentrale Rätsel der Gewalt sieht *Jan Philipp Reemtsma* in der »autotelischen Gewalt«. Zwar werden auch Menschen im Vollzug von »lozierender Gewalt« gequält, werden Körper verletzt und zerstört, wenn – z.B in kriegerischen Konflikten – das eigentliche Ziel nicht in dieser Zerstörung selber liegt, sondern darin, Gegner kampfunfähig zu machen, sie aus dem Wege zu räumen oder im Gegenteil (z.B. bei Deportationen) an bestimmten Orten zu konzentrieren. Auch im Vollzug von »raptiver Gewalt« kommt es zu furchtbaren Zerstörungen der leiblichen, mentalen und psychischen Integrität des/der Anderen, wenn das eigentliche Ziel gerade in der Bemächtigung seines/

207 Johan Galtung, Strukturelle Gewalt. Beiträge zur Friedens- und Konfliktforschung. Reinbek 1975, 7-37, hier 9.

208 Ebd., 13.

ihres Körpers liegt. Verstörend ist »autotelische Gewalt« aber vor allem deshalb, weil sie kein Ziel und keinen Grund außerhalb ihrer selbst erkennen lässt. »Lozierende, raptive und autotelische Gewalt haben je eine andere teleologische Beschaffenheit. Lozierende Gewalt hat ein Ziel außerhalb ihrer selbst, darum ist sie für uns der Prototyp einer Gewalt, die sich instrumentell verstehen lässt. Auch raptive Gewalt will etwas, wenn auch Tat und Tatziel (im Falle der Vergewaltigung etwa) nahe zusammenrücken. Das Ziel autotelischer Gewalt – darum dieser spezielle Terminus – ist sie selbst, das heißt die Zerstörung eines anderen Körpers.«[209] Autotelische Gewalt ist die Gewalt, die am meisten verstört, weil sie sich dem Erklären am stärksten entzieht. Kommt man mit ihr in Kontakt, spricht man von »sinnloser Grausamkeit« oder »rätselhafter Brutalität«[210]. Dieserart Gewalt gilt als besondere und besonders seltsame Abirrung von einem eigentlichen gegebenen Ziel. Wenn beispielsweise ein Soldat über einen bereits toten Feind herfällt und dessen Leib zerfetzt, erscheint er als durchgedreht, tut er etwas nach »normalen« Maßstäben Verrücktes, das nur als pathologische Abirrung verstehbar gemacht werden kann und sich gerade so dennoch nicht wirklich »verstehen« lässt. »... Der Vergewaltiger, der seine Opfer tötet und sie triumphierend noch verstümmelt, der Gangster, der Guerillero, der Soldat, der indianische Krieger, der dem ermordeten Mitglied der anderen Bande oder Armee den Penis abschneidet und in den Mund stopft, der GI, der vietnamesischen Mädchen Handgranaten in die Vagina stopft und explodieren lässt, die Soldaten, die sich mit abgeschnittenen Körperteilen vergewaltigter Frauen ausstaffieren – sie sind ebenso wenig nach dem Modell der Abirrung von einer ›eigentlich‹ anders aussehenden Normalität der Gewalt zu beschreiben.«[211] Verstörend ist diese Form von Gewalt deshalb,

209 Jan Philipp Reemtsma, a.a.O., 117.

210 Reemtsma bezieht sich hier auf Alexander Mitscherlich, Zwei Arten der Grausamkeit, In: ders., Gesammelte Schriften, Hrsg. von Klaus Menne, Band 5, Frankfurt a.M. 1983, 322-342.

211 Jan Philipp Reemtsma, a.a.O., 118.

weil es auf die Fragen nach warum, wozu, mit welchem Ziel keine Antwort zu geben scheint. »Unsere Kultur hat gravierende Probleme, mit dem Phänomen der autotelischen Gewalt umzugehen.«[212]

Eine Spur für eine Verstehensmöglichkeit von Gewalt in allen drei von Reemtsma genannten Formen eröffnet die bereits genannte Theorie »mimetischer« Gewalt von *René Girard.* Ist eine Gewaltkrise eröffnet und kommt es zu ihrer massenhaften Ausbreitung durch Anschauen und Nachahmen, so kann sich dies darauf richten, die Körper von Anderen aus dem Weg zu schaffen (»lozierende Gewalt«), um ein durch Mimese entfachtes Begehren (z.B. nach Land, nach Immobilien, nach Reichtum, nach sozialer und wirtschaftlicher Macht usw.) zu befriedigen. Auf diesem Wege lassen sich Vertreibungen von Bevölkerungen wie z.B. in den Kriegen im ehemaligen Jugoslawien in den 90er Jahren noch auf einen rational nachvollziehbaren Impuls befragen, selbst wenn Reste von rationalen Kalküls im dramatischen Taumel der Gewaltkrisen im späteren Verlauf in der Regel verloren gehen. Auch »raptive Gewalt« kann mithilfe der Hypothese einer mimetischen Ausbreitung von Gewalt entschlüsselt werden, wenn das Begehren, sich des Körpers eines/einer Anderen selber zu bemächtigen, durch das wahrgenommene Begehren von Anderen nach diesem Körper hervorgelockt und verstärkt wird.

Aber wie verhält es sich mit »autotelischer« Gewalt? Man wird sagen müssen, dass diese Gewalt-Form bei Girard auch schon im Blick ist, wenn er in seiner Interpretation Gewalthandeln von der Bindung an Ziel-Mittel-Konstellationen löst. Um diese grundlegend nicht-rationale Gestalt der mimetischen Gewalt zu fassen, rekurriert Girard schon im Titel einer seiner neueren Veröffentlichungen auf die mythologische Rede vom Bösen: »Ich sah den Satan vom Himmel fallen wie einen Blitz.«[213] »In der Regel lassen sich mythische Erzählungen nicht direkt entschlüs-

212 Ebd., 119.

213 René Girard, Ich sah den Satan vom Himmel fallen wie einen Blitz. Eine kritische Apologie des Christentums. (1999) München Wien 2002.

seln, sie sind zu phantastisch, um lesbar zu sein. Die sie produzierenden Gemeinschaften können gar nicht anders, als sie zu verklären: durchgängig werden die Gemeinschaften durch die gewalttätige Ansteckung getäuscht, dem mimetischen Furor …«[214] Die mimetische Gewaltkrise erwächst, so Girard, aus dem rivalisierenden Begehren und ist deshalb so gefährlich irrational und alle Grenzen sprengend, weil sich das Begehren ebenso wie die Gewalt wechselseitig verstärken, und zwar jenseits von Ziel-Mittel-Relationen und jenseits bewusster Steuerungsmöglichkeit überhaupt. »Gesteuert wird dieser Konflikttypus vom Eskalations- und Überbietungsprinzip. Es handelt sich um ein Phänomen, das derart banal, uns allen derart vertraut, unserem Selbstbild aber derart zuwiderlaufend, folglich derart erniedrigend ist, dass wir es lieber aus unserem Bewusstsein ausblenden und so tun, als existiere es nicht – im klaren Wissen darum, dass das existiert.«[215] Die Reziprozität des Begehrens ebenso wie der Gewalt sind aber Tatsachen. »Sein Begehren imitierend, vermittle ich meinem Rivalen den Eindruck, er habe gute Gründe, zu begehren, was er begehrt … – und schon steigert sich die Intensität seines Begehrens.«[216] Die Frage bleibt allerdings, ob die Theorie der »mimetischen Gewalt« Perspektiven einer Erklärung für die verstörende Brutalität und Grenzenlosigkeit autotelischer Gewaltakte wirklich anbietet.

Die Theorie mimetischer Gewalt und reziproker Ansteckung von Gewalthandeln liefert wichtige Anhaltspunkte für die Wahrnehmung und Analyse von Gewaltkrisen, kann aber die Frage nach Antrieben in den Subjekten selber, sich der Gewalt hinzugeben, nicht ersetzen – und dies gilt insbesondere für die Wahrnehmung und Analyse von »autotelischer Gewalt«. Welche Erfahrungsqualitäten werden – bewusst oder zumeist unbewusst – durch Gewalthandeln und insbesondere durch Grausamkeit gesucht? Was geht in Menschen vor, die jenseits von rekonstruierbaren Ziel-Mittel-Konstellationen andere Menschen quälen,

214 Ebd., 16.
215 Ebd., 23.
216 Ebd., 25.

ihre Körper öffnen und in ihrer Integrität zerstören, die sich an der Qual und am Sterben anderer freuen – in einer Intensität, dass Gewalthandeln als Möglichkeit der Selbstentgrenzung, einer körperlich-lustvollen Befreiungserfahrung um seiner selbst willen gesucht wird?

In zwölf Schritten[217] entfaltet *Wolfang Sofsky*[218] seine Überlegung, dass es gerade diese Gefühlsqualitäten von Selbstentgrenzung und Freiheit, Grandiosität und Ekstase sind, die in grausamer Gewalttätigkeit gesucht werden und sich in der von Reemtsma so bezeichneten »autotelischen Gewalt« am deutlichsten entfalten. Eindrücklich ist hier insbesondere seine Interpretation des Prozesses gegen den frühneuzeitlichen Heerführer, Adligen und Kindermörder Gilles de Rais, dessen Prozessakten von Georges Batailles zum Gegenstand eines verstörenden Essays gemacht wurden.[219]

Die Analyse dieses historisch weit zurückliegenden Falles »autotelischer Gewalt« ist deshalb in gewisser Weise leichter zugänglich als aktuelle Fälle, wie sie massenhaft in zeitgenössischen Kriegen und Gewaltorgien beispielsweise in Ruanda, in Kongo, im ehemaligen Jugoslawien oder im Irak vorkommen, weil die Beteiligten den Richtern und Inquisitoren teilweise unter Folter, im Falle von Gilles de Rais aber auch ganz bereitwillig über ihre Handlungen und ihr Erleben berichten. Im 15. Jahrhundert, als dieser zumindest zu Beginn seiner Wirksamkeit unermesslich reiche Marschall von Frankreich nach einer jahrelangen Serie von Massakern vor Gericht stand – er hatte als Heerführer auf der Seite von Jeanne d'Arc im Kampf gegen die Engländer eine zentrale Rolle gespielt, hatte große politische Macht und als Grundbesitzer ungeheuren Reichtum, u.a. zahlreiche Burgen und Schlösser besessen und all dies im Taumel seiner Exzesse nach und nach verloren – konnten körperliche Vorgänge auch

217 Ordnung und Gewalt; Die Waffe; Gewalt und Leidenschaft; Die Gewalt, die Angst und der Schmerz; Die Tortur; Die Zuschauer; Die Hinrichtung; Der Kampf; Jagd und Flucht; Das Massaker; Die Zerstörung; Kultur und Gewalt.

218 Wolfgang Sofsky, Traktat über die Gewalt. Frankfurt/M. 1996.

219 Sofsky schließt sich hier an: Georges Bataille, Gilles de Rais. Leben und Prozess eines Kindermörders. 8. Auflage Gifkendorf 2006.

jenseits solcher extremen Situationen thematisiert werden, waren auch in den gesellschaftlichen Oberschichten noch nicht von Scham- und Peinlichkeitsgefühlen besetzt, die im »Prozess der Zivilisation«[220] in Europa seit der frühen Neuzeit zunehmend als »Verinnerlichung der Affektkontrolle« wirksam werden. Gilles de Rais und seine Tischgesellschaften, die in zahlreichen Schlössern über Jahre hin im Anschluss an Gelage über hundert Kinder zu Tode quälten, haben über ihre grausamen Handlungen offenbar ganz unverstellt Auskunft gegeben. »Aus dem Gerichtsprotokolle seiner Vernehmung erfahren wir ... aus dem Geständnis des Verbrechens, dass nicht die Wollust für ihn das Wesentlichste war. Gewiss, er setzte sich auf den Bauch des Opfers, befriedigte sich selbst und verspritzte so den Samen des Lebens über das sterbende Kind; aber nicht der sexuelle Genuss war für ihn entscheidend, sondern eher, den Tod beim Werk zu sehen. Dieses Sehen berauschte ihn; er ließ einen Körper aufschlitzen, eine Kehle durchschneiden, die Glieder abhacken - er liebte den Anblick von Blut«[221] Kontext dieser Grausamkeiten ist eine Zeit unaufhörlicher Kriege, in der mörderische Szenen in den brennenden Städten und Dörfern etwas Alltägliches waren. Gilles de Rais inszeniert in der Abgeschiedenheit seiner Schlösser die Zerstörung von Körpern auf eine selbst für seine damalige gesellschaftliche Umgebung unerträgliche Weise, die im Taumel der Kriege grenzenlose Gewalthandlungen in der Regel ungestraft ließ, oft sogar herausforderte.

Es ist keineswegs so, dass die Verinnerlichung von Affektkontrolle, die Zentralisierung gesellschaftlicher Gewalt im Staat und die Verbreitung der Standards positiven Rechts heute dazu geführt hätten, dass sich solche Gewalthandlungen nicht mehr ereignen. Sie ereignen sich massenhaft – jenseits feudaler Selbstherrlichkeit, aber um nichts weniger grausam. Die Möglichkeiten, sie juristisch aufzuarbeiten und die Gewalttäter zur Rechenschaft zu ziehen, haben sich verbessert – durch Insti-

220 Vgl. Norbert Elias, Über den Prozess der Zivilisation. Soziogenetische und psychogenetische Untersuchungen. Zwei Bände, Bern 1969, Frankfurt a.M. 3. Aufl. 1977.

221 Georges Bataille, Gilles de Rais. Leben und Prozess eines Kindermörders. A.a.O., 9.

tutionen wie die »Versöhnungskommissionen« in ehemaligen Apartheid-Gesellschaften bis hin zur Arbeit des internationalen Strafgerichtshofes in Den Haag, wo seit Jahren z.B. Fälle von Völkermord, Verbrechen gegen die Menschlichkeit und Kriegsverbrechen gegen die Massenmörder der Kriege im ehemaligen Jugoslawien verhandelt werden. Die Frage, was Menschen treibt, grausame Gewalthandlungen zu begehen, bleibt »unterhalb« der juristischen Aufarbeitungsmöglichkeiten bestehen. Wolfgang Sofsky knüpft in seinen Überlegungen in vieler Hinsicht an *Georges Bataille* an, der in der ersten Hälfte des 20. Jahrhunderts diese Frage in verschiedenen Publikationen verfolgt hat. Batailles Grundüberlegung ist, dass die alltägliche Welt der Arbeitsgesellschaft, in der vernünftiges und selbst kontrolliertes Handeln vorherrschen, von einer anderen, einer Welt der Maßlosigkeit umgeben ist – ihr gibt Bataille den Namen »das Heilige«. Die alltägliche Welt von Arbeit und Vernunft »erfordert ein vernünftiges Verhalten, bei dem stürmische Triebe, wie sie sich beim Fest und, allgemein, beim Spiel befreien, nicht zugelassen sind. Wenn wir diese Triebe nicht zügeln könnten, wären wir zur Arbeit unfähig; aber die Arbeit liefert gerade den Grund, sie zu zügeln. Diese Triebe gewähren denen, die ihnen nachgeben, eine unmittelbare Befriedigung: im Gegensatz dazu verspricht die Arbeit denen, die sie beherrschen, einen späteren Nutzen, dessen Wert nicht bestritten werden kann, außer vom Gesichtspunkt des gegenwärtigen Augenblicks.«[222] Hier stehen Konzepte von Lebensführung, längerfristig wirksame Haltungen (Arbeit und Vernunft gegen Ekstase) gegeneinander, aber auch die Zeitformen der Dauer gegen die des Augenblickes. Die Augenblicke, in denen sich die Individuen exzessiven ansteckenden Affekten überlassen, in denen nur noch unmittelbare Hingabe an die Maßlosigkeit vorherrscht, werden von den Gesellschaften durch Verbote eingegrenzt. Hingabe an Maßlosigkeit ist für Bataille identisch mit Hingabe an Gewaltsamkeit. »Was die Welt der Arbeit durch Verbote ausschließt, ist die Gewalttätigkeit;

222 Georges Bataille, Der heilige Eros. Deutsche Erstausgabe 1963, hier zit. nach Frankfurt a.M. 1986, 37.

auf dem Gebiet, auf das ich meine Untersuchung beziehe, heißt dies zugleich geschlechtliche Fortpflanzung und Tod.«[223] Solche Verbote sind in allen Kulturen in der einen oder anderen Weise wirksam. Bataille nennt vor allem diese Verbote oder besser Verbotsrichtungen: die mit dem Tode verbundenen Verbote (vor allem das Verbot des Mordes und des Krieges); und das mit der Fortpflanzung verbundene Verbot (vor allem das Inzestverbot). Die Verbote bezeichnen auf der einen Seite die Grenze, durch die der Binnenbereich des Lebens in Arbeit und Vernunft überhaupt erst ermöglicht wird. Zugleich bezeichnen sie diese Grenze, um sie wahrnehmbar und damit auch überschreitbar zu machen. Denn die Gesellschaft braucht um ihres eigenen Lebens, ihres eigenen Energieflusses willen den Kontakt mit der anderen Welt des »Heiligen«. Deshalb lassen Gesellschaften unter bestimmten Bedingungen – in Zeiten des Krieges, des Exzesses – für die Augenblicke der Ekstase genau die Übertretungen zu, die sie unter normalen Zeitbedingungen der Dauer verbieten. Und deshalb tendieren Menschen als Einzelne dazu, unter Grenzbedingungen, in denen eine Gewaltkrise die Gesellschaft in ihren Bann zieht, die verinnerlichten Verbote zu überschreiten, zu vergessen, nicht mehr als existent wahrzunehmen und sich selbst dem Taumel der Gewalt hinzugeben.

Was in der Sprechweise von Georges Bataille als das chaotische Andere der geordneten Welt von Arbeit und Vernunft in den Blick genommen wird, kommt in einem aktuellen philosophischen Entwurf unter dem Titel »Ausnahmezustand« zur Sprache.[224] *Giorgio Agamben* schlägt in Anknüpfung an Walter Benjamin auf der einen, Carl Schmitt auf der anderen Seite vor, nicht Reziprozität/Mimese (wie Girard) und auch nicht die ekstatische Gewalttätigkeit der entgrenzten, grandiosen Freiheit vom Verbot (Bataille und Sofsky) als Anderes gegenüber der formalisierten Ordnung des Rechts anzunehmen, sondern den

223 Ebd., 38.

224 Giorgio Agamben, Homo Sacer. Die Souveränität der Macht und das nackte Leben. (1995) Frankfurt a.M. 2002; sowie ders., Ausnahmezustand. (2003) Frankfurt a.M. 2004.

Ausnahmezustand. Der Ausnahmezustand ist zwar ohne formalisierte Rechtsordnung, aber zugleich durch radikale Polarisierung von Macht und Überlebensmöglichkeit bestimmt: auf der Herrschaftsseite findet sich eine Machtkonzentration (ideal: der Souverän), die in der Lage ist, den Ausnahmezustand auszurufen (aus dem dann Recht allererst hervorgehen würde), auf der inferioren Seite das »Lager« als Situation vollständiger Entrechtung (mit der symbolisch verdichteten Gestalt des »homo sacer«, der jederzeit getötet, aber nicht geopfert werden darf und damit zugleich aus allen rechtlichen und religiösen Bindungen herausfällt). Diese Analyse ermöglicht, die Konzentrationslager des Faschismus und die Gulags des Stalinismus ohne Zuhilfenahme von religiösen Metaphern (»Opfer«) deuten zu können, die im Feld von reziprozitätsorientierten Theorien bisweilen nicht überzeugend zurückgewiesen werden können.

In der Moderne ist, so Agamben, das Lager ein sich ständig ausbreitender Raum der Rechtlosigkeit, ein Nicht-Ort mit totalitärem Anspruch auf Wirklichkeitssetzung, der von aller rechtlichen oder auch religiösen Geltung entleert ist. Das Lager ist eine »Zone irreduzibler Ununterscheidbarkeit«[225], in der Menschen auf ihr bloßes biologisches Leben reduziert werden – das zugleich beständig zur Disposition gestellt wird. Das Lager ist der paradigmatische Ort ohne Ordnung, in dem alle herkömmlichen Strategien von Rechtserhaltung und staatlicher Macht nicht mehr gelten. Von ihm her gibt es »keine Rückkehr zur klassischen Politik; im Lager sind Staat und Haus ununterscheidbar geworden, und die Möglichkeit, zwischen biologischem Körper und politischem Körper, zwischen dem, was nicht mitteilbar und stumm, und dem, was mitteilbar und sagbar ist, zu unterscheiden, ist uns ein für alle Mal genommen.«[226] Dem symbolisch ebenso wie real verdichteten Nicht-Ort des Lagers entspricht auf der Makro-Ebene der Politik der Ausnahmezustand. Im Ausnahmezustand ist die Ununterscheidbarkeit von Ausnahme und Ordnung die Regel, ebenso wie die

225 Giorgio Agamben, Homo Sacer, a.a.O. 19.
226 Ebd., 197.

Ununterscheidbarkeit von Überschreitung und Ausübung des Gesetzes. »Wer während einer Ausgangssperre spazieren geht, überschreitet das Gesetz nicht mehr als der Soldat, der ihn gegebenenfalls, in Ausübung des Gesetzes, tötet.«[227] Der Ausnahmezustand scheint in besonderen krisenhaften Ausnahmesituationen (z.B. Naturkatastrophe, Seuche, Krieg, Wirtschaftskrise) zur Stabilisierung der Rechtsordnung notwendig und ist zugleich der Zeit-Raum, in dem sich das Gesetz selbst aufzehrt und somit kein Maß mehr vorhanden ist, zu unterscheiden, was rechtens ist und was nicht.

Brisant ist diese Analyse vor allen in der Überlegung, dass in der Moderne tendenziell allen Bürgern droht, in der Figur des homo sacer in dem Nicht-Ort des Lagers und der aus aller Normalität herausgefallenen Un-Zeit des Ausnahmezustandes die eigene Lebenssituation wiedererkennen zu müssen. Empirisch wird dies zunächst auf das Leben an den »Rändern« der globalisierten Weltgesellschaft zutreffen, also in den sich allerdings rapide ausbreitenden Regionen und Bevölkerungssegmenten, in denen (wie z.B. in den Kriegen in Westafrika der 90er Jahre und gegenwärtig im Kongo, in Darfur, in Somalia) das Fehlen von Verfassung und Recht und das Vorherrschen des »Ausnahmezustandes« permanent gestellt werden – mit für die in inferiore Lage gebrachten Menschengruppen verheerenden Konsequenzen (Genozid, Vertreibungen, massenhafte Vergewaltigungen). Die Bedrohung des »nackten Lebens«, die in klassischen Politikkonzeptionen am Rand jeder Ordnung angesiedelt war, dringt mit dem fortschreitenden Prozess, in der Ausnahme und Regel unterscheidbar werden, immer tiefer in die Gesellschaften der globalisierten Moderne ein.

Gewalthandeln setzt bei den Täter/innen eine fundamentale Unfähigkeit voraus, sich in andere einzufühlen. Die Unfähigkeit zur Perspektivenübernahme und vor allem zur Einfühlung in das Leid des/der Anderen muss keineswegs eine vollständige, alle Aspekte der Erlebensmöglichkeiten des Gewalttäters ein-

227 Ebd., 68.

schließende Deformation sein, die seine/ ihre sämtlichen Beziehungen zersetzt. Erschütternd und verstörend ist vielmehr, dass bei Gewalttätern die Gleichzeitigkeit von Sensibilität und Einfühlungsbereitschaft gegenüber allen und allem, die zum Bereich des »Eigenen« gerechnet werden, mit einer vollständigen Unfähigkeit, Abwehr und Tumbheit in der Wahrnehmung der jeweiligen Eigenperspektiven bei solchen Anderen sich verbindet, die dem Bereich des zugleich fremden und feindlichen »Außen« zugerechnet werden. Der KZ-Kommandant, der zugleich liebevoller Familienvater und gebildeter Bach-Interpret ist, steht für diese Deformation ebenso wie Massenmörder/innen in aktuellen Gewaltkrisen, in deren Persönlichkeit sich die vernarrte Liebe zu Tieren, Kleinkindern und Geliebten mit grenzenloser Brutalität gegenüber allen vereinen kann, die der fremden Ethnie, Religion oder Kultur zugerechnet werden.

Es ist das Angesicht des Anderen, das zu Einfühlung, Mit-Leiden und Solidarität provoziert, und zwar als spontane Antwort vor jeder ausdrücklichen ethischen Forderung. Diese Reflexion des jüdischen Philosophen *Emmanuel Levinas* über die Herausforderung zur Solidarität, die mir im »Angesicht« des anderen Menschen entgegenkommt,[228] bindet die ethische Herausforderung nicht zu töten an das unverstellte Antlitz des mir begegnenden Lebewesens. »Das Antlitz ist Bedeutung, und zwar Bedeutung ohne Kontext ... Normalerweise ist man eine ›Person‹: Man ist Professor an der Sorbonne, Vize-Präsident im Staatsrat, Sohn eines Soundso, alles das, was im Pass vermerkt ist, die Art, sich zu kleiden, sich zu präsentieren. Und jede Bedeutung, im üblichen Sinn des Begriffs, bezieht sich auf einen derartigen Kontext: Der Sinn einer Sache beruht in ihrer Beziehung zu etwas anderem. Hier hingegen ist das Antlitz für sich allein Sinn. Du, das bist du ... Es ist das, was nicht ein Inhalt werden kann, den unser Denken umfassen könnte; es ist das Unenthaltbare, es führt uns darüber hinaus ... Die Beziehung zum Antlitz ist

228 Emmanuel Levinas, Ethik und Unendliches. Gespräch mit Philippe Nemo. Hrsg. von Peter Engelmann, 3. Aufl. Wien 1996.

von vornherein ethischer Art. Das Antlitz ist das, was man nicht töten kann oder dessen Sinn zumindest darin besteht, zu sagen: ›Du darfst nicht töten.‹«

Im Gewalthandeln wird diese Macht und Bedeutung des Antlitzes des Anderen nicht nur geschwächt und tendenziell aufgehoben. Sie wird in ihr Gegenteil verkehrt. Das Anblicken von Gewalt konfrontiert das Subjekt mit dem zerschlagenen, zerstörten, geöffneten, in seiner Integrität verletzten Körper des/der Anderen. Es ist dies die Begegnung mit dem entstellten Antlitz des/der Anderen. Es ist nicht das Antlitz in dem Sinne, wie Levinas es meinte: die zwingende Aufforderung zu Hingabe und Solidarität. In der mimetischen Wirkung von Gewalthandeln zeigt sich vielmehr eine gegenteilige Macht in der Begegnung mit dem verletzten Angesicht des Anderen. Gerade die Verletzung, die Öffnung und Zerstörung des anderen Körpers, gerade die Angst und Qual in seinen/ihren Augen steigern die Gewaltfaszination und die nach rationalen Ziel-Mittel-Relationen nicht erklärbare, vonseiten der von der Gewaltkrise nicht erfassten Subjekte aus kaum einfühlbare »autotelische Gewalt« (in der Diktion von Jan Philipp Reemtsma). Diese Wirkung der angeschauten Gewalttat, in der das Antlitz des Anderen aufgerissen wird, findet sich bereits in einem heute über anderthalb Jahrtausende alten Text klassisch beschrieben.

Der spätere Bischof und Kirchenvater *Aurelius Augustinus* berichtet im sechsten Buch seiner Confessiones[229] von einem jungen Mann, einem Schüler seiner Rhetorik-Kurse, der sich fest vorgenommen hatte, nicht in den Circus zu gehen, in dem Gewalt-Spiele bis hin zur Zerfleischung der Protagonisten zum Ergötzen des Publikums aufgeführt werden. Der junge Mann, Alypius mit Namen, hatte beschlossen, sich der Faszination der blutigen Spiele zu verweigern. Einige Freunde ›kriegen ihn schließlich herum‹, doch mitzugehen. Augustinus schildert diese Szene so: »Als sie das Theater erreicht und sich einen Platz erobert hatten, fieberte schon alles in wilder Lust. Alypius schloss

229 Augustinus Bekenntnisse. Lateinisch und deutsch. Eingeleitet, übersetzt und erläutert von J. Bernhart, Frankfurt a.M. 1987. 267ff.; Sechstes Buch.

die Pforten seiner Augen und verbot seinem Geiste, sich an die sündhaften Gräuel hinzugeben. Hätte er sich doch auch die Ohren verstopft! Denn als bei einem Zwischenfall im Kampfe das unbändige Geschrei der ganzen Menge auf ihn einbrauste, öffnete er die Augen, von der Neugier überwältigt, und als wäre er gerüstet, auch aus dem Anblick sich nichts zu machen, sei es was immer, und Herr über sich zu bleiben. Da ward er an der Seele mit schwererer Wunde geschlagen, als am Leib der andere. Denn kaum sah er das Blut, trank er auch schon wilde Grausamkeit in sich hinein, und er sah nicht weg, sondern fest dahin und trank die wilde Wut und wusste es nicht und lechzte sich an der Untat dieses Kampfes und berauschte sich in blutsüchtiger Wollust. Nein, er war nicht mehr derselbe, der gekommen war, sondern einer aus dem Haufen, in den er sich gemischt hatte, und der echte Genosse derer, die ihn hergeschleppt hatten. Brauch ich mehr zu sagen? Er schaute, schrie, flammte, er nahm von dort den Wahnsinn mit, der ihn stachelte, immer wiederzukommen.«

Wie ist die faszinierende Wirkung des Anblicks der von zerstörerischer Gewalt aufgerissenen Körper zu verstehen? Augustinus‹ Antwort ist zu einer der klassischen, auch in und über die Reformation hinaus wirksamen theologischen Grundüberzeugung geworden: Der Mensch steht zwischen dem Machtbereich des Bösen und des Guten, er kann sich aus eigenem Willen nicht entscheiden. Das Böse dringt von außen nach innen, über die Sinne zum Personzentrum des Menschen vor und nimmt von ihm Besitz. Einzige Möglichkeit der Heilung ist ein Machtwechsel: Der Mensch lernt, zwischen genießen und gebrauchen zu unterscheiden. Nach dem Machtwechsel über seine Seele wird er allein Gott genießen wollen und alle übrigen Beziehungen und Dinge des Lebens eben dazu gebrauchen.

Nimmt man Augustinus‹ Text als Spiegel für die Ohnmacht und Haltlosigkeit des menschlichen Subjekts gegenüber der verführerischen Macht der bösen Bilder in Gewaltkrisen, so kann man sagen: diese Menschen sind in den Augenblicken der Gewaltfaszination, auf dem Höhepunkt der Gewaltkrise wirklich »ein

Anderer« geworden. Hier liegt der Fokus in den Überlegungen dieses Buches. Gewaltfaszination wirkt in der Zeitform des Augenblicks. Unterbrechung von Gewalt hat nur dann eine Chance, wenn sie auf derselben Ebene eine radikale Alternative eröffnet. Die Alternative muss in der Zeitform des Augenblicks wirksam werden können, und sie muss auf den Ebenen des Wirksam-Werdens der Gewaltfaszination durch Mimese/Nachahmung und Reziprozität/Wechselseitigkeit, vor allem aber in der Erfahrung grandioser Selbstentgrenzung und Freiheit des Subjekts die Faszination der Gewalt durch die Faszination der Alternative (und nicht allein durch das ethische Sollens-Gebot) unterbrechen.

3. Gewaltunterbrechung durch religiöse Verbundenheit: die Hypothese

Ich möchte nun auf theoretischer Ebene auseinandersetzen, warum »religiöse Verbundenheit« als Unterbrechung von Gewalt wirksam werden kann. Die Transformation von Gewaltfaszination zu Gewaltunterbrechung muss ja nicht nur theoretisch denkbar sein, sondern auch von menschlichen Individuen gewählt werden. An diesem Punkt wird sich die Frage nach dem Beitrag religiöser Verbundenheit noch einmal zuspitzen. Dadurch ist aber die theoretische Frage nicht überflüssig: Warum und inwiefern soll gerade religiöse Verbundenheit zu Gewaltunterbrechung beitragen können?

In modernen Gesellschaften baut die Bändigung von Gewalt durch ihre Zentralisierung im Staat und durch Eindämmung von Gewalthandeln jenseits staatlicher Institutionen durch positives Recht (so auch im demokratischen Rechtsstaat) auf älteren Formen des Austausches von Gewalt auf. Ebenso basiert die Durchsetzung der kapitalistischen Marktwirtschaft seit der frühen Neuzeit auf historisch älteren Formen der Gabenkommunikation[230]. »Gewalt« (z.B. Fehden zwischen Clans) und Ga-

230 In Hinblick auf Gewaltreziprozität nehmen wir auf die Veröffentlichungen von René Girard und ihre Diskussion Bezug, in Hinblick auf Gabenreziprozität auf die Diskussion im Anschluss an die grundlegende Untersuchung von Marcel Mauss, Die Gabe.

ben (die Ökonomie des Gabenaustausches mit den drei Verpflichtungen: zu geben, zu nehmen und zurückzugeben) werden in alten Gesellschaften nach den Mustern von Wechselseitigkeit (»Reziprozität«) und Nachahmung (»Mimese«) kommuniziert. Diese älteren Formen des Austausches werden in modernen Gesellschaften verdrängt, zugleich aber fürs eigene Funktionieren vorausgesetzt und dabei immer auch vernutzt. So könnten auch in modernen Gesellschaften Liebesbeziehungen, Freundschaften, oder auch die Erziehung von Kindern niemals nur über formalisierte Rechtsverhältnisse, individuelle Interessenorientierung und die Akkumulation von Wert funktionieren. Diese älteren Formen des Austausches verschwinden in der Moderne nicht. »Gewalt« und »Gabe« sind zwei grundlegende Weisen, in denen Reziprozität und Mimese als ursprünglichere Kommunikationsformen von Gesellschaften auch unter der Bedingung moderner Verfahren der Ausübung/Eindämmung von Gewalt und des Austausches von Werten wirksam werden.
Gewaltreziprozität ist als zerstörerische, und Gabenreziprozität als verbindende Dimension zwischenmenschlicher Kommunikation in Lebenswelten mimetisch wirksam. Die Macht der reziproken, mimetisch wirksamen Ausbreitung von Gewalt zeigt sich immer wieder auch in großgesellschaftlich-strukturellen Konfliktmustern, beispielsweise in den Aufrüstungsspiralen zur Zeit des »Kalten Krieges«, oder heute in den gewaltmimetischen Mechanismen im »Krieg gegen den Terror«. Der Übergang zwischen Gewalt- und Gabenreziprozität ist fließend. Gewaltreziprozität kann durch Gabenaustausch still gestellt werden (z.B. Gen 32,6), Gabenreziprozität in Gewalt umschlagen.[231] Zugleich bleibt mit Blick auf Lebensermöglichung eine qualitative Differenz zwischen »solidarischer« Gabenreziprozität und zerstörerischer Gewaltreziprozität.
In modernen Gesellschaften kommt es unter bestimmten Bedingungen (Entmächtigung der Zentrale – des Staates – mit

---

Form und Funktion des Austausches in archaischen Gesellschaften, zit. nach Wolf Lepenies u. a. (Hg.); Soziologie und Anthropologie, Bd. 2, Frankfurt a. M. u. a. 1978.

231 Verschiedene Beispiele bereits bei: Marcel Mauss, Die Gabe.

ihren legitimierenden und sanktionierenden Mitteln; Krise und Zusammenbruch bzw. lokales Verschwinden des kapitalistischen Marktes bzw. planwirtschaftlicher Strukturen) dazu, dass ursprünglichere Formen von Reziprozität wieder vorherrschend werden. Hinweise hierauf finden sich in jüngerer Zeit in Europa (beispielsweise die Kriege im zerfallenden Jugoslawien und nach dem Zusammenbruch der Sowjetunion) und – zunehmend unbegrenzbar – in den »failing states« an den Rändern der ökonomischen Globalisierung (z.B. Darfur, Somalia, Kongo), aber auch in vernachlässigten Regionen in insgesamt reichen und »funktionierenden« Gesellschaften. Dabei dominiert in den jüngeren Konflikten deutlich die zerstörerische Seite der Reziprozität. Wenn die gesellschaftliche Zentrale ausfällt und zugleich Gesellungsformen solidarischer Reziprozität (z.B. Familien, Sippen, Freundschaften) durch die Dominanz kapitalistischer Ökonomie tendenziell ausgedünnt und entmächtigt worden sind, kommt es zu einer kaum begrenzbaren Zunahme der Häufigkeit und Intensität von Gewaltkrisen.

In dem Maße, wie das (durch die gesellschaftliche Zentrale zugleich symbolisierte und angewendete) Recht und die (durch die Insitutionen des kapitalistischen Marktes symbolisierte und angewendeten) Produktions- und Verteilungsmechanismen zusammen mit den ihnen jeweils entsprechenden institutionell-systemischen Regeln ausfallen, werden historisch früher dominierende Reziprozitätsformen wieder vorherrschend. Dies kann auch in insgesamt stabileren Gesellschaften für begrenzte Regionen eintreten; unter dieser Perspektive kommen beispielsweise auch solche Regionen in der ehemaligen DDR in den Blick, in denen sich hohe Erwerbslosigkeit, fehlende Infrastruktur, der Rückbau von industriellen und gewerblichen Strukturen zu einer Atmosphäre der Perspektivlosigkeit verdichten, in der dann Angebote neonazistischer Organisationen eine hohe Faszination gewinnen können.

Nicht nur mit Blick auf Gewaltreziprozität, sondern auch auf Gabenreziprozität finden sich Hinweise auf ihre Wiederkehr, wenn die auf globaler Ebene vermeintlich alternativlos durchgesetzte kapitalistische Ökonomie die Lebenswelten vor Ort nicht mehr erreichen kann. In den riesigen, ständig weiterwuchernden Stadtgebieten von Megacities wie Johannesburg oder Kapstadt im Südafrika der Post-Apartheid-Gesellschaft beispielsweise entstehen zunehmend Regionen, die für global oder national agierende Wirtschaftsunternehmen weiße Flecken auf der Landkarte sind, aber auch für zentrale städtische und staatliche Planungs- und Kontrollbehörden. Hier dominieren Clan-, Verwandtschafts- und Nachbarschaftsbeziehungen. Es entstehen Formen von Subsistenzproduktion – landwirtschaftlich genutzte Flächen zwischen Hochhäusern und Industriebrachen, Textilproduktion, Reparaturwerkstätten u.Ä. –, die auf keinen überlokalen Markt mehr bezogen sind und jenseits einer geldvermittelten akkumulierenden Ökonomie funktionieren.[232]

Reziprozitätsbestimmte Kommunikationsformen bleiben in der lebensweltlichen Kommunikation von sozialen Nahräumen und in face-to-face-Beziehungen lebendig, und sie dominieren in der religiösen Kommunikation auch dann, wenn durch Industrialisierung, Technisierung und mediale Vernetzung »rationalere« Kommunikationsformen in fast allen Feldern des gesellschaftlichen Verkehrs selbstverständlich geworden sind. Sie sind heute wie in früheren Zeiten in den Religionen lebendig (in je spezifischer Form z.B. in spontanen Kommunikationen, in Ritualen wie den Gottesdiensten, in Seelsorgesituationen), und sie finden Halt in den »Heiligen Schriften«, auch im Christentum. Reziprozitätsbestimmte Kommunikationsformen werden beispielsweise in der Bergpredigt im Neuen Testament vorausgesetzt und zugleich problematisiert: »Auge um Auge, Zahn um Zahn« (Matthäus 5,38) und »Alles nun, was ihr wollt, dass euch die Leute tun sollen, das tut ihnen auch« (Matthäus 7,12). Sie sind über die jüdisch-christliche Tradition hinaus in vielen Gesellschaften und Religionen präsent.

Auf dieser Einsicht basiert das »Weltethos«-Projekt, das von

232 Beispielsweise: *Ch. Haferburg, J. Oßenbrügge*, Ambiguous Restructuring of Post-Apartheid Cape Town. Münster u.a. (LIT) 2003; sowie: *J. Oßenbrügge, M. Reh*, Social Spaces of African Societies. Münster u.a. (LIT) 2004.

Hans Küng ins Leben gerufen wurde.[233] Alle Kulturen und Religionen kennen dieses Prinzip der Gegenseitigkeit. In Form eines deutschen Sprichworts formuliert lautet es: Was du nicht willst, das man dir tu', das füg' auch keinem anderen zu. Einige Beispiele:

- Hinduismus: Man sollte sich gegenüber anderen nicht in einer Weise benehmen, die für einen selbst unangenehm ist; das ist das Wesen der Moral. – Mahabharata (Geschichte Großindiens) XIII, 114.8
- Konfuzianismus: Was du selbst nicht wünschst, das tue auch nicht anderen Menschen an. – Konfuzius, Lun Yu (Gespräche) 15,23
- Buddhismus: Ein Zustand, der nicht angenehm oder erfreulich für mich ist, soll es auch nicht für ihn sein; und ein Zustand, der nicht angenehm oder erfreulich für mich ist, wie kann ich ihn einem anderen zumuten? – Samyutta Nikaya (Reden Buddhas) V, 353.35-354.2
- Judentum: Tue nicht anderen, was du nicht willst, dass sie dir tun. – Rabbi Hillel, Sabbat 3a
- Christentum: Alles, was ihr wollt, dass euch die Menschen tun, das tut auch ihr ihnen ebenso. – Neues Testament, Matthäus 7,12; Lukas 6,31
- Islam: Keiner von euch ist ein Gläubiger, solange er nicht seinem Bruder wünscht, was er sich selber wünscht. – An-Nawiwi, Kitab Al-Arba'in (Vierzig Ḥadithe). [233]

Die Frage nach dem Zusammenhang von »Religion und Gewalt« und insbesondere die Frage nach religiösen Potenzialen zur Gewaltunterbrechung wird auf diesem Hintergrund brennend, weil auch die religiöse Kommunikation zwischen Gott und Menschen/Geschöpfen ebenso wie die zwischenmenschliche Kommunikation eher über Reziprozität/Mimese verläuft als über rationale Verfahren, wie sie unter den Bedingungen einer historisch sich durchsetzenden Zentralisierung gesell-

233 Vgl. Hans Küng, Projekt Weltethos. München 1990.

schaftlicher Gewalt und kapitalistischem Markt vorherrschend wurden – und zwar bleibend. Deshalb nehmen wir an, dass zwischen »religiöser Verbundenheit« auf der einen und »alltäglichen« reziprozitätsbestimmten Interaktionen und Selbstverhältnisse von Menschen auf der anderen Seite eine Resonanzfähigkeit besteht:
Umwandlung zerstörerischer (Gewalt) in verbindende Reziprozität (Gabe, Anerkennung, Wertschätzung, Dankbarkeit usw.); und Aufhebung zerstörerischer Redistributionsverhältnisse (»heimzahlen«, »wieder gutmachen«) in freigiebiges Schenken/Gnade, wie sie in »Religion« dargestellt und präsent sind, können auch und gerade in Situationen zerfallender Zentralgewalt und zusammenbrechender kapitalistischer Märkte bei den Menschen Tiefenschichten im Selbstverhältnis und in den Beziehungen zu Anderen erreichen und die explodierende Gewaltreziprozität auf einer ihr entsprechenden Kommunikationsebene beantworten und deshalb unterbrechen.
Wenn wir von »religiöser Verbundenheit« sprechen, so rechnen wir damit, dass Religionen (die christliche, aber in je spezifischer Weise auch andere) in ihren Metaphern, Ritualen, Erzählungen, Bekenntnissen, Dogmen usw. durch den geistesgeschichtlichen und sozialen Prozess der Aufklärung zwar in ihrer unhinterfragt-selbstverständlichen Geltung gebrochen, aber nicht aufgehoben oder ersetzt werden. In diesem Zusammenhang spricht Paul Ricoeur von einer »zweiten Naivität«[234]. »Religiöse Verbundenheit« soll unter den Bedingungen nach-aufklärerischer Gesellschaftlichkeit nicht Aufhebung von »Religion« durch »Aufklärung« meinen, aber auch nicht ungebrochene Geltung (z.B. durch wortwörtliche Verbindlichkeit der Weisungen der Heiligen Schrift jenseits der historisch-kritischen Fragen nach historischen Gruppen, Orten, Interessen ihrer Entstehung und Tradierung). Vielmehr soll »religiöse Verbundenheit« in

234 Paul Ricoeurs Stichwort von der »zweiten Naivität« ist im praktisch-theologischen Gesprächszusammenhang vor allem von Peter Biehl fruchtbar gemacht worden. Vgl. beispielsweise Peter Biehl u.a., Symbole geben zu lernen. Bd. 2. Zum Beispiel: Brot, Wasser und Kreuz. Neukirchen 1993, 238.

der Perspektive dieser Untersuchung das Beieinandersein von bleibender Geltung und Beziehung bei gleichzeitiger Freiheit durch Kritik, Selbstreflexion und Kontextualisierung meinen – bei relativem Vorrang von den jeweiligen Subjekten vorgegebenen Geltungen und Verbindlichkeiten. »Religiöse Verbundenheit« soll zudem nicht allein kognitiv (wie Wissen, Reflektieren-Können, auch Bekennen) und emotional (»Gefühl der schlechthinnigen Abhängigkeit«) gerichtete Dimensionen einschließen, sondern immer auch Leiblichkeit, Intersubjektivität und die Gestaltung von Räumen und Zeiten. Die Frage nach »religiöser Verbundenheit« schließt damit immer die Frage nach dem »Begehen« und der »Gestaltfindung« von Religion ein.[235]
Religiöse Verbundenheit wird durch Aufklärung selbstreflexiv und in ihrer Verbindlichkeit verändert, tendenziell dadurch auch entmächtigt. Dies wird in der Perspektive dieser Untersuchung als historischer Tatbestand ernst genommen, erscheint aber nicht als einzige, auch nicht als vorherrschende Antwort auf den Zusammenhang von »Religion und Gewalt«.[236]
Vielmehr sollen gerade die Potenziale von religiöser Verbundenheit für Unterbrechung und Transformation von Gewalt darin wahrgenommen und untersucht werden, dass in »Religion« wie »Gewalt« Kommunikationsmuster von Reziprozität/Mimese und damit »vor-aufklärerische« Kommunikationsmuster gelten. Die Chance von religiöser Verbundenheit gegenüber Gewaltkrisen liegt darin, dass auf entsprechender Kommunikationsebene (Reziprozität und mimetische Kommunikation) radikale Alternativen wahrnehmbar und lebbar werden: nämlich in Umwandlung zerstörerischer in heilsame Reziprozität und in die Vermittlung von bleibender Beziehung und Freiheit.
Mit Blick auf die christliche Religion, gerade in ihrer protes-

235 Vgl. Christoph Bizer, Die Schule hier – die Bibel dort. Gestaltpädagogische Elemente in der Religionspädagogik. In: ders., Kirchgänge im Religionsunterricht und anderswo. Zur Gestaltwerdung von Religion, Göttingen 1995, 31-49.

236 Damit wird eingespielten Selbstverständlichkeiten gerade in der modernen protestantischen Theologie widersprochen, aber auch geläufigen Meinungen in Hinblick auf die Integrationsperspektiven eines Euro-Islam.

tantischen Spielart, kann gesagt werden: Das Evangelium ist die Zusage und das Versprechen, weder erlittene Gewalt noch erfahrenes Gutes »heimzahlen« zu müssen. Dies wird mitgeteilt in den Sprechakten des Gottesdienstes, im gemeinsamen Mahl, und einer für die Anderen offenen Lebenspraxis, und es eröffnet Bilder und Gestaltfindungsprozesse für lebendige Beziehungen und Selbstverhältnisse, in denen – jenseits von Reziprozitätslogiken – Sozialität und Individualität lebenspraktisch ausbalanciert werden können. Das Zentrum der evangelisch-christlichen Religion liegt in der Aufhebung und Unterbrechung von Reziprozität im Zerstörerischen wie im Heilsamen, liegt in der Befreiung von der meist unbewusst wirksamen Verpflichtung, im Schlechten wie im Guten Empfangenes heimzahlen zu müssen, und in der Eröffnung von lebendiger Beziehung. Dieser Freispruch, den Gott in der Geschichte Jesu Christi seinen Menschen mitteilt, richtet in sich verkrümmte Gestalten auf, nimmt drückende Last von Körper und Seele, und eröffnet ein Lebensgefühl und eine Haltung der Dankbarkeit und Beziehungsoffenheit, die jenseits von Selbstbezogenheit und reziproker Verpflichtung eine Beziehungsgestalt lebbar macht, in der Liebe und Freiheit zwanglos zusammengehen können. Chance und Grenzen in der Unterbrechung von Gewaltkrisen entscheiden sich daran, Räume anzubieten und Haltungen einzuüben, durch die Andere in ihrer Eigenheit und Verschiedenheit wahrnehmbar werden und leben gelassen werden können. Räume, in denen Freiheit von Angstdiskursen und Gewaltopfer-Spielen ebenso gelebt und eingeübt werden kann wie Freiheit von drückenden Verpflichtungs- und Abhängigkeitsbeziehungen. Wo, mit einem Wort, Reziprozität in lebendige und Leben eröffnende Beziehung umgewandelt wird.

In der Frage nach »Unterbrechung« von Gewalt gehen wir von der Vermutung aus, dass die Transformation von Erfahrungen wie Selbstentgrenzung, Macht, Grandiosität und Freiheit, die durch Gewalthandeln gesucht werden, durch den Kontakt mit Widerfahrnissen/Erfahrungen von Fülle, dem überfließenden Geschenk, der nicht selbst besorgten, sondern geschenkten und

zugesagten Lebensgewissheit die unter allen beschriebenen Transformationsprozessen zentrale Bewegungsrichtung bezeichnet.
In theologischer Formulierung: Der Glaube an Gott, der mir wie allem Lebendigen ohne Vorleistung die Fülle des Lebens schenkt, gibt Raum für eine Haltung des Vertrauens gegenüber dem Leben. Der Kontakt mit der Gnade Gottes erschließt auch im alltäglichen sozialen Lebenszusammenhang die Erfahrung der Fülle des Lebens. Einbindung in soziale verbindliche soziale Beziehungen kann dann mit Freiheit einhergehen. Glauben an Gott ermöglicht so eine Verbindung von Individualität und Sozialität, die genau auf eben das Begehren/Sehnen hin Lebensgewissheit gibt, wo dieses durch Entgrenzungserfahrungen im Gewalthandeln auf zerstörerische und selbstzerstörerische, damit letztlich hilf- und erfolglose Weise Erfüllung sucht.
Mit dieser Perspektive – Eröffnung von Kontakt (durch Metaphern/Symbole, Rituale, Körpererfahrungen, Erzählungen, Inszenierungen) mit der Fülle des Lebens, Öffnung gegenüber dem überfließenden Geschenk der Gnade Gottes – wird keine ausschließende Alternative, sondern vielmehr eine Radikalisierung und Erfüllung weiterer genannter Wahrnehmungs- und Analysemöglichkeiten der Tiefenstrukturen im Zusammenhang von »Religion« und »Gewalt« bezeichnet: Der Glaube an die »Gnade« Gottes meint (mit Blick auf Reziprozitätslogiken) das Vertrauen auf und die Dankbarkeit für das Geschenk GOTTES, das die Gewalt verschlingt und nicht »wieder gutgemacht werden muss«[237]. »Gnade« meint (mit Blick auf den Theorievorschlag von Giorgio Agamben) nicht den Ausnahmezustand der Entleerung von allen rechtlichen und religiösen Eingebundenheiten, sondern den Ausnahmezustand, in dem – in der Spra-

237 Theodor Ahrens spricht in diesem Zusammenhang von der »geheimen Mitte sozialer Beziehungen … – einem Punkt *jenseits* des sozialen Handelns (der Ethik), der als der unauffindbare Ort der Vergebung angesprochen werden könnte.« In: ders., Vom Charme der Gabe. Theologie interkulturell. Frankfurt/M. 2008, 16. Vgl. auch Geiko Müller-Fahrenholz, Vergebung macht frei. Vorschläge für eine Theologie der Versöhnung. Frankfurt/M. 1996.

che des Psalms – Frieden und Gerechtigkeit einander küssen. Gottes Gnade ist in der Perspektive biblischer Erzählungen die überreiche Gabe Gottes, die von Menschen nur empfangen und weitergegeben werden, nicht aber akkumuliert werden kann. Die Güter Gottes sollen an die weitergegeben werden, die sie vor allem brauchen. Das Evangelium gilt allen und zuerst den Armen. Damit ist in diesem Verständnis auch die Überwindung von »Gewalt« als struktureller Gewalt, als Vorenthaltung/Verweigerung von Rechten und Chancen bei zugleich gegebenem gesellschaftlichem Reichtum eingeschlossen.

Noch einmal zusammenfassend formuliert: Die Chance von religiöser Verbundenheit gegenüber Gewaltkrisen liegt darin, dass auf entsprechender Kommunikationsebene (Reziprozität und mimetische Kommunikation) radikale Alternativen wahrnehmbar und lebbar werden: nämlich in Umwandlung zerstörerischer in heilsame Wechselseitigkeit; in der Aufhebung zerstörerischer Reziprozität durch ihre Erfüllung von Gott her; und in der Vermittlung von bleibender verpflichtender Beziehung und individueller Freiheit. Das Evangelium ist das Versprechen, weder erlittene Gewalt noch erfahrenes Gutes »heimzahlen« zu müssen. »Glauben« meint die Haltung, auf diese Zusage zu vertrauen.

Ausblick

In einem Rückblick auf die Ereignisse 1989 in der Nikolaikirche in Leipzig heißt es: Es gab »vielfältige Beschäftigungen mit dem Thema ›Frieden‹, aber das Montags-Gebet in der Nikolaikirche bildete den periodisch wiederkehrenden Rahmen einer ethischen öffentlichen Selbstvergewisserung. (...) Erst aus solchem Erleben wächst die Kraft des Widerstandes, die Erleuchtung gegen Verblendung und der Mut zum Leben."[238] – In den entscheidenden Monaten der gewaltfreien Revolution 1989, in denen die vierzigjährige Diktatur in der DDR in kürzester Zeit implodierte, waren die Friedensgebete in der Leipziger Nikolaikirche Raum für Orientierung und Präsenz, Vergewisserung und öffentliche Stellungnahme.

Heute, zwanzig Jahre nach diesen Ereignissen sind Aktionsformen wie die damals innerhalb von Tagen immens an Kraft zunehmenden Montagsdemonstrationen hinreichend dokumentiert, kommentiert und in den Fluss der jüngsten Geschichte Deutschlands eingereiht. Welche Hoffnungen der ersten Tage sich später – zwischen Einführung der D-Mark und von Hartz IV, zwischen dem Gewinn rechtsstaatlich-demokratischer Kultur und der Ausbreitung von rechtsradikal dominierten Areas in weiten Landstrichen – erfüllen konnten, wird über das zwanzigjährige Jubiläum des Jahres 2009 hinaus umstritten bleiben.[239] Blickt man jedoch auf die Ereignisse 1989 selber, so muss

238 Harald Wagner, Vorwort zu: Freunde und Feinde. Dokumente zu den Friedensgebeten in Leipzig zwischen 1981 und dem 9. Oktober 1989. Hrsg. von Chr. Dietrich und U. Schwabe, Leipzig 1994, 27.

239 Dies gilt insbesondere für die Jugendkultur in ganz Deutschland. Nach einer Untersuchung einer Forschungsgruppe um den Psychologen Christian Pfeiffer auf der Basis von 53000 Jugendlichen der vierten und neunten Jahrgangsstufe ist die Zahl rechsradikaler Jugendlicher in Deutschland gegenwärtig massiv größer, als bisher in Verfassungsschutzberichten wahrgenommen. »Wenn Experte Pfeiffer nicht falsch gerechnet hat, dann betrachten sich 4,9 Prozent aller männlichen Jugendlichen einer rechtsradikalen Gruppe zugehörig. Auf die gleiche Zahl kommt der Wissenschaftler in der vom Bundesinnenministerium finanzierten Studie, wenn alle Jugendlichen zusammengezählt werden, die sich bei Jusos, Jungliberalen, beim DRK oder dem Technischen Hilfswerk engagieren. Rechtsradikalismus ist demnach die größte Jugendbewegung in Deutschland.« Thorsten Denkler, »Die

es angesichts der vieljährigen Einschneidung von Freizügigkeit, lebensgeschichtlichen Entfaltungsmöglichkeiten und Räumen für demokratische Willensbildung und Artikulation bei gleichzeitiger massiver Durchdringung der DDR-Gesellschaft durch Geheimdienste und Militär als Wunder im Vollsinn gelten, dass die spontan anschwellende Widerstandbewegung gewaltfrei blieb, wie auch die zu befürchtende militärische Reaktion des untergehenden Gesellschaftssystems ausblieb.

Das Verhältnis von Dauer und Augenblick ausbleibender, in den entscheidenden Momenten nicht ausbrechender Gewalt lässt sich an den Friedensgebeten ebenso eindrücklich zeigen wie die Rolle, die religiöse Verbundenheit als eine Dimension in diesem Prozess spielen konnte. Der Dokumentationsband der Friedensgebete »Freunde und Feinde« beinhaltet u.a. Briefe, Stasi-Berichte, Gebetsausschnitte, und gibt eine Chronik der Friedensgebete. Im entscheidenden Augenblick konnte gewaltfreies Handeln Faszination und Durchschlagskraft entfalten, weil es in der Dauer der Zeit durch massive Konflikte in der Gruppe selber und nach außen hindurch als Haltung entwickelt und bewahrt werden konnte (so enstand 1988 ein interner Konflikt zwischen ausreisewilligen »Ausreisern« und angestammten Mitgliedern des »Gruppentreffs«[240]). An der Dokumentation ist abzulesen, wie sich die Friedensbewegung als eigenständiger Faktor Schritt für Schritt herausbildete, welche Impulse wichtig waren und welche Missverständnsisse und Komplikationen auftraten. Im Laufe von sieben Jahren wurde aus der intimen Andacht und aus dem »Gruppentreff« ein Forum, in dem die gesellschaftlichen Widersprüche auf eine Weise artikuliert wurden, dass die Friedensgebete einen deutlichen Beitrag zum gesellschaftlichen Neubeginn in der DDR darstellen konnten.

Es waren nach Analyse der Autor/innen der Dokumentation vor allem die Dimension Tradition, Glaube und Basisdemokratie, die »entscheidend zur Standhaftigkeit der kirchlichen

größte Jugendbewegung. Rechtsradikalismus unter Schülern«. Süddeutsche Zeitung, 17.4.2009.

240 Vgl. »Freunde und Feinde ...«, a.a.O., 35.

Friedensbewegung haben beitragen können«.[241] Tradition war insofern bedeutungsvoll, als sich in Leipzig wie überall in der DDR (und ungeachtet der nach 1989 aufgedeckten und öffentlich die Befreiungserfahrung oft verdeckenden Stasi-Mitarbeit kirchlicher Mitarbeiter/innen) Kirchen als relativ freie Räume in unfreier Umgebung, als »Oasen in der Gleichschaltungsideologie« etablieren und auch bewahrt werden konnten. Menschen ließen sich dort »an der Wurzel (lateinisch: radix) ihrer Existenz anfragen – sie wurden radikalisiert. Oft über das Maß hinaus, das von den Initiatoren intendiert bzw. gewünscht worden war.«[242] Glaube konnte insofern in der Vielzahl von Gesprächen und Aktionen, in Konflikten, Rückschlägen und Aufbrüchen für die involvierten Menschen einen Raum von Kraft und Bedeutung freisetzen, als die immer wiederkehrenden Gebete eine Gestalt gegeben haben, in die sich die Einzelnen mit ihren Ängsten und Hoffnungen, ihrem Versagen und ihrem Mut hineingeben konnten, ohne alles aus sich selbst heraus artikulieren und »erfinden« zu müssen. So konnte »der lebendige Glaube des befreienden Evangelium und die unmittelbare Erfahrung der Gottesnähe im Gebet« das Lebensgefühl der Betenden auch im Alltag durchtragen.[243] Basisdemokratische Strukturen haben auf die Dauer der Jahre ein Lernfeld eröffnet und bewahrt, Interessen zu artikulieren, Konflikte auszutragen und dennoch als Bewegung nicht auseinanderzufallen. Dabei gab es in der Aufbruchsbewegung echte Konflikte zwischen hierarchischen und basisdemokratischen Orientierungen ebenso wie wiederkehrende staatliche Versuche, diese unterschiedlichen Gruppen und Strömungen zu entzweien. Doch das spannungsvolle Miteinander hielt.[244]

Die religiöse Verbundenheit, die im immer wiederkehrenden Ritual, in den symbolischen Artikulationsformen des Gebetes und in vielen Begegnungen und Gesprächen, Meditationen und

241 Ebd., 26.
242 Ebd., 27.
243 Ebd., 27.
244 End., 29.

Demonstrationen in der Dauer der Zeit Gestalt gewonnen hat, hat eine zentrale Rolle in Aufbau, Übung und Bewahrung einer Haltung spielen können, die auch im entscheidenden Augenblick im Strudel und der Massivität der gesellschaftlichen Übergangskrise[245] Menschen davor bewahrt hat, sich der zerstörerischen Alternative, dem Taumel der Gewaltfaszination hinzugeben. »In der Regelmäßigkeit des montäglichen Gebets liegt eine nicht zu unterschätzende Komponente der Publizität und Wirksamkeit vor. Damit war gewährleistet, dass anstehende Diskurse lange genug Thema bleiben konnten und sich nicht am nächsten Tag in der Vergessenheit verloren. Die einstündigen Ruhepunkte mit ihrer angedeuteten Kraft und Wirkung bildeten den Ausgangspunkt zur gemeinsamen Bewegung auf der Straße. Erst damit war die magische Grenze überschritten, die von einer religiösen Sonderveranstaltung … zur Revolution führte.«[246]

Die Friedensgebete in der Leipziger Nikolaikirche können als ein Beispiel dafür gelten, wie religiöse Verbundenheit zu Gewaltunterbrechung beitragen kann. Macht und Trostlosigkeit von dominierenden Gewaltstrukturen und Gewalthandlungen wird damit ebenso wenig verharmlost wie Zerstörungen, Verletzungen und Traumatisierungen, die Menschen zugefügt werden.[247] Dennoch: Wir finden hier ein Hoffnungszeichen und unter praktisch-theologischer Perspektive zugleich einen historischen Fall von best practice in der Perspektive Gewaltunterbrechung durch religiöse Verbundenheit.

Dieses Buch endet mit einem Ausblick auf in Aussicht genom-

245 Vgl. die eindringliche Einführung in das Lebensgefühl der letzten Jahre der DDR auch: Uwe Tellkamp, Der Turm. Geschichten aus einem versunkenen Land. Roman. Frankfurt/M. 2008.

246 Ebd., 32. Vgl. für viele andere Veröffentlichungen über diese Ereignisse auch: Nikolaikirche- offen für alle. Eine Gemeinde im Zentrum der Wende. Hrsg. von Karl Czok, Leipzig 1999.

247 Die massiven Hindernisse auf dem Weg der Erinnerung, auch auf Seiten der Täter durch Verdränguung und Verleugnung zum Kontakt mit eigenem Erleben in Gewaltkrisen zurückzufinden, zeigt auf eindringliche Weise der dokumentarische Animationsfiilm des israelischen Regisseurs Ari Folman, »Waltz with Bashir« (2008), der selbst 1982 als israelischer Soldat in Beirut stationiert war und inneren Kontakt zu seinem Erleben der Massaker in palästinensischen Flüchtlingslagern sucht.

mene weitere historische und aktuelle Fälle von best practice im Feld Gewaltunterbrechung durch religiöse Verbundenheit. Sie können und sollen die hier entfaltete Hypothese nicht »beweisen«.[248] Vielmehr sollen die hier entwickelten Überlegungen als Raum oder Feld verstanden werden, in dem – beispielsweise durch Dissertationsvorhaben – best-practice-Untersuchungen im beschriebenen Sinne platziert werden können. In Aussicht genommen werden beispielsweise Untersuchungen zu Gestaltfindungen, Konflikten und Perspektiven von Gewaltunterbrechung:

- in den bereits genannten »sieben Städten«, die auf der ÖRK-Konferenz von Harare 1998 als exemplarische Orte ausgewählt wurden, wo Überwindung von Gewalt ansatzweise gelingt: Belfast/Nordirland; Boston/USA; Colombo/Sri Lanka; Durban/Südafrika; Kingston/Jamaika; Rio de Janeiro/Brasilien; Suva/Fidji;[249]
- in afrikanischen Migrationsgemeinden in deutschen und europäischen Hafenstädten wie z.B. Hamburg;[250]
- in der Arbeit Evangelischer Gemeinden in solchen Regionen der ehemaligen DDR, in denen der Einfluss neonazistischer Orientierungen besonders hoch ist;
- im Konflikt zwischen einer entstehenden Basiskirche um den lutherischen Bischof Sanangke Dole und der Evangelisch-Lutherischen Großkirche von Papua-Neuguinea ELC-PNG;[251]
- in nicht-fundamentalistischen evangelischen Gemeinden im

248 Über die Perspektiven und Grenzen einer empirisch orientierten Praktischen Theologie ist auch in diesem Feld zu diskutieren.Vgl. Astrid Dinther, Hans-Günter Heimbrock und Kerstin Söderblom (Hrsg.), Einführung in die Empirische Theologie. Gelebte Religion erforschen. Göttingen 2007.

249 Diese Untersuchungen können in Kooperation mit der »Arbeitsstelle Theologie der Friedenskirchen« und ihrem Leiter Fernando Enns Gestalt gewinnen.

250 In Aussicht genommene Kooperation mit der Hamburger Missionsakademie (Michael Biehl) im Kontext des ATTIC-Programms. Vgl.dazu: Theodor Ahrens, Gegebenheiten. Theologisches Lernen interkulturell. Zum Projekt »African Theological Training in Germany«. In: ders., Gegebenheiten. Missionswissenschaftliche Studien. Frankurt a.M. 2005, 203-216.

251 In Aussicht genommene Kooperation mit Theodor Ahrens/Missionsakademie Hamburg. Vgl. hierzu die Fallstudie: Theodor Ahrens, 'Geistliche Säuberungen‹ als Strategie kirchlicher Identitätssicherung? Innerkirchliche Gewalt als ökumenisches Problem. In: ders., Gegebenheiten. A.a.O., 258-291.

Kontext eines fundamentalistisch-apokalyptischen Christentums im Mittelwesten der USA;[252]

- in christlichen Gemeinden in Indonesien, die in Gewalt-Konflikte mit muslimischen Gemeinden in muslimisch geprägten Mehrheitsgesellschaften verwickelt wurden;[253]
- in christlichen Gemeinden, die während des Bosnien-Krieges in Konflikte einbezogen waren.[254]

Unabhängig von Durchführung und Ergebnissen dieser Einzeluntersuchungen haben die in diesem Buch vorgetragenen Überlegungen Gewicht: Gewaltunterbrechung durch religiöse Verbundenheit hat eine Chance, wenn Menschen in ihrer Lebensgeschichte und ihren Lebensbezügen Kontakt zum Augenblick der Dankbarkeit haben und danach immer wieder leben: zur Erfahrung der Fülle, der Zärtlichkeit Gottes, die das Leben als Geschenk wahrnehmbar werden lässt. Der Leibraum wird weit. Der Atem wird tief. Der Körper fühlt sich leicht an, die Last ist weg. Ich kann, hier und jetzt, Lebensgewissheit spüren: an dem Ort in meinem Leibraum, wo das Lachen und das Weinen seinen Ausgang nimmt.

252 In Aussicht genommene Kooperation mit Andrea Bieler/PSR Berkeley.

253 In Aussicht genommene Kooperation mit Andrea Bieler/ PSR Berkeley. Vgl. hierzu: Heiko Landwehr, Reziprozität von Religion und Gewalt. Religion als Konfliktfaktor in neueren Entwicklungen auf den Nord-Molukken/Indonesien. Frankfurt a.M. 2007.

254 Kontakt: Miriam Löhr. – Einige Stichworte zu Gegenständen und Methoden der geplanten Untersuchungen: qualitative Interviews zu Erinnerungen, Metaphern und Symbole für die »Fremden« und die »Identität« des Eigenen, zu autobiographischen Erzählungen von befreienden/beglückenden versus bedrängenden/zerstörenden Räumen, Zeiten und Körperlichkeit; Inhaltsanalysen von in den jeweiligen Lebenswelten lebendigen Metaphern und Symbolen, Ritualen und Erzählungen: in christlichen Gemeinschaften und weiteren vor Ort lebendigen religiösen Gemeinschaften mit entsprechenden Untersuchungen in Kontrollgruppen – Gruppen mit hoher Gewaltbereitschaft; Mitbewohner/innen ohne Einbindung in beide Gruppierungen; Intensität/Frequenz des Kontaktes und gefühlsmäßige Bindung gegenüber Familien, Freunden, Nachbarn, kommunikativen Netzen wie Gemeinden; Wahrnehmungen der Präsenz von Menschen und Initiativgruppen, die als »symbolisches Kapital« (Pierre Bourdieu) vor Ort wirksam werden können; Wahrnehmungen von Orten und Gebäuden, die als »symbolisches« und »kulturelles Kapital« für die Selbstvergewisserung von Städten und anderen Lebenswelten wichtig sind (Kontakt: Wolfgang Grünberg).